全国商業高等学校協会主催
情報処理検定試験準拠

情報処理検定試験模擬問題集　1級
ービジネス情報編ー

JN132207

■ はじめに ■

　本書は，平素の学習がそのまま全商情報処理検定試験〈ビジネス情報〉第1級合格につながるよう構成してあります。皆さんが最後の問題までていねいに学習され，検定試験合格の栄冠を得られることを願ってやみません。

● 【解説】では，出題範囲の用語解説と練習問題を登載しました。

● 【要点チェック問題】は，定着度のチェックや検定試験直前の確認にも使えます。

● 【模擬問題】は，最新の第1級検定基準とこれまでの検定試験問題を分析して作成しました（全12回）。

● 【検定試験問題】は，最近2回分の情報処理検定試験問題を収録しました。実際に出題された問題を解いて，実力を確認。

■ 情報処理検定試験について ■

　情報処理検定試験は，コンピュータの関連知識と利用技術・プログラミングを検定するために，公益財団法人全国商業高等学校協会の主催によって行われます。

　検定は，第1級（ビジネス情報・プログラミング），第2級（ビジネス情報・プログラミング）および第3級が設定されています。第2級のビジネス情報と第3級には実技試験があります。検定に合格するためには，各級とも各試験において，100点を満点としたときに70点以上の成績を得ると合格になります。検定に合格した者には合格証書が授与されます。

　試験時間は次のようになります。

	ビジネス情報		プログラミング
	筆記試験	実技試験	筆記試験
1級	60分		60分
2級	30分	20分	50分

	筆記試験	実技試験
3級	20分	20分

目　次

※解答用紙はミシン目から切り離してお使いいただけます。

ハードウェア・ソフトウェアに関する知識

1　システムの開発と運用

（1）システムの開発工程

コンピュータシステムの開発工程は，基本的に①要件定義，②外部設計，③内部設計，④プログラム設計，⑤プログラミング，⑥テスト，⑦運用・保守の7つの工程に分かれ，順に開発が進められる。

最初は，ユーザ（依頼者）の要求を明確にし，ベンダ（開発者）がどのようなシステムを開発するか把握する。そして，徐々にシステムの詳細な内容を設計し，開発を進めていく。

要件定義　→　外部設計　→　内部設計　→　プログラム設計　→

プログラミング　→　テスト　→　運用・保守

①　要件定義

ユーザとベンダが綿密な打ち合わせを行い，ユーザがシステムとして求めている仕様（機能や性能）を適切に把握する工程。ユーザが自覚している要求だけでなく，打ち合わせを通じて潜在的な要求も把握する。

②　外部設計

ユーザの立場から見たシステムの仕様を設計する工程。要件定義に基づき，システムの操作方法や帳票（画面や印刷物）などを設計する。

③　内部設計

外部設計に基づき，ベンダの立場からシステムの内部構造を設計する工程。機能や表示方法，操作方法などをプログラムとしてどのように実現するかを決める。

④　プログラム設計

内部設計に基づき，プログラムを機能単位で構成されたモジュールに分割したり，流れ図の作成やテストケースの設計などを行ったりする工程。

⑤　プログラミング

プログラム設計に基づき，プログラミングを行ってモジュールを作成する工程。

⑥　テスト

作成したプログラムにプログラム言語の文法上のエラー（文法エラー）やプログラムは実行できるが意図した結果が得られないエラー（論理エラー）などがないか確認する工程。

ア　単体テスト

モジュールに存在するエラーを探すテスト。単体テストは，ホワイトボックステストの手法を用いて行い，入出力の結果が正しいかだけでなく，プログラムに冗長的な内容はないか，効率的なアルゴリズムを使っているかなど，内部構造まで確認する。

イ　結合テスト

モジュールとモジュールの間で正常にデータのやり取りが行われているかどうかを確認するテスト。

ウ　システムテスト

開発したシステムがユーザに要求された仕様を満たしているかどうかを確認するテスト。システム開発部門で行われる最終的なテストとなる。

⑦　運用・保守

　システムの稼働状況を監視し，サービスの提供を維持し続ける活動を運用という。また，システムにトラブルが発生した際にシステムの改修や調整，修理を行い，サービスを再開する活動を保守という。

（2）テスト手法

①　ホワイトボックステスト［white box test］

　アルゴリズムやデータ構造などプログラムの内部構造に着目し，適切に作成されているかを確認するテスト手法。基本的には，プログラム内の全ての命令が最低1回は実行されるようなテストケースを作成する。単体テストや結合テストなどで実施されるテスト手法である。

②　ブラックボックステスト［black box test］

　入力データに対する出力結果が正しいかどうかなど，プログラムの外部から見た機能を検証するテスト手法。システムテストなどで実施されるテスト手法である。

（3）システムの開発手法

①　ウォータフォールモデル［waterfall model］

　要件定義からテストまでを順番に開発する方法である。上流工程から下流工程へ順に進め，原則として，一度通過した工程を後戻りしない。日程管理が容易なために大規模なシステム開発に向く手法である。しかし，開発途中の仕様変更がしにくく，下流工程に行くほど修正に時間と費用がかかる。

②　プロトタイピングモデル［prototyping model］

　試作品（プロトタイプ）をユーザに提示し，ユーザの要求を確認してから開発を進めていく手法である。試作品を見ることでユーザの隠れた要求を引き出すことができる場合もあり，ユーザが満足するシステムになりやすい。ただし，日程管理が難しく，大規模な開発には向かない手法である。

③　スパイラルモデル［spiral model］

　システム全体を機能単位で分割し，先に中心的な機能を開発してから，他の機能を開発して完成度を高めていく手法である。各機能を開発するごとに設計，プログラミング，テストを繰り返すことからスパイラル（渦巻き）モデルと呼ばれる。各機能の開発は，ウォータフォールモデルのように順次開発するため，日程管理がしやすく，仕様変更も行いやすい。

4　　解　　説

（4）開発期間に関する計算

　　システム開発では，開発に必要な時間や費用，人員数などを把握するために開発規模を計算する。システム開発に必要な作業量を工数といい，「要員×期間」で計算する。また工数は，人日や人月という単位で示す。

〈工数に関する単位〉

　　x人日：x人で作業を行うと1日で完了する作業量。

　　x人月：x人で作業を行うと1か月で完了する作業量。

$$要員×期間＝工数$$

例1　あるシステムの開発規模を見積もったところ120人月だった。プロジェクトを1年間で完了させるためには，何人の要員が必要か。ただし，要員1人当たりの生産性は1人月とする。

　　　120人月÷12か月＝10人

例2　あるプロジェクトの見積工数は120人月である。作業を開始して5か月は15人で作業をしたが，60人月分の作業しか完了していない。残り3か月でこのプロジェクトを完了するためには，最低何名の要員を追加する必要があるか。ここで，追加要員の作業効率は，プロジェクト開始時からいる作業要員と同じであるものとする。

　　　一人当たりの生産性：$15x×5＝60$　　$x＝0.8$人月／人

　　　今後1か月あたりに行うべき作業量：$(120－60)/3＝20$

　　　1か月あたりに必要な人数：$0.8x＝20$　　$x＝25$人

　　　よって，10人追加する必要がある。

練習問題 1－1

解答 ➡ P.2

【1】次の説明文に最も適した語を書きなさい。

(1) システム開発において，顧客の要求に基づいて入出力画面や出力帳票などを設計する開発工程。

(2) システム開発において，顧客がシステムとして求めている機能や性能などを適切に把握する開発工程。

(3) システム開発において，プログラムを機能単位で構成されたモジュールに分割したり，流れ図の作成やテストケースの設計などを行ったりする開発工程。

(4) いくつかのモジュールを接続し，データの受け渡しなどの動作確認をするテスト。

(5) システムに対するテスト手法の一つで，内部構造は考慮せず，入力データに対して仕様書にしたがった出力が得られるかを検証するテスト。

(6) 開発したシステムが顧客に要求された仕様を満たしているかどうかを確認するテスト。開発側で行われる最終的なテスト。

(7) システム開発手法の一つで，要件定義からテストまでの工程を順に進め，原則として前の工程に戻らない開発手法。比較的大規模なシステム開発に向いている。

(8) システム開発手法の一つで，システム全体を機能単位で分割し，各機能を開発するごとに設計，プログラミング，テストの工程を繰り返し行う開発手法。

(1)		(2)	
(3)		(4)	
(5)		(6)	
(7)		(8)	

2 性能・障害管理

（1）稼働率

① 平均故障間隔［MTBF：Mean Time Between Failures］

　コンピュータシステムが故障から回復し，次に故障するまでの平均時間。つまり，システムが正常に動作する平均時間を表す。MTBFが長いほど正常に稼働する時間が長く，安定したシステムといえる。

② 平均修復時間［MTTR：Mean Time To Repair］

　故障したコンピュータシステムの復旧にかかる平均時間。MTTRが短いほど復旧までの時間が短く，修復しやすいシステムといえる。

③ 稼働率

　一定期間内で，コンピュータシステムが稼働していた割合を表したもの。稼働率が大きいほど，システムを利用できる可能性が高いことになる。稼働率は，次の式で求められる。

$$稼働率 = \frac{平均故障間隔（MTBF）}{平均故障間隔（MTBF）＋平均修復時間（MTTR）}$$

例　あるコンピュータシステムの平均故障間隔が20日間，平均修復時間が20時間であった。このシステムの稼働率を計算しなさい。

$$\frac{20日×24時間}{20日×24時間＋20時間} = 0.96$$

（2）システムの稼働率

　複数の装置が接続されているシステムの稼働率は，接続の方法により計算方法が異なる。

① 直列システムの稼働率

　装置が直列に接続されたシステムは，接続されたすべての装置が稼働しているとき，システムが正常に稼働していることになる。1つでも装置が故障するとシステム全体が停止してしまう。直列システムの稼働率は，次の計算式で求められる。

　稼働率 ＝ 装置Aの稼働率 × 装置Bの稼働率

② 並列システムの稼働率

　装置が並列に接続されたシステムは，どちらか一方の装置が稼働していれば，システムが正常に稼働していることになる。並列に接続された全ての装置が故障するとシステム全体が停止してしまう。並列システムの稼働率は，次の計算式で求められる。

　稼働率 ＝1－（1－ 装置Aの稼働率）×（1－ 装置Bの稼働率）

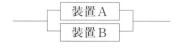

例　システムAとシステムBの稼働率を計算しなさい。装置A，装置Bの稼働率は，それぞれ0.9，0.8とする。

　システムAの稼働率　0.9×0.8＝0.72
　システムBの稼働率　1－（1－0.9）×（1－0.8）＝0.98

（3）RASIS

コンピュータシステムの信頼性を評価するための指標である「**信頼性**」，「**可用性**」，「**保守性**」，「**完全性**」，「**安全性**」の英語の頭文字を集めたもの。

① **信頼性**［Reliability］

システムが故障しにくく，安定して使えることを表す性質。平均故障間隔（MTBF）が長いほど評価が高くなる。

② **可用性**［Availability］

システムが使用できる割合を表す性質。稼働率が高いほど評価が高くなる。

③ **保守性**［Serviceability］

システムが停止したときの修復のしやすさを表す性質。平均修復時間（MTTR）が短いほど評価が高くなる。

④ **完全性**［Integrity］

データに一貫性があり，誤りや欠損がないことを表す性質。データベースにおいて正規化や参照整合性制約を正しく行うことで完全性が高くなる。

⑤ **安全性**［Security］

システムの働きを損ねる犯罪や災害に対する強さを表す。サイバー攻撃や災害への対策を講じることで安全性が高くなる。

（4）スループット［throughput］

与えられた時間内にシステムが処理できる仕事量のこと。

（5）レスポンスタイム［response time］

コンピュータシステムに処理を要求し終わってから，端末に処理結果が出力し始めるまでの時間のこと。

（6）ターンアラウンドタイム［turnaround time］

処理を要求し始めてから，全ての処理結果の出力が終了するまでの時間のこと。

レスポンスタイムとターンアラウンドタイムの対比図
………………………ターンアラウンドタイム………………………
レスポンスタイム
処理要求発生　　　処理要求入力終了　　　　　　　出力開始　　　　　出力終了

（7）障害対策

① フォールトトレラント［fault tolerant］

障害が発生した際に，性能を落とすことなく処理を継続できるようにするシステム設計思想。例えば，システムを構成する装置を多重化し，主系の装置が停止しても従系の装置に切り替えることで性能を落とさずに処理を継続するしくみがこれにあたる。

② フォールトアボイダンス［fault avoidance］

システムを構成する装置の信頼性を高め，障害が発生しないようにするシステム設計思想。例えば，システムを構成する装置を信頼性の高いものに切り替えたり，予防保守を行ったりする。一般的には，フォールトトレラントと組み合わせて運用する。

③　フェールセーフ［fail safe］

　システムに障害が発生したときに，安全な方向にシステムを制御し，被害を最小限に食い止めるためのシステム設計思想。例えば，ガスコンロが加熱しすぎたときに自動で消火したり，産業用機械の稼働中に人の侵入を検知したときに装置を緊急停止したりするしくみがこれにあたる。

④　フェールソフト［fail soft］

　システムに障害が発生したときに，性能を低下させてでもシステム全体を停止させず，機能を維持するシステム設計思想。例えば，航空機のエンジンが故障したときに故障したエンジンを停止し，正常に稼働するエンジンのみで飛行を続けるしくみがこれにあたる。

⑤　フールプルーフ［fool proof］

　システムの利用者が誤った使い方をできないようにしたり，誤った使い方をしても誤作動が起きないようにしたりするシステム設計思想。例えば，電子レンジの扉を閉めないと加熱できないようにするしくみがこれにあたる。

（8）NAS［Network Attached Storage］

　LANなどのコンピュータのネットワークに直接接続して利用する記憶装置で，OSやネットワークインタフェースなどを一体化したファイルサーバである。LAN経由でやり取りするため，LANにつながった複数のコンピュータでデータの共有ができるようになる。

（9）RAID

　複数のハードディスク装置を1台のハードディスク装置のように扱うための技術。処理の高速化や信頼性の向上を図る。RAID0，RAID1などがよく利用される。

①　RAID0　ストライピング［striping］

　複数のハードディスク装置にデータを分割して書き込み，読み書き速度の高速化を図る。一方，RAID0を構成するハードディスク装置が1台でも故障するとデータを読み出せなくなるため，信頼性は低くなる。

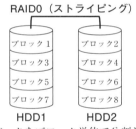

データをブロック単位で分割し，複数のHDDに保存

②　RAID1　ミラーリング［mirroring］

　複数のハードディスク装置に同じデータを記憶することでデータの信頼性を高める。1つのハードディスク装置が故障しても他のハードディスク装置に同じ情報が保存されているため，信頼性が高くなる。一方，実質的には全記憶容量の2分の1の容量しか記憶できない。

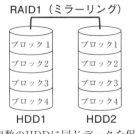

複数のHDDに同じデータを保存

（10）記憶容量に関する計算

　　プログラムやデータのファイルをコピーして，別の記録メディアに保存することをバックアップという。重要なプログラムやデータは，不正アクセスによって改ざんされたり，ウイルスの侵入によって破壊されたりしても対応できるように，定期的にバックアップを取る必要がある。バックアップを取るための記憶容量の計算は，次に示すとおりである。

　　例　　1ページあたりの様式が日本語平均1,000文字のファイルがある。4.7GBの片面1層記録のDVD-Rにこのファイルを保存する場合，何万ページまで保存できるか。日本語1文字を表現するのに2B必要とし，文字情報だけを記録するものとする。また，1GB＝1,000MBとする。

　　①　1ページのデータ容量　　　　1,000文字×2B＝2,000B
　　②　4.7GBの記憶容量　　　　　　4,700,000,000B
　　③　記憶できるページ数　　　　　4,700,000,000B÷2,000B＝2,350,000ページ

練習問題 1－2　　　　　　　　　　　　　　　　　解答 ➡ P.2

【1】次の説明文の下線部が正しいものには○印を，誤っているものには正しい語を書きなさい。

(1) RASISの示す指標の一つで，システムが故障しにくく，安定して使えることを表す性質を<u>可用性</u>という。平均故障間隔（MTBF）が長いほど評価が高くなる。

(2) RASISの示す指標の一つで，システムやデータに破損がなく，データの一貫性が保たれていることを表す性質を<u>完全性</u>という。

(3) RASISの示す指標の一つで，システムの維持や管理のしやすさ，障害復旧のしやすさを表す性質を<u>安全性</u>という。平均修復時間（MTTR）が短いほど評価が高くなる。

(4) コンピュータシステムに処理要求をしてから，その処理結果の応答が開始されるまでの時間を<u>ターンアラウンドタイム</u>という。

(5) 可能な限りシステムに故障や障害が発生しないように，ハードウェアやソフトウェアの品質向上などを行い，信頼性を高める考え方を<u>フォールトトレラント</u>という。

(6) システムの障害発生時に，性能を落としてでも正常に稼働する部分のみで運転を続けるシステムの設計思想を<u>フェールソフト</u>という。

(7) RAIDの技法の一つで，データを複数のディスクに分割して書き込むことで，読み込みや書き込みの速度を向上させる技術を<u>ストライピング</u>という。

(8) ネットワークに直接接続して利用する記憶装置を<u>スループット</u>という。ファイルサーバとしての機能を持ち，複数の機器からアクセスすることができる。

(1)		(2)	
(3)		(4)	
(5)		(6)	
(7)		(8)	

【2】次の計算を行いなさい。

(1) 平均故障間隔が380時間，平均修復時間が20時間のコンピュータシステムの稼働率を求めなさい。

(2) 解像度3,000×2,000ピクセル，1ピクセルあたり24ビットの色情報を持つ画像を80％に圧縮し，DVD1枚に保存する場合，画像は最大何枚保存できるか求めなさい。ただし，DVD1枚の記憶容量は4.7GB，1GB＝10^9Bとする。

(1)		(2)	枚

通信ネットワークに関する知識

1 ネットワークの構成

（1）OSI 参照モデル

コンピュータ同士がネットワークを介してデータ通信を行うための手順や規約のことを**プロトコル**という。国際標準化機構（ISO）では，ネットワークを7つの階層に分け，各階層で必要とされるプロトコルを**OSI参照モデル**として標準化している。

階層	階層名	説明
第7層	アプリケーション層	アプリケーションソフト間での通信に関する規約を規定。
第6層	プレゼンテーション層	データの圧縮や暗号化，文字コードなどのデータに関する規約を規定。
第5層	セッション層	通信経路の確立や切断までの通信方法に関する規約を規定。
第4層	トランスポート層	データの転送や通信管理など通信の信頼性を確保するための規約を規定。
第3層	ネットワーク層	ネットワーク上の目的端末までの通信経路を提供する規約を規定。
第2層	データリンク層	通信回線で結ばれたノード（端末）間の経路の接続方式や誤り制御などに関する規約を規定。
第1層	物理層	通信回線を流れる電気信号に関する取り決めや，通信ケーブルの規格など物理的な要素に関する規約を規定。

（2）LAN の構成装置

① **ハブ**［hub］

ネットワーク上でケーブルを分岐，中継するための集線装置。ハブを使用することで，より多くの機器をネットワークに接続することができる。ハブには，接続されているすべてのケーブルにデータを送信するリピータハブと，MACアドレスを識別して転送先のケーブルだけにデータを送信するスイッチングハブがある。

株式会社バッファロー

② **ルータ**［router］

異なるネットワーク同士を中継する装置で，パケットの通信経路を選択・制御する機能（ルーティング機能）を持つ。パケットには，送信元IPアドレスや宛先IPアドレスなどの情報が記録されたIPヘッダ情報があり，この情報と経路選択表を参照し，適切な経路へパケットを転送する。

③ **ゲートウェイ**［gateway］

現在接続しているネットワークから，プロトコル（通信規約）が異なるネットワークなどに接続するために使われるハードウェアやソフトウェア。双方のネットワーク間のプロトコルの違いを調整して接続を可能にする。

（3）パケットフィルタリング［packet filtering］

　ルータやファイアウォールが持つセキュリティ機能で，不正なパケットを遮断する機能。パケットのIPヘッダ情報とパケットフィルタリングで設定された遮断すべき（あるいは，通過させるべき）IPアドレスを比較し，通過の可否を判断する。

（4）プロトコル［Protocol］

　プロトコルとは**通信規約**ともいい，データの送受信を行うためのさまざまな取り決めのことである。インターネットで通信を実現するための標準プロトコルとして，**TCP/IP**（Transmission Control Protocol /Internet Protocol）が使用されている。TCP/IPは，多数のプロトコルから成り立っている。

① HTTP［Hyper Text Transfer Protocol］
　Webサーバとブラウザ間でWebデータを転送するためのプロトコル。WebページのURLはhttp://で始まることがあるが，これは，HTTPでWebサーバと通信することを表している。

② FTP［File Transfer Protocol］
　インターネットで他のコンピュータとファイルを送受信するためのプロトコル。

③ POP［Post Office Protocol］
　メールサーバからメールを受信するためのプロトコル。メールをダウンロードして端末に保存するため，オフラインでもメールを確認することができる。一方，メールをダウンロードするとメールサーバのデータは削除されるため，複数の端末で同じメールを確認することができない。

④ IMAP［Internet Message Access Protocol］
　Webメールで，受信メールをサーバ上で管理し，内容を端末に表示するためのプロトコル。メールに関する情報をメールサーバに保存したまま利用するため，複数のパソコンで同じメールにアクセスすることができる。

⑤ SMTP［Simple Mail Transfer Protocol］
　メールサーバへメールを送信するためのプロトコル。また，メールサーバ間でメールを転送するためにも使われる。

⑥ DHCP［Dynamic Host Configuration Protocol］
　LANに接続されたコンピュータにIPアドレスを自動的に割り振るためのプロトコル。

（5）MAC アドレス（マックアドレス）［Media Access Control address］

　ネットワークに接続される各コンピュータを一意に特定するために割り振られる48ビットの固有の番号のこと。同じ番号のMACアドレスを持つコンピュータは世界に存在しない。MACアドレスは，下表のように定められている。

製造メーカー番号	製造番号
24ビット	24ビット

（6）IP アドレス（アイピーアドレス）[Internet Protocol address]

　TCP/IP 上でコンピュータに割り振られるアドレスで，ネットワーク上の住所にあたる情報である。IP アドレスは，32 ビットで構成し，「192.168.10.20」のように 8 ビットずつ 4 つに区切って 10 進数で表現することがある。このように 32 ビットで管理するアドレスを **IPv4**（Internet Protocol version 4）という。IPv4 で識別できるコンピュータの最大数は約 42 億台である。

　しかし，インターネットに接続する通信機器の増加により，IPアドレスが不足するおそれが出てきた。そこで，IPアドレスを128ビットで構成する**IPv6**（Internet Protocol version 6）が開発された。

　IPアドレスは，使用する場所によって次の 2 つに分かれる。

① **プライベートIPアドレス**

　LANなどの限定的な範囲のネットワークで使用されるIPアドレス。同じLAN内でIPアドレスが重複することは許されないが，他のLANには同じIPアドレスの端末が存在することもある。

② **グローバルIPアドレス**

　インターネットに接続された端末に使用されるIPアドレス。インターネット上に同じIPアドレスの端末は存在しない。

（7）IP アドレスの構成

　IPアドレスは，**ネットワークアドレス**部と**ホストアドレス**部から構成されている。ネットワークアドレスは，そのコンピュータが所属するネットワークを特定し，ホストアドレスは，そのコンピュータ自体を特定することができる。

　ネットワークアドレスとホストアドレスをどこで区切るかによって，ネットワークの規模が決まり，クラスA～Cの 3 つの**アドレスクラス**に分類される。

クラスA：先頭の 8 ビット（先頭ビットが 0 で始まる）がネットワークアドレス，後ろの24ビットがホストアドレスであり，大規模ネットワーク向きである。

クラスB：先頭の16ビット（先頭ビットが10で始まる）がネットワークアドレス，後ろの16ビットがホストアドレスであり，中規模ネットワーク向きである。

クラスC：先頭の24ビット（先頭ビットが110で始まる）がネットワークアドレス，後ろの 8 ビットがホストアドレスであり，小規模ネットワーク向きである。

クラスA	ネットワークアドレス（8ビット）	ホストアドレス（24ビット）
クラスB	ネットワークアドレス（16ビット）	ホストアドレス（16ビット）
クラスC	ネットワークアドレス（24ビット）	ホストアドレス（8ビット）

（8）サブネットマスク［subnet mask］

　　TCP/IPでは，ネットワークはサブネット（複数の小さなネットワーク）に分割されて管理される。サブネットマスクは，IPアドレスからサブネットのネットワークアドレスを求める場合に使用する32ビットの数値のこと。2進数のIPアドレスとサブネットマスクをAND演算した結果が同じ値になると同一のネットワークに属するIPアドレスであることを意味する。AND演算とは，2つの入力値がともに1のときだけ1を出力する演算である。

　　例　2台のコンピュータA，Bが同一ネットワークかを確認する。
　　　・コンピュータAのIPアドレス　　172. 16. 11.　1
　　　・コンピュータBのIPアドレス　　172. 16. 15.　1
　　　・サブネットマスク　　　　　　　255.255.　0.　0

❶コンピュータAのIPアドレスとサブネットマスクを2進数に変換してAND演算する。

```
            172. 16. 11.   1 = 10101100 00010000 00001011 00000001
     AND    255.255.  0.   0 = 11111111 11111111 00000000 00000000
                               10101100 00010000 00000000 00000000
```

❷コンピュータBのIPアドレスとサブネットマスクを2進数に変換してAND演算する。

```
            172. 16. 15.   1 = 10101100 00010000 00001111 00000001
     AND    255.255.  0.   0 = 11111111 11111111 00000000 00000000
                               10101100 00010000 00000000 00000000
```

❸演算結果がどちらも同じなので，同一ネットワークである。

（9）CIDR（サイダー）［Classless Inter Domain Routing］

　　サブネットマスクにより1ビット単位でネットワークアドレス部の長さを識別し，必要とされる適切な数のアドレス数を管理する方式。ネットワーク規模に応じて1ビット単位でサブネットマスクを管理することにより，不必要なIPアドレスを作ることなく有効活用することができる。

　　例　2台のコンピュータA，Bが同一ネットワークかを確認する。
　　　・コンピュータAのIPアドレス　　172. 16. 11.　1
　　　　　　（CIDR表記　　172. 16. 11.　1/22）
　　　・コンピュータBのIPアドレス　　172. 16. 15.　1
　　　　　　（CIDR表記　　172. 16. 15.　1/22）
　　　・サブネットマスク　　　　　　　255.255.252.　0

❶コンピュータAのIPアドレスとサブネットマスクを2進数に変換してAND演算する。

```
            172. 16. 11.   1 = 10101100 00010000 00001011 00000001
     AND    255.255.252.   0 = 11111111 11111111 11111100 00000000
                               10101100 00010000 00001000 00000000
```

❷コンピュータBのIPアドレスとサブネットマスクを2進数に変換してAND演算する。

```
            172. 16. 15.   1 = 10101100 00010000 00001111 00000001
     AND    255.255.252.   0 = 11111111 11111111 11111100 00000000
                               10101100 00010000 00001100 00000000
```

❸演算結果が異なるので，異なるネットワークである。

（10）ネットワークアドレス

　　ネットワークに割り当てられたIPアドレスのうち，そのネットワーク自体を示すアドレス。ホストアドレス部の値がすべて0となる。

　　例　IPアドレス　　　　　　172. 16. 12.　0 = 10101100 00010000 00001100 00000000
　　　　サブネットマスク　　　255.255.252.　0 = 11111111 11111111 11111100 00000000

(11) ブロードキャストアドレス

ネットワークに接続されているすべてのホストに一斉送信するためのアドレス。ホストアドレス部の値がすべて１となる。

> **例**　IPアドレス　　　　　172. 16. 15.255 = 10101100 00010000 00001111 11111111
> 　　　サブネットマスク　　255.255.252.　0 = 11111111 11111111 11111100 00000000

(12) ホストアドレス

ネットワークに接続されている個々のホストに割り当てられるIPアドレス。ネットワークアドレスとブロードキャストアドレス以外のIPアドレスが割り当てられる。

(13) ポート番号

TCP/IP通信において，コンピュータが通信に使用するプログラムを識別するための番号。主にプロトコルや各種サービスなどに付けられている番号であり，ポート番号は16ビットの整数である０～65535まで存在する。主なポート番号には次のようなものがある。

ポート番号	サービス名など
25	SMTP
53	DNS
80	HTTP
443	HTTPS

(14) NAT ［Network Address Translation］

プライベートIPアドレスとグローバルIPアドレスを１対１で変換する技術。インターネットに接続する端末に空いているグローバルIPアドレスを適用して通信を行う。端末の台数分のグローバルIPアドレスを用意する必要がないためアドレス資源の有効利用が図れるが，同時にインターネットに接続できる台数は，NATに登録されているグローバルIPアドレスの数までとなる。

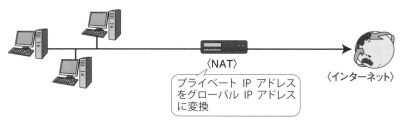

〈NAT〉
プライベート IP アドレスをグローバル IP アドレスに変換
〈インターネット〉

(15) DMZ ［DeMilitarized Zone］

非武装地帯の意味で，ファイアウォールの設定により，外部のインターネットからも，内部のネットワーク（企業や学校などのLAN）からも隔離されたネットワーク上の領域。

内部ネットワークのセキュリティを維持するために，インターネットと内部ネットワークの直接通信を遮断し，外部と通信する必要のあるWebサーバやプロキシサーバなどをDMZに配置する。これにより，外部から不正アクセスが発生した場合でも，内部のネットワークへの被害の拡大を食い止められる。

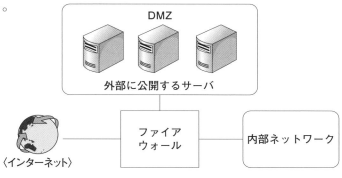

DMZ
外部に公開するサーバ
〈インターネット〉
ファイアウォール
内部ネットワーク

ネットワーク

（16）DNS〔Domain Name System〕

IPアドレスとドメイン名を相互に変換するためのしくみ。数字の羅列であるIPアドレスは，人にとっては扱いにくいため，ドメイン名を使ってWebサイトやメールなどを利用している。DNSにより，IPアドレスとドメイン名を対応付けて管理している。

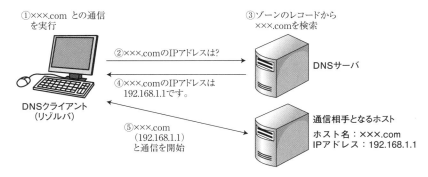

（17）VPN〔Virtual Private Network〕

インターネットなどの公衆回線を経由して構築された仮想の専用回線のこと。VPNは，通信データを全て暗号化するため，公衆回線をあたかも当事者間の専用回線を使うかのように通信することができる。

（18）通信速度（bps）に関する計算

インターネットやLANなどで，データを送受信する速度を**通信速度**という。単位は**bps**（bits per second）を使う。これは1秒間に送受信することのできるビット数を表す単位である。LANでは10Mbpsから1Gbps程度，インターネットでは，光回線で10Mbpsから1Gbps程度である。

ネットワーク回線は共同で使用していることが多く，100％の通信速度が出ない。そこで実際に出せる速度をパーセントで表したものを**伝送効率**という。

あるデータ量の送受信にかかる時間を**転送時間**といい，次の式で計算する。

　転送時間（秒）＝データの容量÷（通信速度×伝送効率）

　例　900バイトのデータを2,000bpsで送信する場合，何秒かかるか。伝送効率は60％とする。
　　①　送信するデータをビットに換算する。　　　900バイト×8ビット＝7,200ビット
　　②　転送時間を計算する。　　　　　　　　　7,200ビット÷（2,000bps×0.6）＝6秒

練習問題 2 － 1　　　　　　　　　　　　　　　　　　　　　　解答 ➡ P.2

【1】次の説明文の下線部が正しいものには○印を，誤っているものには正しい語を書きなさい。
　⑴　IPアドレスのネットワークアドレス部とホストアドレス部のビット数を1ビット単位で設定し，組織の規模に応じて利用できるIPアドレスの数を柔軟に設定するしくみを<u>VPN</u>という。
　⑵　ネットワークに接続されているすべてのホストに一斉送信するためのアドレスを<u>ブロードキャストアドレス</u>という。ホストアドレス部の値がすべて1となる。
　⑶　通信データをすべて暗号化することで，インターネットなどの公衆回線をあたかも専用回線のように利用する技術を<u>CIDR</u>という。

⑴		⑵		⑶	

2 ▶ ネットワークの活用

（1）シンクライアント［thin client］

クライアント用のコンピュータには，ディスプレイやキーボード，マウスなど，必要最小限の機能のみを備え，ソフトウェアやデータなどはネットワークを経由してサーバ側で管理をするシステム。クライアント側にデータを残さないことで情報漏えいを防ぐことができる。

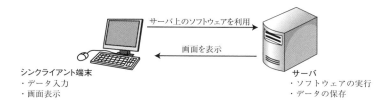

（2）Cookie

Webサイトを閲覧しているユーザの情報などを，一時的にユーザのコンピュータに保存させるしくみ。Cookieに保存されたログイン情報により，IDやパスワードの入力を一時的に省略したり，ショッピングサイトでカートに入れた商品情報を一定時間保存したりすることができる。

（3）MIME［Multipurpose Internet Mail Extensions］

電子メールで文字以外のデータを送受信するための規格。通常，電子メールはテキストデータしか送受信できないため，MIMEを利用し，画像や音声などのデータをメールで送受信できるようにする。

（4）VoIP［Voice over Internet Protocol］

インターネットなどのネットワークを利用して音声データを送受信するしくみ。VoIPを利用した電話をIP電話という。通話料金のコスト削減にも有効なため広く普及している。

練習問題 2 － 2　　解答 ➡ P.2

【1】次の（　）にあてはまる最も適した語を答えなさい。

⑴　WebサーバとWebブラウザが通信をした際，ユーザIDやアクセス履歴などの情報がブラウザ側の端末に一時的に保存されるしくみを（　）という。

⑵　クライアントサーバシステムにおいて，クライアント側は必要最低限の機能とし，サーバ側で資源を集中管理するシステムを（　）という。

⑶　インターネット回線を利用して，リアルタイムで音声データの送受信を行うしくみを（　）という。

⑷　電子メールの送受信において，画像や音声データなどを扱うための規格を（　）という。

⑴		⑵	
⑶		⑷	

情報モラルとセキュリティに関する知識

■1 セキュリティ

（1）共通鍵暗号方式

　送信者と受信者で暗号化と復号に共通の鍵（**秘密鍵**）を使用する暗号方式。通信相手ごとに秘密鍵を用意し，共有する必要がある。特定の相手とのやり取りに向いている。

（2）公開鍵暗号方式

　暗号化と復号に異なる鍵を使用する暗号方式。送信者は受信者が公開した**公開鍵**を使って暗号化し，受信者は，公開鍵と対をなす**秘密鍵**を使って復号する。公開鍵で暗号化したデータは，秘密鍵でしか復号できない。不特定多数とのやり取りに向いている。

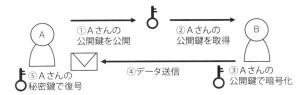

（3）電子署名（デジタル署名）

　公開鍵暗号方式の性質を利用し，送信者のなりすましやデータの改ざんを検知するしくみ。送信者は，データを秘密鍵で暗号化し，受信者は，送信者が公開している公開鍵で復号する。秘密鍵で暗号化したデータは公開鍵でしか復号できないため，送信者の公開鍵で復号できれば送信者の秘密鍵で暗号化したことが証明できる。なお，電子署名は送信者の真正性を確認するものであり，暗号通信を行うことが目的ではない。

　また，公開鍵の所有者が実在する本人であるかどうかの身元の正当性は，**認証局（CA：**Certification Authority）によって発行されるデジタル証明書によって証明される。

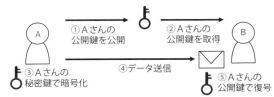

（4）SSL / TLS ［Secure Sockets Layer / Transport Layer Security］

　Webページからのデータ送信を暗号化し，安全にデータ送信ができるプロトコル。通常のWebページから個人情報を送信した場合，インターネット上を暗号化されずにデータが送信されるため，個人情報を第三者に盗み見される可能性がある。SSLのバージョンが上がり，名称が変更されたため「SSL / TLS」と併記されることがある。

（5）HTTPS［Hyper Text Transfer Protocol Secure］

　Webデータの転送に使われるHTTPというプロトコルに，SSLによる暗号化機能を追加したプロトコル。WebページのURLは，通常httpから始まるが，SSLを採用したWebページのURLはhttpsから始まる。また，暗号化機能にTLSを利用したものを「HTTP over TLS」という。

（6）ログファイル

　誰が，いつ，どのような操作を行ったかを記録するファイル。履歴ファイルともいう。サーバ上にはさまざまなログファイルがあり，各利用者のログイン時間や印刷したファイルの一覧を記録するものや，どのWebページにアクセスしたかを記録するものなどがある。ログファイルには，ハッキングなどの不正アクセスの記録も残るので，セキュリティ上も有用なファイルである。

①　**システムログ**
　システムの動作状況やメッセージなどを記録したもの。

②　**アクセスログ**
　システムへのアクセス状況を記録したもの。Webサーバのアクセスログでは，アクセスしてきた時間や接続元IPアドレス，閲覧端末情報，送受信データ量などを記録している。

（7）インシデント

　システムを運用して提供していたサービスが中断したり，サービス品質を低下させたりする出来事のこと。インシデントが発生した場合，迅速に対応し，できる限り速やかにサービスを再開する。その後，根本的な原因を調査し，再発防止措置を施す。

（8）リスクマネジメント

　リスクを組織的に管理し，損失の回避や低減を図る活動のこと。リスクマネジメントの手順は，次の通りである。

①　**リスク特定**　どのようなリスクがあるかを発見すること。
②　**リスク分析**　特定したリスクの脅威や脆弱性を分析すること。
③　**リスク評価**　リスクに対する対策を検討すること。
④　**リスク対応**　リスクを回避・低減するための対策を実施すること。

（9）リスクアセスメント

　リスクに伴って起こり得る影響を評価すること。また，リスクマネジメントのうち，リスク特定，リスク分析，リスク評価のプロセスのことを指してリスクアセスメントという。

（10）クロスサイトスクリプティング

　脆弱性があるWebサイトに攻撃者がスクリプト（罠）を仕掛け，サイト訪問者を偽サイトへ誘導したり，個人情報を盗んだりするなどの被害をもたらす攻撃のこと。スクリプトとは，コンピュータが即座に実行できる簡易的なプログラムのこと。

（11） ソーシャルエンジニアリング

人の心理的な油断や行動のミスに付け込んで機密情報などを盗み出す攻撃のこと。社員になりすまし，電話で情報を聞き出したり，ゴミ箱の廃棄物を回収して，情報を盗んだりするなどの方法がある。

（12） SQL インジェクション

Webサイトなどの書き込み欄にデータベースを操作する命令を入力して送信することで，データを改ざんしたり，不正に取得したりする攻撃のこと。

練習問題 3
解答 ➡ P.2

【1】 次の説明文に最も適した答えを解答群から選び，記号で答えなさい。

(1) 暗号化されたデータを送受信する際，暗号化と復号に異なる鍵を使用する方式。

(2) 暗号化されたデータを送受信する際，暗号化と復号に同一の鍵を使用する方式。

(3) システムの動作状況やメッセージなどを記録したもの。

(4) Webページからのデータ送信を暗号化し，安全にデータ送信ができるようにするプロトコル。

(5) 公開鍵の所有者の身元の正当性を証明するために，デジタル証明書を発行する機関。

(6) システムへのアクセス状況を記録したもの。

解答群

ア．認証局	イ．共通鍵暗号方式	ウ．アクセスログ
エ．SSL/TLS	オ．公開鍵暗号方式	カ．システムログ
キ．デジタル署名	ク．HTTPS	ケ．HTTP

---

(1)		(2)		(3)		(4)		(5)		(6)	

【2】 次の説明文の下線部が正しいものには○印を，誤っているものには正しい語を書きなさい。

(1) 人の心理的な油断や行動のミスなどに付け込んで機密情報などを盗み出す攻撃を<u>クロスサイトスクリプティング</u>という。

(2) 脆弱性があるWebサイトなどにおいて，サイトへの訪問者を偽サイトへ誘導したり，個人情報を盗んだりするなどの被害をもたらす攻撃を<u>SQLインジェクション</u>という。

(3) リスクの特定，分析，評価をし，対策を実施する活動のことを<u>リスクマネジメント</u>という。

(4) システム運用によって提供していたサービスが中断したり，サービス品質を低下させたりする出来事のことを<u>ソーシャルエンジニアリング</u>という。

(5) Webサイトの書き込み欄にデータベースを操作する命令を入力して送信することで，データを改ざんしたり，不正に取得したりする攻撃を<u>インシデント</u>という。

(6) リスクの特定，分析，評価を行うことを<u>リスクアセスメント</u>という。

(1)		(2)		(3)	
(4)		(5)		(6)	

セキュリティ

ビジネス情報の関連知識

1 情報の収集・分析・整理

（1）ブレーンストーミング

　グループでアイデアを出し合う手法の１つである。通常の会議とは異なり，他者の発言にはいっさいの批判を加えないことで，発言者が自由に自分の意見を述べることができ，斬新なアイデアが生まれる可能性が高まる。参加者は，批判禁止・自由奔放・質より量・便乗歓迎というルールに則って議論を進めていく。

（2）ＫＪ法

　１つの問題に対し，多くの情報が集められ，それを整理・分析する方法である。多くの情報をグループ化しながら相互に関連付けていく。一般的な手順は，次のとおりである。

① アイデアや情報を１枚のカードに１件ずつ記入する。
② そのカードを関連するグループでまとめる。
③ そのカードグループにタイトルを付ける。
④ 再びそのグループの関連を考えてまとめていく。

　このような作業を繰り返し，グループ数が少なくなったら，図にしてまとめる。

（3）決定表（デシジョンテーブル）

　関係する条件とその行動を表にまとめたもの。複雑な条件の組み合わせを明確に表現できる手法である。

決定表の代表的な例

条件	資格手当	Y	Y	Y	Y	N	N	N	N
	皆勤手当	Y	Y	N	N	Y	Y	N	N
	住宅手当	Y	N	Y	N	Y	N	Y	N
行動	3,000円支給	X	X	−	−	X	X	−	−
	5,000円支給	X	−	X	−	X	−	X	−
	10,000円支給	X	X	X	X	−	−	−	−

条件に該当する場合は「Y」，そうでない場合は「N」で表す。
条件の組み合わせが満たされた場合は「X」など，そうでない場合は「−」で表す。

（4）DFD ［Data Flow Diagram］

　データの流れと処理（プロセス）の関係を図示したものである。次の４つの構成要素を表す記号からなる。

	名 称	説 明	記 号
①	データの源泉と吸収	データの発生源や受け渡し先	▭
②	プロセス	データの処理内容	○
③	データストア	ファイルやデータの格納場所	=
④	データフロー	データの流れ	→

例 取引先からの注文を登録し，在庫がない場合は購買部門に依頼する図

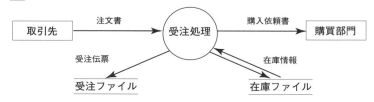

（5）パート図（PERT）［Program Evaluation and Review Technique］

　　プロジェクトの工程管理を行うための技法。パート図は，**アローダイアグラム**ともいい，作業の順序を矢印で結び，それに所要日数などを書いたもので，作業順序がわかりやすく，各作業の持つ余裕日数を計算できるといった特徴がある。

　　作業開始から作業終了までに最も長い期間を必要とする工程を**クリティカルパス**といい，余裕のない経路であるため，重点的な管理を必要とする。下の図では，①→②→④→⑤→⑥の経路がクリティカルパスとなる。

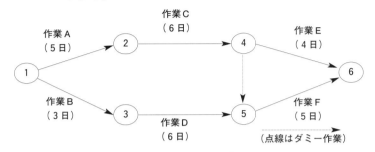

（6）パレート図と ABC 分析

　　項目をデータ件数の多い順に並べて棒グラフにしたものと，その累計比率を折れ線グラフにしたものとを結合した複合グラフを**パレート図**という。

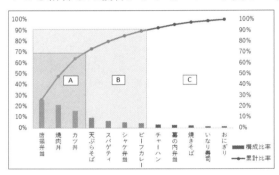

　　パレート図は**ABC分析**で利用される。ABC分析は「売上の80％を生み出すのは，20％の売れ筋商品である。」という80：20の法則から導き出された手法である。対象商品などを売上金額の大きい順に並べ替え，累計金額の70％以内の商品をAランク，71〜90％までの商品をBランク，91〜100％までの商品をCランクとして，3つのランクに分け，売れ筋商品の把握や在庫管理に役立てる。Aランクの商品は在庫切れを起こさないように重点的に管理するなど，各ランクごとに適切な商品管理を行うようにする。

（7）Zグラフ

　　月別の売上高，月別の売上高の累計，過去12か月の移動合計を折れ線グラフにしたもの。
　　Zグラフの移動合計を分析することで売上高の傾向を分析することができる。

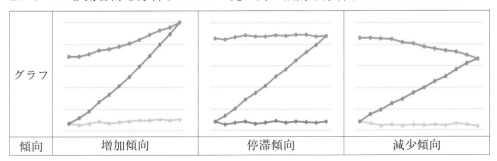

（8）散布図と回帰分析

① 散布図

　2種類のデータを縦軸，横軸にとり，データを点の分布で表したもの。2種類のデータにどのくらい強い関係があるかを示す相関関係を視覚的に見ることができる。

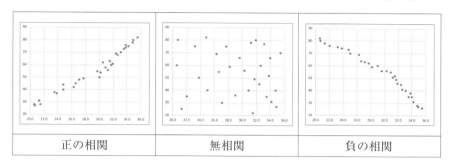

| 正の相関 | 無相関 | 負の相関 |

　2種類のデータの関係の強さを**相関係数**という。相関係数 r の絶対値は相関の強さを示し，強い相関は0.7以上を目安とする。

相関係数r	r<0.3	0.3≦r<0.7	0.7≦r
分析の目安	相関なし	弱い相関	強い相関

a　正の相関

　右上がりのグラフは，一方の値が大きくなると，もう一方の値も大きくなることを示し，正の相関関係があるという。気温とアイスの売上高などがこれにあたる。

b　無相関

　円のように描かれ，右上がりでも右下がりでもないものを無相関という。

c　負の相関

　右下がりのグラフは，一方の値が大きくなると，もう一方の値は小さくなることを示し，負の相関関係があるという。気温とおでんの売上高などがこれにあたる。

② 回帰直線（近似曲線）

　2種類のデータの関係を1次方程式で表す直線を求める手法を**回帰分析**という。また，なるべくすべての点からの距離が近くなるように引いた直線を**回帰直線（近似曲線）**という。回帰直線は，$y = ax + b$ で表される。

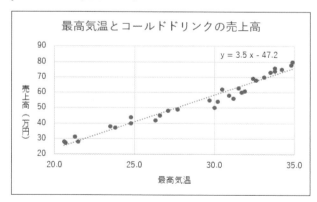

　$y = 3.5x - 47.2$ という回帰直線は，x に値を代入することで，y を予測することができる。x が30のときには，y が57.8と予測できる。

（9） 線形計画法

　制約条件の中で利益や効果などが最大となる組み合わせを分析したり，時間やコストを最小にしたりするために使われる手法である。

例　ある工場では，製品A，Bを生産している。製品Aを1kg製造するには，原料Eを2kg，原料Fを3kg必要とし，利益は2,000円になる。製品Bを1kg製造するには，原料Eを4kg，原料Fを3kg必要とし，利益は3,000円になる。使用できる原料は，原料Eが400kg，Fが540kgである。最大の利益を生むためには，製品A，Bを何kg生産すればよいか，また，利益はいくらになるか。

①製品A，Bの生産量をそれぞれx，yとする。

条件　　　（原料Eは400kg以下である）　　$2x + 4y \leqq 400$

　　　　　（原料Fは540kg以下である）　　$3x + 3y \leqq 540$

　　　　　（製品A，Bは正の数である）　　$x \geqq 0,\ y \geqq 0$

目的関数（最大利益）　　　　　　　　　$2,000x + 3,000y$

②生産可能範囲の中で，目的関数の値を最大にする生産量の組み合わせを求めるためには次の連立方程式の解を求める。

　　$2x + 4y = 400$　　　$3x + 3y = 540$

　　解は，xが160kg，yが20kgとなる。

③生産量から利益を求める。

　　$2,000 \times 160 + 3,000 \times 20 = 380,000$

　製品A 160kg，製品B 20kgを生産したときに，利益が38万円で最大となる。

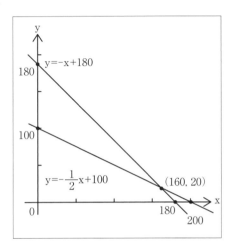

（10） ヒストグラム

　個々のデータから度数分布表を作成し，棒グラフにしたもの。ヒストグラムは，データの分布状況や傾向を知るために使用される。

　ヒストグラムの分析の視点は，データの中心の位置・ばらつきの大きさ・分布の形状などがある。

　ヒストグラムは，製品の品質管理に用いられている。一般的な形状でない場合には，工程に何らかの問題が発生していることが推測できるので，何らかの対策が必要になると判断できる。

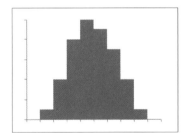

（11） 特性要因図

　特性（結果）とそれに影響を及ぼすと思われる要因（原因）との関連を整理して，体系的にまとめたものである。形状が魚の骨に似ているためフィッシュボーンチャートとも呼ばれる。課題の要因を明らかにしたり，成功要因を分析したりすることができる。

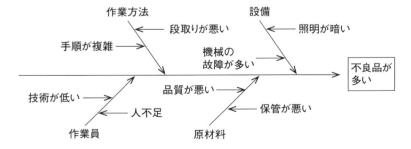

（12）ファンチャート

　ある時点のデータを基準に，その後のデータの変動（成長や落ち込み）を指数で表した折れ線グラフ。グラフが扇（fan）に似ていることから，ファンチャートと呼ばれている。たとえば，各個人の4月の営業成績をそれぞれ100％とした場合に，5月の営業成績を4月と比較し，その成長率が分析できる。

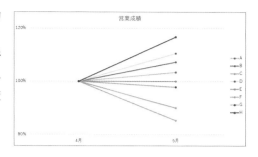

（13）SWOT分析

　SWOT分析は，自社の強み（Strength）や弱み（Weakness），自社を取り巻く経営環境の機会（Opportunity）や脅威（Threat）などを分析し，市場での立ち位置や経営戦略の方向性などを検討するための分析手法。自社の技術力や資金力などの内的要因を強み・弱みとして分析する。さらに競合他社の動向や法律の改正などの外的要因を機会・脅威として分析し，表（ポートフォリオ）にまとめる。

	強み（Strength）	弱み（Weakness）
機会（Opportunity）	自社の強みを最大限に生かす機会は何か。	自社の弱みでせっかくの機会を逃さないようにするためにはどうするか。
脅威（Threat）	自社の強みを生かして他社の脅威に対抗するためにはどうするか。	自社の弱みと他社の脅威で最悪の状況に陥らないためにどうするか。

練習問題 4 − 1

解答 ➡ P.3

【1】　次の説明文に最も適した答えをア，イ，ウの中から選び，記号で答えなさい。

（1）　DFDにおいて，ファイルやデータの格納場所を表す。
　　　　ア．プロセス　　　　　イ．データフロー　　　ウ．データストア

（2）　1つの問題に対して集められた多くの情報を関連するグループでまとめ，分析して図解や文章にまとめていく手法。
　　　　ア．線形計画法　　　　イ．KJ法　　　　　　ウ．ブレーンストーミング

（3）　結果とそれに影響を及ぼすと思われる原因との関連をまとめたもの。
　　　　ア．決定表　　　　　　イ．パート図　　　　　ウ．特性要因図

（4）　ある工場にて行ったSWOT分析において，「工場の機械を新しく購入し，生産能力を強化した。」があてはまるもの。
　　　　ア．強み　　　　　　　イ．機会　　　　　　　ウ．脅威

（5）　項目を3つのランクに分け，売れ筋商品の把握や在庫管理に役立てるグラフ。
　　　　ア．散布図　　　　　　イ．パレート図　　　　ウ．ファンチャート

(1)		(2)		(3)		(4)		(5)	

（14）PPM 分析　［Product Portfolio Management］

　PPMは，自社製品や事業領域の戦略的な位置づけを明確にすることによって，最適な経営資源の配分を考えようとする手法である。次のように，相対的な市場占有率を横軸に，市場成長率を縦軸にとり，**花形・金のなる木・問題児・負け犬**の４つに分類した表（ポートフォリオ）を作成して経営（マネジメント）に活用する。

高 ↑ 市場成長率 ↓ 低	花形	問題児
	金のなる木	負け犬

高　←　市場占有率　→　低

①　**花形**：市場成長率・市場占有率がともに高い。
　市場成長率が高いため，収益が大きくなる傾向がある。ただし，市場占有率を維持・拡大するために多額の投資が必要である。

②　**金のなる木**：市場成長率は低く，市場占有率は高い。
　市場占有率が高いため，大きな収益を生み出している。しかし，市場成長率が低いため，過度な投資は避ける。

③　**問題児**：市場成長率は高く，市場占有率は低い。
　市場成長率が高いため，市場占有率の維持や成長に多額の投資が必要になる。今後の成長が見込める場合は投資を続け，見込めない場合は撤退する。

④　**負け犬**：市場成長率・市場占有率がともに低い。
　市場成長率・市場占有率がともに低いため，投資以上の収益が見込めなければ，撤退も考える。

　企業では，いかに「問題児」から「花形」へ，「花形」から「金のなる木」へと育てていくかが重要で，必要な資金は「金のなる木」から投入されることになる。

練習問題 4 － 2
解答 ➡ P.3

【1】PPM 分析において，次の(a)～(d)の分類にあてはまる適切な組み合わせをア～エの中から選び，記号で答えなさい。

(a)市場占有率，市場成長率がともに高い。
(b)市場占有率，市場成長率がともに低い。
(c)市場占有率は高いが，市場成長率は低い。
(d)市場占有率は低いが，市場成長率は高い。

	(a)	(b)	(c)	(d)
ア.	花形	問題児	負け犬	金のなる木
イ.	花形	負け犬	金のなる木	問題児
ウ.	金のなる木	負け犬	花形	問題児
エ.	金のなる木	問題児	負け犬	花形

2 経営計画

（1）コンプライアンス

社内ルールやチェック体制などを制定し，経営活動において法令や社会規範を遵守すること。社員教育などを行い従業員に周知徹底するとともに，利害関係者に公表して企業としての情報セキュリティに対する考え方や取り組みの姿勢を示し，信頼性を高める。

（2）セキュリティポリシー

企業や組織における情報セキュリティの理念や基本方針を表したもの。社員に周知徹底することで情報セキュリティを強化するとともに，外部に公表することで情報セキュリティに適切に取り組む組織であることを示し，利害関係者から信頼を得ることができる。

（3）ERP（経営資源計画）［Enterprise Resource Planning］

基幹業務を統合的に管理して，生産・販売・経理・人事などの企業の経営資源を活用し，経営の効率化を図るための手法。

財務管理や販売管理など，これまで個別に管理してきた業務を統合管理するための手法であり，企業全体を統合管理することによって，異なる部署や業務を超えて情報の共有を促進し，経営資源の最適化を図る。ERPシステムを実現するためのパッケージソフトウェアをERPパッケージという。

（4）CRM（顧客関係管理）［Customer Relationship Management］

商品やサービスを提供する企業が顧客の詳細な情報（問い合わせやクレームなども含む）をデータベース化し，長期的・継続的な信頼関係を構築し，顧客の満足度と企業の利益を向上させるための手法。

顧客の購買行動や年齢，性別，趣味などの個人の情報を取得し，その活用により，顧客の欲しい物（商品やサービス）をいかに提供するかという，顧客を中心に据えた販売戦略であり，ICTの進歩によって，高度な顧客情報の収集・管理・分析が可能となった。

（5）BPR（業務プロセス再設計）［Business Process Re-engineering］

企業活動に関して売上などの目標を設定し，その目標を達成するために業務の内容，流れ，組織を見直し，再設計し，最適化すること。

業務の一部だけではなく，既存の業務全体の流れ，組織，ルールなどを抜本的に見直す，企業活動全体を対象とした総括的な改革である。

（6）コアコンピタンス

自社の競争力の中核（コア）となる，他社に模倣されにくい独自の技術やノウハウのこと。

（7）アウトソーシング

企業が基幹業務に専念し，他の業務を外部の専門業者に委託すること。経費の削減と人材の有効活用を図るため，積極的に進める企業もある。

（8）アライアンス

もともとは「同盟」や「協力」という意味であり，企業同士の連携を意味する。たとえば，自社の弱点を短期的に解決できない場合，その克服のため他社と連携する。共同開発，ノウハウの連携，コスト削減，生産連携（OEM生産等），物流の共同配送など，様々な形での連携が広がっている。

関連知識

❸　管理

（1）サーバの運用

①　ハウジングサービス

ネットワーク環境を整備した施設に，顧客の通信機器や情報発信用のサーバなどを設置するサービス。ハードウェアなど機器の調達や，サーバやネットワークなどの運用・管理は，すべて顧客が行う。最近では，機器の保守や監視などを付加サービスとして請け負う事業者もいる。

②　ホスティングサービス

インターネットに接続しているサーバの一部を，利用者に貸し出すサービス。事業者が導入・運用・管理まで引き受けてくれるので，サーバ利用者は特別な知識や手間を必要とせずに，サーバを利用することが可能。レンタルサーバサービスはホスティングサービスの1つである。

（2）ASP〔Application Service Provider〕

インターネット経由でアプリケーションの機能などを利用するサービスを提供する事業者。

（3）SaaS〔Software as a Service〕

ソフトウェアの機能をインターネット経由で提供するサービス。ブラウザなどでASPのサーバにログインしてソフトウェアの機能を利用する。利用者は，インターネットに接続できる環境があれば，どのコンピュータからでもソフトウェアを利用できる。また，個々のコンピュータに対してソフトウェアをインストールしたり，管理したりする手間を省ける。

（4）PaaS〔Platform as a Service〕

ソフトウェアの開発環境や実行環境をインターネット経由で提供するサービス。利用者は，ソフトウェア開発に必要な期間・必要なライセンス数だけ利用し，柔軟にライセンス数を調整できるため，独自に開発環境を用意する場合と比べて，調達コストや時間を短縮できる。

（5）IaaS〔Infrastructure as a Service〕

インターネット経由で仮想的なハードウェアや通信回線などの基盤（インフラ）を提供するサービス。サーバや通信回線を用意したり，管理する手間やコストをかけたりすることなく，利用者が必要とするハードウェアの性能を設定し，利用することができる。

関連知識

練習問題 4 − 3

解答 ➡ P.3

【1】 次の説明文に最も適した答えを解答群から選び，記号で答えなさい。

(1) 通信事業者が，専用の施設内に顧客のサーバを設置するスペースを提供するサービス。通信事業者が保守・管理を行い，サーバの運用は顧客が行う。

(2) 企業が業務の効率化や生産性の向上，コスト削減などを目指して，業務や組織，ルールなどを見直し，組織全体を再構築すること。

(3) 自社の業務の一部を外部の専門業者に委託すること。高度な知識と技術が活用でき，人材の有効活用が図れる。

(4) 経営活動において，法令や社会規範を遵守すること。社員教育などを行い，利害関係者に情報セキュリティに対する考え方や取り組みの姿勢を示すことで，信頼性を高める。

(5) 通信事業者が所有するサーバの一部または全部を借り受けるサービス。自社でサーバを用意する必要がないため初期投資が抑えられ，通信事業者による保守管理やサービスを受けられる。

(6) 企業や組織などにおいて，個人情報などの情報資源を守るため，具体的な対策の方針や行動指針をまとめたもの。

(7) 人材，設備，資金，情報などの企業の経営資源を統合的に管理する手法。企業全体の経営資源を有効活用し，効率的な経営活動を目指す。

(8) 企業が顧客との良好な関係を構築するため，顧客の詳細な情報を管理し，顧客の満足度と企業の利益向上を図る経営手法。

(9) 複数の企業が提携，連合し活動すること。経営資源や技術を相互に活用することで新たな価値の創造や，開発コストの抑制などが期待される。

(10) 自社における，他社に模倣されにくい独自の技術やノウハウのこと。

```
┌─ 解答群 ──────────────────────────────────────┐
│ ア．BPR          イ．コンプライアンス      ウ．コアコンピタンス     │
│ エ．CRM          オ．セキュリティポリシー  カ．ハウジングサービス   │
│ キ．ERP          ク．アウトソーシング      ケ．ホスティングサービス │
│ コ．アライアンス                                                     │
└──────────────────────────────────────────────┘
```

(1)		(2)		(3)		(4)		(5)	
(6)		(7)		(8)		(9)		(10)	

【2】 次の説明文の（1）～（4）にあてはまる最も適した語を答えなさい。

　　ユーザがソフトウェアをインストールせずに，インターネットなどのネットワークを経由して提供者側のソフトウェアを利用するサービスを（1）という。

　　ソフトウェアの開発環境や実行環境を，インターネットなどを経由して提供するサービスを（2）という。利用者は，開発環境を用意する必要がないためシステム開発に集中することができるが，利用できる開発言語やデータベースは提供されているものに限られる。

　　サーバやストレージ，ネットワークなどのハードウェアやインフラをインターネット経由で提供するサービスを（3）という。利用者がサーバや通信回線を用意したり，運用・保守したりする必要がない。また，（2）と異なり，最低限の環境の提供となるため，利用者がプラットフォームなどを自由に開発することができる。

　　アプリケーションサービスをインターネットを経由して提供する事業者を（4）という。（4）は事業者もしくはサービスを指し，（1）はソフトウェアを指している。

(1)		(2)	
(3)		(4)	

関連知識

表計算ソフトウェアの活用

1 集計の関数

（1）データベースの集計

=DSUM（データベース,フィールド,条件）

「データベース」の「フィールド」の中で，「条件」に一致するデータの合計を求める。

例　性別が「男」であるレコードの得点を合計する。

F5：=DSUM($A$3:$C$8,3,F3:F4)

	A	B	C	D	E	F	G
1							
2		成績一覧表				性別集計表	
3	番号	性別	得点			性別	性別
4	1	男	50			男	女
5	2	女	80		合計	150	140
6	3	男	70		平均	50	70
7	4	男	30		最大	70	80
8	5	女	60		最小	30	60
9					人数	3	2

=DAVERAGE（データベース,フィールド,条件）

「データベース」の「フィールド」の中で，「条件」に一致するデータの平均を求める。

例　性別が「男」であるレコードの得点を平均する。

F6：=DAVERAGE($A$3:$C$8,3,F3:F4)

=DMAX（データベース,フィールド,条件）

「データベース」の「フィールド」の中で，「条件」に一致するデータの最大値を求める。

例　性別が「男」であるレコードで，最大の得点を求める。

F7：=DMAX($A$3:$C$8,3,F3:F4)

=DMIN（データベース,フィールド,条件）

「データベース」の「フィールド」の中で，「条件」に一致するデータの最小値を求める。

例　性別が「男」であるレコードで，最小の得点を求める。

F8：=DMIN($A$3:$C$8,3,F3:F4)

=DCOUNTA（データベース,フィールド,条件）

「データベース」の「フィールド」の中で，「条件」に一致するデータの個数（空白以外のセル）を求める。

例　性別が「男」であるレコードの数を求める。

F9：=DCOUNTA($A$3:$C$8,2,F3:F4)

=DCOUNT（データベース,フィールド,条件）

「データベース」の「フィールド」の中で，「条件」に一致するデータの個数（数値のセル）を求める。

例　性別が「男」であるレコードの数を求める。

F9：=DCOUNT($A$3:$C$8,3,F3:F4)

（2）IFS関数との比較

DSUM関数はSUMIFS関数に，DAVERAGE関数はAVERAGEIFS関数に，DCOUNT関数はCOUNTIFS関数に置き換えても，同じ結果を求めることができる。

ただし，複数条件を指定するさい，データベース関数はOR条件とAND条件を使い分けられるのに対し，IFS関数は必ずAND条件になる点が異なる。

	A	B	C	D	E	F	G
1							
2		成績一覧表				性別集計表	
3	番号	性別	得点			性別	性別
4	1	男	50			男	女
5	2	女	80		合計	150	140
6	3	男	70		平均	50	70
7	4	男	30		人数	3	2
8	5	女	60				

＝SUMIFS（合計対象範囲,条件範囲1,条件1,[条件範囲2,条件2],…）

「条件範囲1」の中で「条件1」の条件に一致し，かつ「条件範囲2」の中で「条件2」の条件に一致する「合計対象範囲」のセルの合計を求める。

例　性別が「男」であるレコードの得点を合計する。

F5：=SUMIFS($C$4:$C$8,$B$4:$B$8,F4)

＝AVERAGEIFS（平均対象範囲,条件範囲1,条件1,[条件範囲2,条件2],…）

「条件範囲1」の中で「条件1」の条件に一致し，かつ「条件範囲2」の中で「条件2」の条件に一致する「平均対象範囲」のセルの平均を求める。

例　性別が「男」であるレコードの得点を平均する。

F6：=AVERAGEIFS($C$4:$C$8,$B$4:$B$8,F4)

＝COUNTIFS（検索条件範囲1,検索条件1,[検索条件範囲2,検索条件2],…）

「検索条件範囲1」の中で「検索条件1」の条件に一致し，かつ「検索条件範囲2」の中で「検索条件2」の条件に一致するセルの個数を求める。

例　性別が「男」であるレコードの数を求める。

F7：=COUNTIFS($B$4:$B$8,F4)

2　統計・予測の関数

（1）データの中央値・最頻値

▲	A	B	C	D	E	F	G	H	I	J	K	L	M	N
1														
2		プロ野球選手の体重表												
3													統計表	
4		74	78	93	77	102	81	76	81	71	70		平均値	81.7
5		95	85	90	77	83	80	92	80	80	84		中央値	80
6		78	85	72	77	80	70	73	73	88	78		最頻値	80
7		96	85	80	69	78	80	82	74	72	81		最大値	107
8		75	88	89	81	71	73	90	78	83	78		最小値	66
9		80	67	104	86	78	83	85	76	82	80		範囲	41
10		77	66	86	88	90	78	73	90	77	80			
11		74	90	81	92	81	82	80	107	95	97			
12		90	82	78	85	77	87	83	77					

＝MEDIAN（数値1[,数値2],…）

「数値1」に含まれるデータの中央値（メジアン）を求める。

例　プロ野球選手の体重表から中央値を求める。

N5：=MEDIAN(B4:K12)

＝MODE（数値1[,数値2],…）

「数値1」に含まれるデータの最頻値（モード）を求める。

例　プロ野球選手の体重表から最頻値を求める。

N6：=MODE(B4:K12)

（2）データの予測

▲	A	B	C	D	E	F	G	H	I	J	K	L	M
1													
2		プロ野球選手の身長・体重表											
3													予測
4	身長	172	181	182	185	180	177	188	186	178	174		163
5	体重	70	85	84	88	76	73	86	90	81	77		61

＝FORECAST（x,既知のy,既知のx）

「既知のx」と「既知のy」とのデータの相関関係から，「x」に対する値を予測して求める。

例　プロ野球選手の身長・体重表をもとに，身長によって体重を予測する。

M5：=FORECAST(M4,B5:K5,B4:K4)

3 数値・検索・文字列操作の関数

（1）基準値の倍数

▲	A	B	C
1			
2	募集人数計算表		
3	昨年度	今年度募集人数	
4	参加人数	切り上げ	切り捨て
5	183	200	160

＝CEILING（数値,基準値）

「基準値」の倍数に最も近い値に「数値」を切り上げる。

例　40の倍数に最も近い値に「昨年度参加人数」を切り上げる。

B5：＝CEILING(A5,40)

＝FLOOR（数値,基準値）

「基準値」の倍数に最も近い値に「数値」を切り捨てる。

例　40の倍数に最も近い値に「昨年度参加人数」を切り捨てる。

C5：＝FLOOR(A5,40)

（2）絶対値

▲	A	B
1		
2	値	絶対値
3	4	4
4	−7	7

＝ABS（数値）

「数値」の絶対値を求める。

例　「値」の絶対値を求める。

B3：＝ABS(A3)

（3）乱数

▲	A	B	C	D	E	F	G	H	I	J	K
1											
2	回	1	2	3	4	5	6	7	8	9	10
3	乱数	30	10	10	20	20	20	10	10	20	30

＝RANDBETWEEN（最小値, 最大値）

「最小値」以上,「最大値」以下の整数の乱数を発生する。

例　10, 20, 30を乱数として10回分発生させる。

B3：＝RANDBETWEEN(1,3)＊10

B3の式をK3までコピーする。

（4）行番号と列番号

▲	A	B	C	D	E	F
1						
2			ここは？		行番号	2
3					列番号	3

＝ROW（[範囲]）

［範囲］のセルの行番号を返す。［範囲］が省略されているときは，ROW関数が入力されているセルの行番号を返す。

例　「ここは？」の行番号を求める。

F2：＝ROW(C2)

=COLUMN（[範囲]）

［範囲］のセルの列番号を返す。［範囲］が省略されているときは，COLUMN関数が入力されているセルの列番号を返す。

例　「ここは？」の列番号を求める。

F3：=COLUMN(C2)

（5）指定した文字の置換

=SUBSTITUTE（文字列,検索文字列,置換文字列[,置換対象]）

「文字列」の中から「検索文字列」を検索し，「置換文字列」に置き換える。

例　「部屋名」に含まれる"電算"を，"パソコン"に置き換える。

B3：=SUBSTITUTE(A3,"電算","パソコン")

	A	B
1		
2	部屋名	新部屋名
3	第一電算室	第一パソコン室
4	第二電算室	第二パソコン室
5	簿記室	簿記室
6	電算準備室	パソコン準備室
7	簿記準備室	簿記準備室

（6）エラー値の置換

=IFERROR（値,エラーの場合の値）

「値」がエラーの場合は，「エラーの場合の値」を表示し，エラーでない場合は，「値」の結果を表示する。

例　伸び率を「2回 ÷ 1回 － 1」で求める。エラーの場合は，何も表示しない。

F3：=IFERROR(C3/B3－1,"")

	A	B	C	D	E	F
1	成績一覧表					
2	番号	1回	2回	合計	順位	伸び率
3	1	欠席	50	50	3	
4	2	90	80	170	1	−11.1%
5	3	70	70	140	2	0.0%

4 セル参照の関数

（1）セル範囲の参照

	A	B	C	D	E	F	G	H	I	J
1										
2	11の段から19の段の掛け算一覧表									
3		11	12	13	14	15	16	17	18	19
4	11	121	132	143	154	165	176	187	198	209
5	12	132	144	156	168	180	192	204	216	228
6	13	143	156	169	182	195	208	221	234	247
7	14	154	168	182	196	210	224	238	252	266
8	15	165	180	195	210	225	240	255	270	285
9	16	176	192	208	224	240	256	272	288	304
10	17	187	204	221	238	255	272	289	306	323
11	18	198	216	234	252	270	288	306	324	342
12	19	209	228	247	266	285	304	323	342	361
13										
14		16	×	14	=	224	です			

=OFFSET（参照,行数,列数,[高さ],[幅]）

指定した「参照」のセルを基準に，「行数」行下，「列数」列右のセルを参照する。[高さ]と[幅]を指定すると，セル範囲を参照できる。

例　B14とD14の値をもとに，掛け算一覧表を参照する。

F14：=OFFSET(A3,MATCH(B14,A4:A12,0),MATCH(D14,B3:J3,0))

練習問題 5

解答 ➡ P.3

【1】 次の表は，利益率を変化させて販売価格を求めるシミュレーション表である。C6に設定する式の空欄を答えなさい。ただし，C6に設定した式をH9までコピーするものとする。なお，販売価格は，「仕入原価 ×（１＋利益率）」の式で求め，10円未満は切り上げる。

C6 := [　(1)　]（[　(2)　] *（1＋ [　(3)　]），[　(4)　]）

	A	B	C	D	E	F	G	H
1								
2			販売価格計算表					
3								
4	商品名	仕入原価			利益率			
5			50%	60%	70%	80%	90%	100%
6	ばら	94	150	160	160	170	180	190
7	カーネーション	59	90	100	110	110	120	120
8	デンファレ	67	110	110	120	130	130	140
9	ゆり	188	290	310	320	340	360	380

(1)		(2)	
(3)		(4)	

【2】 次の表は，出庫時刻から入庫時刻を引いて，駐車場使用時間を求める表である。C4に設定する式の空欄を答えなさい。ただし，入庫時刻は10分単位で切り上げ，出庫時刻は10分単位で切り捨てるものとする。

C4 := [　(1)　]（[　(2)　],TIME(0,10,0)）－ [　(3)　]（[　(4)　],TIME(0,10,0)）

	A	B	C
1			
2	駐車場使用時間計算表		
3	入庫時刻	出庫時刻	使用時間
4	10:01	10:49	0:30
5	10:02	12:41	2:30
6	10:10	13:34	3:20
7	10:17	11:12	0:50
8	10:24	12:06	1:30

(1)		(2)	
(3)		(4)	

【3】 次の表は，「団体名」の中から 老人 という文字を検索し，シニア に置き換える表である。B4に設定する式の空欄を答えなさい。

B4 := [　(1)　]（A4,[　(2)　],[　(3)　]）

	A	B
1		
2	団体名置換表	
3	団体名	新団体名
4	中野老人会	中野シニア会
5	新町子ども会	新町子ども会
6	上野青年会	上野青年会
7	荒川老人クラブ	荒川シニアクラブ
8	東区婦人会	東区婦人会

(1)	
(2)	(3)

【4】 次の表は，B3の「行先名」とB4の「サイズ名」をもとに，料金を参照して宅配便料金を検索する表である。B5に設定できる３種類の式の空欄にあてはまるものを選び，記号で答えなさい。

	A	B	C	D	E	F	G	H	I
1									
2	宅配便料金検索表								
3	行先名	関西							
4	サイズ名	120							
5	料金	1,470							
6									
7	料金表								
8	サイズ名				行先名				
9		北海道	東北	関東	中部	関西	中国	四国	九州
10	60	1,160	840	740	740	840	950	1,050	1,160
11	80	1,370	1,050	950	950	1,050	1,160	1,260	1,370
12	100	1,580	1,260	1,160	1,160	1,260	1,370	1,470	1,580
13	120	1,790	1,470	1,370	1,370	1,470	1,580	1,680	1,790
14	140	2,000	1,680	1,580	1,580	1,680	1,790	1,890	2,000
15	160	2,210	1,890	1,790	1,790	1,890	2,000	2,100	2,210

①B5 := VLOOKUP(B4,[　(1)　],[　(2)　],FALSE)

②B5 := HLOOKUP(B3,[　(3)　],[　(4)　],FALSE)

③B5 := INDEX([　(5)　],[　(6)　],[　(7)　])

(1)	
(2)	
(3)	
(4)	
(5)	
(6)	
(7)	

解答群
ア．A8:I15　　　イ．A10:A15　　　ウ．A10:I15　　　エ．A8:I15　　　オ．B9:I9
カ．B9:I15　　　キ．B10:I15　　　ク．MATCH(B3,B9:I9,0)
ケ．MATCH(B3,B9:I9,0)＋1　　　コ．MATCH(B4,A10:A15,0)
サ．MATCH(B4,A10:A15,0)＋1

データベースソフトウェアの活用

1▶ DBMS の機能

（1）トランザクション ［transaction］

　データベースにおいて，新規に発生したデータによって追加・変更，削除を行うひとまとまりの単位を**トランザクション**という。データベースの更新などは，トランザクション単位で管理されており，障害などが発生した場合，トランザクション処理の開始前の状態に戻すことになる。

（2）コミット ［commit］

　データベースにおいて，トランザクションによる更新をすべて確定することを**コミット**という。複数の表で同時に更新を行う必要がある場合，それらの処理がすべて完了してから更新を確定させることで，データベースの整合性を保つことになる。トランザクション処理の結果は「すべて成功」か「すべて失敗」のどちらかに限られるため，一連の処理がすべて終了するまで成功か失敗かを判断することができない。

（3）排他制御

　利用者Aがあるデータを利用しているときに，利用者Bがそのデータを更新してしまうと，データの整合性に問題が生じる。このような問題を避けるため更新中のデータに対して読み取りや書き込みができないようにロックをかけ，制御することを**排他制御**という。

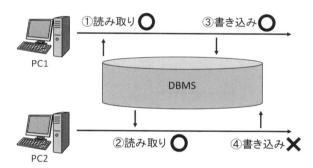

> PC1が先にファイルにアクセスしているため，排他制御により書き込み権限が与えられていない。

　ロックには，**共有ロック**と**専有ロック**がある。共有ロックは，読み取り（参照）はできるが，更新や削除はできない。専有ロックは，読み取り（参照），更新，削除のすべてができない。

（4）デッドロック ［deadlock］

　排他制御を行ったデータX，Yがあり，利用者AがXを専有し，Yの解放を待っている。一方，利用者BがYを専有し，Xの解放を待っている。このような場合どちらも新たなデータを専有することができず，結果的に動きが取れなくなり，アクセスできなくなる。このような状態を**デッドロック**という。

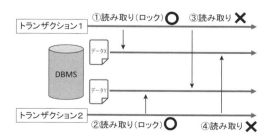

> 　トランザクション1は，データX→データYの順にデータを読み取る。
> 　トランザクション2は，データY→データXの順にデータを読み取る。
> 　お互いに2つ目のデータを読み取るために相手のロック解除を待つことになり，身動きが取れなくなる。

データベース

❷ 障害回復

（1）障害対策

① バックアップ［back up］

　故障や障害の発生に備えて，データベースの内容を定期的に別の記憶メディアにコピーして保存することをバックアップという。バックアップには，フルバックアップや差分バックアップなどがある。

② ジャーナルファイル［journal file］

　ログファイルや更新履歴ファイルともいい，データベースを復元するために，更新前のデータと更新後のデータを時系列で記録しておくファイルである。このファイルをもとに，バックアップファイルを使い，データを復元していく。

③ チェックポイント［check point］

　チェックポイントは，一定の間隔で設定されたデータベースを更新するタイミングのことである。障害発生のときは，チェックポイント時の状態にデータベースを戻し，復元作業を行う。

（2）障害発生時の対応方法

① ロールバック［rollback］

　トランザクション処理の途中で異常（論理的な障害）が発生したときに，更新前ジャーナルファイルを用いてトランザクション処理開始時点の状態に戻してデータの整合性を保つことである。

　a．トランザクション処理を開始する。

　b．トランザクション処理の途中で異常が発生する。

　c．ジャーナルファイルの更新前データを用いてトランザクション処理開始前の状態に戻す。

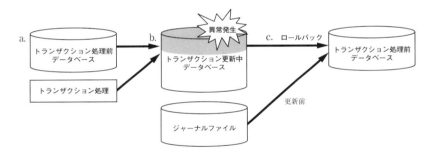

② ロールフォワード［roll forward］

　データが記録されているハードディスクに障害（物理的な障害）が発生したときに，バックアップファイルと更新後ジャーナルファイルを用いて，ハードディスクの障害発生直前の状態まで戻すことである。

　a．障害が発生したハードディスクを新しいハードディスクと交換する。

　b．新しいハードディスクにバックアップしたデータを書き込む。

　c．バックアップファイルの後に更新されたデータをジャーナルファイルの更新後データで復元。

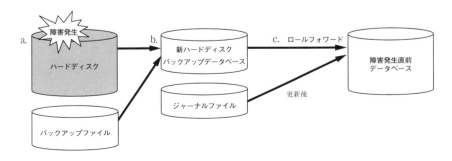

3 データベースの設計

　データベースを作成するときは，どんな事柄を管理するか，どういうテーブルを作るかといった，データベースの特徴を考えながら進めることが大切である。**データベース設計の手順**は，次のとおりである。

概念設計…実際の業務や帳票などから情報を選び，仕様書などの設計を行う。
論理設計…データベースの構築を前提として進められ，データベース製品の仕様，プログラム開発のしやすさ，管理運用上の都合などを優先し，設計する。
物理設計…データ構造をデータベースが構築される環境などを考慮して，物理媒体や装置上に最適な割り付けを行う。

4 概念設計

　データベースを構築するためには，データベース化する対象や範囲などを分析する必要がある。現実世界の事象とそれらの関係性，事象が持つ情報などをモデル化する手法の1つとしてE−Rモデルがある。また，E−Rモデルを表した図を**E−R図**という。

（1）E−R図の構成

　E−R図では，世の中の事象を**エンティティ（実体）**，**リレーションシップ（関係）**，**アトリビュート（属性）**で表現する。
・**エンティティ（実体）**
　実世界を構成する物や事柄のこと。たとえば，企業，部署，従業員などがある。
・**リレーションシップ（関係）**
　エンティティ間の関係を表したもの。たとえば，部署には複数の従業員が所属し，従業員は1つの部署にしか所属しない場合，部署と従業員には1対多の関係があるという。
・**アトリビュート（属性）**
　エンティティの特性（項目）を表すもので，属性と呼ばれる。たとえば，従業員の従業員番号，氏名，住所などがある。

　エンティティ「従業員」「部署」という例をあげて考えてみる。
　「1人の従業員は1つの部署に所属し，1つの部署には複数の従業員が所属する」という場合には，「部署」からみると「従業員」は複数なので〈多〉，「従業員」からみると「部署」は1つなので〈1〉となり，部署と従業員は〈1対多〉の関係で表現される。このエンティティ間のリレーションシップを線で結んで表現すると次の図のようになる。

	エンティティ	部署，従業員
	アトリビュート	従業員番号，氏名，住所，部署番号，部署名

（2）エンティティの対応関係

E−R図では，リレーションシップを〈1対1〉，〈1対多〉（〈多対1〉），〈多対多〉の3パターンで扱うことができる。

① 〈1 対 1〉の例

1つの企業には1人の社長しかいない。

② 〈1 対 多〉の例

1つの企業には複数の従業員がいる。

③ 〈多 対 多〉の例

従業員は複数のサークルに所属でき，サークルには複数の従業員が所属している。

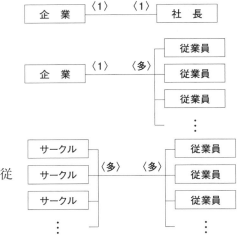

リレーショナル型データベースでは，〈多対多〉の関係は許されない。したがって，従業員が複数のサークルに所属できる〈多対多〉の関係の場合は，新たなエンティティを作る。

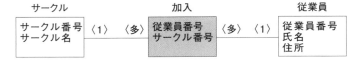

5 論理設計

E−R図で表現されたデータをそのままの形でコンピュータに格納することはできない。論理設計ではエンティティをさらに検討し，検索や更新などの効率を考慮し，テーブルを定義する。

（1）正規化とは

データベースを作成するには，単に項目を並べ替えただけでは効率のよいデータベースにはならない。そこでデータを効率よく管理するために表を分割する作業を行う。この作業を**正規化**といい，正規化によって作成した表を**正規形**という。

次のような正規化が行われていない表を**非正規形**という。この表では，1つの従業員番号に複数のサークルデータがあるために，データの大きさがまちまちであるので，データベースとして扱うことができない。

従業員番号	氏 名	住所	サークル番号	サークル名	場所番号	場所名	加入年
101	安藤 浩志	中央区	1	野球	1	グラウンド	2000
			2	サッカー	1	グラウンド	2002
102	香川 光輝	美浜区	1	野球	1	グラウンド	2004
103	齋藤 初音	緑 区	3	茶道	2	会議室	2003
			4	書道	3	研修室	2003

（2）第1正規化

　レコードの中に繰り返しのある項目（サークル番号，サークル名，場所番号，場所名，加入年）を独立させ，それぞれを1行とする作業を**第1正規化**という。第1正規化によって作成された表を**第1正規形**という。

　この表の中からある1行を特定するためには，「従業員番号」と「サークル番号」を指定する必要がある。この項目を**主キー**といい，複数の項目からなるキーを**複合キー**という。

従業員番号	氏名	住所	サークル番号	サークル名	場所番号	場所名	加入年
101	安藤　浩志	中央区	1	野球	1	グラウンド	2000
101	安藤　浩志	中央区	2	サッカー	1	グラウンド	2002
102	香川　光輝	美浜区	1	野球	1	グラウンド	2004
103	齋藤　初音	緑　区	3	茶道	2	会議室	2003
103	齋藤　初音	緑　区	4	書道	3	研修室	2003

　第1正規形は，同一データが複数の行に格納されるため，たとえば従業員が引っ越しをして住所が変わった場合など，複数の行を修正しなければならない。これでは効率が悪く，修正もれが生じるおそれがある。

（3）第2正規化

　主キーとなる項目が決まれば他の項目が決まるような表に分割する作業を**第2正規化**という。第2正規化によって作成された表を**第2正規形**という。

　従業員番号が決まれば氏名と住所が決まる「従業員表」，サークル番号が決まればサークル名，場所番号，場所名が決まる「サークル表」，従業員番号とサークル番号が決まれば加入年が決まる「サークル加入表」に分割することで，第1正規化での不具合が解消される。

＜従業員表＞

従業員番号	氏名	住所
101	安藤　浩志	中央区
102	香川　光輝	美浜区
103	齋藤　初音	緑　区

＜サークル表＞

サークル番号	サークル名	場所番号	場所名
1	野球	1	グラウンド
2	サッカー	1	グラウンド
3	茶道	2	会議室
4	書道	3	研修室

＜サークル加入表＞

従業員番号	サークル番号	加入年
101	1	2000
101	2	2002
102	1	2004
103	3	2003
103	4	2003

　しかし，「サークル表」のサークル名と場所名を見ると，野球とサッカーはグラウンドで活動しているので項目が重複している。この不具合を解消するため，さらに正規化を行う。

（4）第3正規化

　主キー以外の項目で他の項目が決まるような表に分割する作業を**第3正規化**という。第3正規化によって作成された表を**第3正規形**という。

　場所番号が決まれば場所名が決まる「活動場所表」に分割する。

＜従業員表＞

従業員番号	氏名	住所
101	安藤　浩志	中央区
102	香川　光輝	美浜区
103	齋藤　初音	緑　区

＜サークル表＞

サークル番号	サークル名	場所番号
1	野球	1
2	サッカー	1
3	茶道	2
4	書道	3

＜サークル加入表＞

従業員番号	サークル番号	加入年
101	1	2000
101	2	2002
102	1	2004
103	3	2003
103	4	2003

＜活動場所表＞

場所番号	場所名
1	グラウンド
2	会議室
3	研修室

　「サークル表」のように**外部キー**を含む表を**参照表**といい，参照される主キーを含む「活動場所表」のような表を**被参照表**という。この参照関係にある表間の主キーと外部キーの値のデータの整合性を保つしくみが，**整合性制約（参照整合性）**である。この制約により表間の関係をこわす可能性のある次の操作ができなくなる。

・被参照表にない項目の値を参照表の同じ項目に入力できない。

・被参照表の行を削除する際も，参照表にそれと一致した値を持つ行があれば削除できない。

・被参照表の主キーの項目の値を変更しようとしても，参照表にそれと一致した値を持つ行があれば変更できない。

6 ▶ 物理設計

　物理設計の主な検討内容には，インデックス設計，物理容量設計，ログ設計，CPU設計，メモリ設計などがある。データ検索速度の高速化，容量の算定，トランザクション数の見積もり，CPUの使用率の算定，メモリの割り当て目的や用途などを検討するデータベース設計の最終段階である。

7 SQL

SQLとは，関係データベースの定義操作言語である。現在では，世界共通の標準言語として広く利用されている。SQLのポイントは，データベース操作言語を用いて，データベースシステムを操作する方法を理解することである。ここではSQLについてさらに深く理解するため，データベースソフト（Microsoft Access）を利用し，「生徒表」テーブルを例として解説する。

＜生徒表＞

生徒番号	氏名	性別	部活動コード	国語	数学	英語
1101	安藤　秀美	女	4	78	60	84
1102	河野　義隆	男	2	79	65	64
1201	秋山　高志	男	1	88	80	90
1202	上田　由美	女	3	71	89	72
1301	石井　隆太	男	2	65	74	81
1302	内藤　彩香	女	3	75	84	69

＜部活動表＞

部活動コード	部活動名
1	野球部
2	サッカー部
3	吹奏楽部
4	書道部
5	茶道部

8 データの抽出

（1）条件をつけたデータの抽出

① BETWEEN：範囲の条件

SELECT文にBETWEENを用いると，指定した値の範囲のデータを抽出することができる。

例 生徒表から「数学」が70以上80以下の「氏名」を抽出する。

```
SELECT 氏名 FROM 生徒表
       フィールド名    テーブル名
       WHERE 数学 BETWEEN 70 AND 80
             フィールド名        値1    値2
```

② IN：指定した値の条件

SELECT文にINを用いると，指定した値と一致するデータを抽出することができる。

例 生徒表から「生徒番号」が1101または1201の「氏名」を抽出する。

```
SELECT 氏名 FROM 生徒表 WHERE 生徒番号 IN (1101, 1201)
       フィールド名  テーブル名        フィールド名   値1   値2
```

氏名
安藤　秀美
秋山　高志

なお，**NOT IN**を用いた場合，（　）内の生徒番号以外の氏名が表示される。

```
SELECT 氏名 FROM 生徒表
       フィールド名   テーブル名
       WHERE 生徒番号 NOT IN (1101, 1201)
             フィールド名        値1    値2
```

氏名
河野　義隆
上田　由美
石井　隆太
内藤　彩香

③ LIKE：文字パターンの条件

SELECT文にLIKEを用いると，指定した文または文字パターンと一致するデータを抽出することができる。

例 生徒表から「氏名」に"隆"が含まれる「氏名」を抽出する。

```
SELECT 氏名 FROM 生徒表 WHERE 氏名 LIKE '%隆%'
       フィールド名  テーブル名       フィールド名      '文字列パターン'
```

氏名
河野　義隆
石井　隆太

文字列パターンには，次の2つがある。

文字列パターン	意味	使い方の例	Accessの場合
％（パーセント）	0文字以上の任意の文字列	Aで始まる …… 'A%' Bで終わる …… '%B' Cを含む …… '%C%'	＊（アスタリスク）
＿（アンダーバー）	任意の1文字	Dで始まる4文字 …… 'D＿＿＿' 2文字目がEの5文字 …… '＿E＿＿＿'	？

（2）抽出結果の重複の除去

①　DISTINCT

　　SELECT文では，値が重複しているか否かにかかわらず，指定したフィールドが抽出される。DISTINCTを追加すると値を重複せずに抽出することができる。

　　また，複数のフィールド名を指定した場合には，そのフィールドの組み合わせで重複するものを除く。

例　生徒表から「部活動コード」の値が重複しないように抽出する。

部活動コード
1
2
3
4

```
SELECT  DISTINCT  部活動コード  FROM  生徒表
              フィールド名            テーブル名
```

例　生徒表から「性別」,「部活動コード」の値が重複しないように抽出する。

性別	部活動コード
女	3
女	4
男	1
男	2

```
SELECT  DISTINCT  性別 , 部活動コード  FROM  生徒表
              フィールド名   フィールド名          テーブル名
```

（3）抽出したデータを並べ替える

①　ORDER BY 句

　　SELECTの後に＊を指定すると，テーブルの中のすべてのフィールドが抽出される。並び順は，昇順の場合はASC，降順の場合はDESCと指定する。また，並べ替えの基準が複数ある場合は，「,」で区切って入力する。

例　生徒表からすべてのフィールドを抽出し，「国語」の値の降順で並べ替える。

```
SELECT  ＊  FROM  生徒表 ORDER  BY  国語  DESC
               テーブル名            フィールド名
```

並び順：ASC…昇順　　DESC…降順

　　　　省略した場合…昇順

生徒番号	氏名	性別	部活動コード	国語	数学	英語
1201	秋山　高志	男	1	88	80	90
1102	河野　義隆	男	2	79	65	64
1101	安藤　秀美	女	4	78	60	84
1302	内藤　彩香	女	3	75	84	69
1202	上田　由美	女	3	71	89	72
1301	石井　隆太	男	2	65	74	81

（4）データのグループ化

①　GROUP BY 句

　　グループごとに集計する場合は，「GROUP　BY」でグループ化したい列を指定する。なお，複数の列を抽出する場合は，抽出したい列をすべて指定する。

例　生徒表から「性別」が同じ値をグループ化してから，「性別」と「数学の平均点」の値を抽出する。また，抽出した値に「平均」という名前をつける。

性別	平均
女	77.6666666666667
男	73

```
SELECT  性別,  AVG(数学)  AS  平均  FROM  生徒表 GROUP  BY  性別
     フィールド名  関数（フィールド名）         テーブル名           フィールド名
```

　　関数や計算式を使って集計された列に名前をつけて表示したい場合は，「AS」を利用する。

（5） 集計結果に対して条件に合ったグループだけを抽出する

① HAVING 句

「GROUP BY」で指定した列をグループ化してから，「HAVING」で指定した条件の抽出を行う。

例 生徒表から，性別ごとの数学の平均点を求めた後，その結果が75点以上の「性別」と平均点を抽出する。また，抽出した項目に「平均」という名前をつける。

性別	平均
女	77.6666666666667

SELECT　性別,　AVG(数学)　AS　平均　FROM　生徒表
　　　　フィールド名　関数（フィールド名）　項目の名前　　　テーブル名

　　　　　　GROUP　BY　性別　HAVING　AVG(数学) >= 75
　　　　　　　　　　　　フィールド名　　　　　　　　条件

（6） テーブルを別名で指定する

① AS

テーブルに別名を指定すると，SELECT文が読みやすくなる。なお，「AS」は省略可能である。

例 生徒表と部活動表を「部活動コード」で結合し，部活動名を抽出する。なお，生徒表をa，部活動表をbとして別名で指定する。

SELECT　　DISTINCT　部活動名
　　　FROM　生徒表　AS　a,　部活動表　AS　b
　　　　　　　　テーブル名　　別名1　　テーブル名　　別名2
　　　　WHERE　a.　部活動コード　＝　b.　部活動コード
　　　　　　　別名1　フィールド名　　　別名2　フィールド名

なお，別名指定をしないと，上記のSELECT文は次のようになる。

SELECT　　DISTINCT　部活動名
　　　　FROM　生徒表,　部活動表
　　　　　　WHERE　生徒表.　部活動コード　＝　部活動表.　部活動コード

データベース

（7）副問合せ

① IN

SELECT文を使って抽出した値を抽出条件にするにはINを利用する。

例　生徒表の「国語」の最高点を抽出し，その最高点と同じ国語の点数をもつ氏名を抽出する。

氏名
秋山　高志

SELECT 氏名 FROM 生徒表
WHERE 国語 IN (SELECT MAX(国語) FROM 生徒表

② EXISTS演算子

EXISTSは，外側のSQL文にあるテーブルと内側のSQL文にあるテーブルが結合されている場合，内側のSQLで抽出されたビュー表に対して，さらに外側のSQL文を実行する。

なお，外側のSQL文にあるテーブルと内側のSQL文にあるテーブルが結合されていない場合，内側のSQL文で抽出されるレコードがある場合は真（TRUE），ない場合は偽（FALSE）を返す。真のときのみ外側のSQL文が実行される。

例　生徒表と部活動表を照合し，生徒表にある部活動コードから部活動表にある「部活動コード」と「部活動名」を抽出する。

SELECT　部活動コード，部活動名　FROM　部活動表
　　　　　　　　　　主問合せ
WHERE　EXISTS

　(SELECT　＊　FROM　生徒表　WHERE　生徒表. 部活動コード　＝　部活動表. 部活動コード)
　　　　　　　　　　　　　　副問合せ

部活動コード	部活動名
1	野球部
2	サッカー部
3	吹奏楽部
4	書道部

なお，NOT EXISTSを用いた場合は，部活動表において，生徒表にない部活動コード，部活動名が抽出される。

SELECT　部活動コード，部活動名　FROM　部活動表
WHERE　NOT　EXISTS
　(SELECT　＊　FROM　生徒表　WHERE　生徒表. 部活動コード　＝　部活動表. 部活動コード)

部活動コード	部活動名
5	茶道部

データベース

9 データの追加，削除，更新

（1）レコードを追加する

① INSERT

VALUESの後の値は，文字項目は' 'で囲む。レコード内のすべてのフィールドを追加する場合は，フィールド名を省略することができる。

例 「生徒番号」が 1401,「氏名」が山本　公平,「性別」が男,「部活動コード」が 2,「国語」が 84,「数学」が 65,「英語」が 75 の値を持つ行を生徒表に追加する。

INSERT　INTO　生徒表(生徒番号,氏名,性別,部活動コード,国語,数学,英語)
　　　　　　　　テーブル名（フィールド名）

　　　　VALUES (1401,'山本　公平','男',2,84,65,75)
　　　　　　　　　　　　　（値）

生徒番号	氏名	性別	部活動コード	国語	数学	英語
1101	安藤　秀美	女	4	78	60	84
1102	河野　義隆	男	2	79	65	64
1201	秋山　高志	男	1	88	80	90
1202	上田　由美	女	3	71	89	72
1301	石井　隆太	男	2	65	74	81
1302	内藤　彩香	女	3	75	84	69
1401	山本　公平	男	2	84	65	75

（2）レコードを削除する

① DELETE

例 「生徒番号」が1401の行を，生徒表から削除する。

DELETE　FROM　生徒表　WHERE　生徒番号 = 1401
　　　　　　　　テーブル名　　　　　　　　　条件

生徒番号	氏名	性別	部活動コード	国語	数学	英語
1101	安藤　秀美	女	4	78	60	84
1102	河野　義隆	男	2	79	65	64
1201	秋山　高志	男	1	88	80	90
1202	上田　由美	女	3	71	89	72
1301	石井　隆太	男	2	65	74	81
1302	内藤　彩香	女	3	75	84	69

Accessの場合は，DELETEとFROMの間に＊が必要である。

（3）値を変更する

① UPDATE

例 生徒表の「生徒番号」が1101の行の「国語」を80に変更する。

UPDATE　生徒表　SET　国語 = 80　WHERE　生徒番号 = 1101
　　　　テーブル名　　　フィールド名　値　　　　　　　条件

生徒番号	氏名	性別	部活動コード	国語	数学	英語
1101	安藤　秀美	女	4	80	60	84
1102	河野　義隆	男	2	79	65	64
1201	秋山　高志	男	1	88	80	90
1202	上田　由美	女	3	71	89	72
1301	石井　隆太	男	2	65	74	81
1302	内藤　彩香	女	3	75	84	69

データベース

練習問題 6

解答 ➡ P.3

【1】 次の条件に合った SQL 文を答えなさい。

(1) テーブル名「居住者一覧」から年齢が50歳以上かつ65歳未満の「居住者名」を抽出するSQL文を2つ答えなさい。

①

②

(2) テーブル名「会員名簿」から「会員名」の2文字目が「木」の「会員名」と「電話番号」を抽出する。

(3) テーブル名「成績表」から「英語」の平均点を求める。

(4) テーブル名「成績表」から「情報処理」の得点が30点未満の生徒の人数を求める。

(5) テーブル名「社員表」から「部署」が同じ社員の「部署」と「年齢」の平均を，「平均」という項目名をつけて抽出する。

(6) テーブル名「社員表」からすべてのフィールドを抽出し，「入社年」の降順に並べ替える。

(7) 研修を受講した社員の「社員番号」をテーブル名「受講表」より抽出し，テーブル名「社員表」から研修を受講した「社員番号」と一致する「社員番号」と「社員名」を抽出する。

(8) テーブル名「顧客表」から「住所1」の値が重複しないように「住所1」を抽出する。

(9) テーブル名「顧客表」から「住所1」と「住所2」の値が重複しないように「住所1」と「住所2」を抽出する。

(10) 「受付番号」が「1077」，「行き先」が「シンガポール」の値を持つレコードをテーブル名「旅行受付簿」に追加する。

(11) 「受付番号」が「2003」の行を，テーブル名「旅行受付簿」から削除する。

(12) テーブル名「旅行受付簿」の「受付番号」が「0024」（文字項目）の行の「行き先」を「バリ島」に変更する。

◆用語チェック問題◆

(1) ハードウェア・ソフトウェアに関する知識　　　　　　　　　解答 ➡ P.4

1．システムの開発と運用

	問　題	解　答
1	要件定義，外部設計などいくつかの工程に分割して進める開発モデル。比較的大規模な開発に向いており，原則として前の工程に戻らない。	
2	システム開発の初期段階から試作品を作成し，ユーザと確認をしながら進めていく開発手法。	
3	システム開発モデルの一つで，システムを独立性の高い部分に分割し，ユーザの要求やインタフェースの検討などを経て，設計・プログラミング・テストの工程を繰り返す手法。	
4	利用者側と開発者側で打ち合わせを行い，システムを導入する目的や取り入れる機能などの基本方針を決定すること。	
5	システム開発において，システムをサブシステムに分割したり，画面や帳票のレイアウトなどを利用者側の視点で設計すること。	
6	サブシステムや機能をプログラミングの単位に分割し，必要とされる処理手順やデータ構造などを詳細に開発者側が設計すること。	
7	内部設計にもとづき，プログラムの構造を決め，モジュール単位に分割すること。	
8	プログラム設計にもとづき，プログラム言語でモジュールを作成すること。	
9	完成したプログラムが設計どおりに正しく動作するかを確認すること。	
10	個々のモジュール（部品）が，仕様書どおりに機能しているかを確認するテスト。	
11	複数のモジュール（部品）を組み合わせて，モジュール間でデータの受け渡しがうまく行われているかなどを確認するテスト。	
12	結合テスト終了後，仕様書どおりにシステムが動作するかをさまざまな角度から確認するテスト。	
13	システムに見つかった問題点を修復する作業や，システムを効率的に稼働させるための業務。	
14	プログラムの内部構造には関係なく，入力データが仕様書のとおりに出力されるかを確認するためのテスト。	
15	プログラムの内部構造に着目し，処理手順が意図したとおりに動作しているかを確認するためのテスト。	

2．性能・障害管理

	問　題	解　答
16	信頼性，可用性，保守性，完全性，安全性の5つを表すコンピュータシステムの評価項目。	
17	どれだけ長時間正常に動作するかを評価する。	
18	システムが正常に機能していることを評価する。	
19	修復時間の短さを評価する。	
20	誤操作によりデータが消失することがないかなどを評価する。	
21	外部からの不正アクセスにどれだけ強いかなどを評価する。	

チェック問題

	問　題	解　答
22	あるシステムの全運転時間に対する稼働時間の割合。	
23	コンピュータシステムが故障から復旧した後，次に故障するまでの平均時間。	
24	コンピュータシステムが故障してから，完全に復旧するまでにかかる平均時間。	
25	コンピュータシステムが一定時間内に処理する仕事量や，伝達できる情報量。	
26	印刷命令を送ってからプリンタが動き始めるまでの時間のように，コンピュータシステムに処理を指示してから，その処理が始まるまでに要する時間。	
27	コンピュータシステムに処理を指示してから，すべての処理結果が得られるまでの経過時間。	
28	システムに障害が発生しても，予備のものに切り替えるなどして性能を落とすことなく動作し続けるシステム設計思想。	
29	システムや装置の信頼性を高め，障害が発生しないようにするシステム設計思想。	
30	障害が発生した際，被害が拡大しないよう安全な方向に制御するシステム設計思想。	
31	障害が発生した際，性能を落としてでもシステムを稼働させ続けるシステム設計思想。	
32	システムの利用者が誤った操作ができないようにしたり，誤った操作をしても誤作動が起きないようにするシステム設計思想。	
33	コンピュータのネットワークに直接接続して利用する記憶装置。	
34	信頼性や処理速度を向上させるために，複数台のハードディスク装置を並列に組み合わせて一体化し，全体を1つのハードディスク装置のように扱う方式。	
35	複数のハードディスク装置に同じデータを記憶することで，データの信頼性を高める技術。	
36	複数のハードディスク装置にデータを分割して書き込み，読み書き速度の高速化を図る技術。	

(2)　**通信ネットワークに関する知識**
1．**ネットワークの構成**

	問　題	解　答
37	ネットワークで用いるさまざまなプロトコルを標準化したもので，7階層に分かれている。	
38	メールやWebなどのさまざまなアプリケーションソフト間での通信に関する規約を規定する層。	
39	データの圧縮や暗号化，文字コードや画像の送信形式などのデータ形式に関する規約を規定する層。	
40	通信の開始から終了までの規約を規定する層。	
41	データの転送や通信管理など通信の信頼性を確保するための規約を規定する層。	
42	異なるネットワーク内の通信（通信ルート選定など）に関する規約を規定する層。	
43	同じネットワーク内の通信（誤り検出など）に関する規約を規定する層。	
44	コネクタや電気信号など接続のための物理的レベルの規約を規定する層。	

チェック問題

45	LAN上でケーブルを分岐・中継するために使用される集線装置。	
46	ネットワーク間の接続を行う中継機器の1つで，IPアドレスをもとにデータの行き先を認識して転送する装置。	
47	ルータやファイアウォールが持っている機能の1つで，ルータやコンピュータが通過できるパケットの条件を設定し，ふるいにかけること。	
48	プロトコルが異なるネットワーク間において，プロトコルを変換することでデータの送受信を可能にするための装置。	
49	データ通信を行うためのさまざまな取り決めのこと。	
50	インターネットやイントラネットで標準的に使われるプロトコルの総称。	
51	WebサーバとWebブラウザとの間で，HTML文書や関連した画像などのデータを送受信するためのプロトコル。	
52	ネットワークを介してファイルを転送するためのプロトコル。HTMLファイルをWebサーバへアップロードする際などに使われる。	
53	メールサーバのメールボックスから電子メールを受信するために用いるプロトコル。	
54	インターネットの電子メールで，受信メールをサーバ上で管理し，メールソフトに表示させるためのプロトコル。	
55	電子メールをユーザのコンピュータからメールサーバへ送信する際や，メールサーバ間でメールを転送する際に用いるプロトコル。	
56	コンピュータをネットワークに接続する際に，IPアドレスなどを自動的に割り当てるプロトコル。	
57	個々のネットワーク機器を識別するために，製造時に割り振られた各機器固有のコード。	
58	インターネット上で使用されるTCP/IP上で振られるアドレス。	
59	32ビットで管理するIPアドレス。	
60	128ビットで管理するIPアドレス。	
61	サブネットマスクにより1ビット単位でネットワークアドレス部の長さを識別し，組織の規模に応じて割り当てるアドレスの数を柔軟に選択できるしくみ。	
62	LANの規模に応じて，ネットワーク管理者が自由に設定できるIPアドレス。ほかのLANには同じIPアドレスが存在する。	
63	インターネットに接続された端末に使用される世界で一意のIPアドレス。	
64	IPアドレスから任意のグループを特定するために設定される32ビットのビット列。	
65	IPアドレスのうち，ネットワーク上のグループを識別するアドレス。	
66	ネットワーク内のすべての機器にデータを一斉送信するためのアドレス。	
67	IPアドレスのうち，グループに所属する機器の1つ1つを識別するアドレス。	
68	TCP/IP通信において，コンピュータが通信に使用するプログラムを識別するための番号。	
69	1つのグローバルIPアドレスを複数のコンピュータで共有する技術で，プライベートIPアドレスとグローバルIPアドレスを1対1で変換する。	

チェック問題

	問　題	解　答
70	非武装地帯の意味で，ファイアウォールの設置により，外部のインターネットからも内部のネットワークからも隔離されたネットワーク上の領域。	
71	ネットワークに接続されたコンピュータのIPアドレスとドメイン名を相互に変換するしくみ。	
72	インターネットなどの公衆回線を仮想的な専用回線として利用する技術やそのネットワーク。	

２．ネットワークの活用

	問　題	解　答
73	表示用のディスプレイと入力用のキーボードやマウスなど，必要最小限の機能に特化したクライアント用のコンピュータ。	
74	ブラウザを通じてアクセスしたWebサイトから，URLなどのデータを一時的にユーザのコンピュータに保存するしくみ。サイトの訪問回数などのユーザ情報が記録されている。	
75	電子メールにおいて，文字以外の音声や画像などのデータの送受信を可能にするためのしくみを規定したもの。	
76	音声データをパケットに変換し，デジタル化することで，インターネット回線などを音声通話に利用する技術。	

(3)　情報モラルとセキュリティに関する知識

	問　題	解　答
77	データの暗号化と復号に，同一の鍵を使用する暗号方式。	
78	データの暗号化と復号に，異なる鍵を使用する暗号方式。	
79	電子文書において，紙文書の印やサインの役割をするもの。	
80	電子メールや電子商取引において，送信されるデータが正しい送信者からのものであり，途中で改ざんされていないことを示すしくみ。	
81	公開鍵が本人のものであることを，デジタル証明書を発行して保証する機関。	
82	個人情報などのデータを暗号化し，ブラウザを介してインターネット上で安全に送受信するために広く普及しているプロトコル。	
83	HTTPというプロトコルにSSL（TLS）機能を付加したプロトコル。	
84	コンピュータを操作した内容や送受信した状況などを記録したもの。	
85	システムの動作状況やメッセージなどを記録したもの。	
86	システムへのアクセス状況を記録したもの。	
87	提供していたサービスが中断したり，サービスの品質を低下させたりする出来事のこと。	
88	リスクの特定，分析，評価をし，対策を実行すること。	
89	リスクの特定，分析，評価をすること。	
90	脆弱性があるWebサイトにおいて，サイトへの訪問者を偽サイトへ誘導したり，個人情報を盗んだりするなどの被害をもたらす攻撃のこと。	
91	人の心理的な油断や行動のミスに付け込んで情報などを盗み出す攻撃のこと。	
92	Webサイトの書き込み欄などにデータベースを操作する命令を入力して送信することで，データを改ざんしたり，不正に取得したりする攻撃のこと。	

(4) ビジネス情報の関連知識
1．情報の収集・分析・整理

	問　題	解　答
93	お互いの意見に批判をせず自由に意見を出し合い，あるテーマに関する多様な意見を抽出する会議方法。	
94	問題点を明確にするために，次のような手順で進められるデータ整理の方法。情報収集→カード化→グループ化→図解化→文章化	
95	複数の条件と，その条件に対応した行動を整理するために用いられる表。	
96	システム開発において，4つの記号でデータの流れと処理の関係を表すために用いる。	
97	スケジュール管理のための技法で，作業手順を矢印で結び，それに所要日数などが書かれたもの。	
98	パート図において，作業の開始から終了までの最も長い期間必要とする経路。この経路に含まれる工程に遅延が発生すると作業全体のスケジュールに影響する。	
99	パレート図を使い，各項目を重要な順に3つのグループに分けて分析する方法。	
100	データを降順に並べた棒グラフと，その累計比率を表す折れ線グラフからなるグラフ。ABC分析に用いることが多い。	
101	一定期間における売上の傾向を長期的に分析する際に用いるためのグラフ。グラフの要素として，各月の売上，売上の累計，移動合計値（過去1年分の売上累計）の3つを用いる。	
102	相関関係にある2種類のデータ間の関係や傾向を分析することで，結果を予測すること。	
103	売上高と売場面積などのように，2種類のデータ間の相関関係の有無や傾向を分析する図。	
104	2種類のデータの相関関係で，一方の値が大きくなると，もう一方の値も大きくなるという右上がりの分布。	
105	2種類のデータの相関関係で，一方の値が大きくなると，もう一方の値は小さくなるという右下がりの分布。	
106	回帰分析で，なるべくすべての点から距離が近くなるように引いた直線。$y = ax + b$で表される。	
107	さまざまな条件の中で利益や効果などを最大にしたり，時間やコストを最小にしたりするために使われる手法。	
108	来店客数を時間帯ごとに集計するなど，データを範囲（区間）に分け，データの度数分布をグラフにしたもの。	
109	結果とそれに影響を及ぼすと思われる原因との関連を整理して，魚の骨のような形状として体系的にまとめたもの。	
110	ある時点のデータを基準に，その後のデータの変動（成長や落ち込み）を指数で表した折れ線グラフ。	
111	企業環境における自社の現状について4つの要素（強み，弱み，機会，脅威）を縦軸と横軸で表す分析で，マーケティング戦略などを考える手法。	
112	自社の技術力や資金力など内部環境（人，モノ，資金など）。	
113	経済政策や顧客の好みの変化など外部環境（顧客，市場，経済情勢，同業他社など）。	
114	自社の製品や事業領域の戦略的な位置づけを明確にすることによって，最適な経営資源の配分を考えようとする手法。	
115	市場の成長率は低く，相対的な占有率は高い。	

チェック問題

116	市場の成長率・相対的な占有率がともに高い。	
117	市場の成長率は高く，相対的な占有率は低い。	
118	市場の成長率・相対的な占有率がともに低い。	

２．経営計画と管理

	問　題	解　答
119	企業倫理に基づき，法令や社会規範を遵守した企業活動を行うこと。	
120	企業や組織における，情報セキュリティ対策の方針や行動指針のこと。	
121	基幹業務を統合的に管理して，生産・販売，経理，人事などの企業の経営資源を有効活用し，経営の効率化を図るための手法。	
122	商品やサービスを提供する企業が顧客の詳細情報をデータベース化し，長期的・継続的な信頼関係を構築し，顧客の利益と企業の利益を向上させるための手法。	
123	企業活動に関して売上などの目標を設定し，その目標を達成するために業務の内容，流れ，組織を見直し，再設計し，最適化すること。	
124	他社に模倣されにくい独自の技術やノウハウのこと。	
125	企業が基幹業務に専念し，他の業務を外部の専門業者に委託すること。	
126	もともとは「同盟」や「協力」という意味であり，企業同士の連携を意味する。	
127	ネットワーク環境を整備した施設に，顧客の通信機器や情報発信用のサーバなどを設置するサービス。	
128	インターネットに接続しているサーバの一部を，利用者に貸し出すサービス。	
129	インターネット経由でアプリケーションの機能などを利用するサービスを提供する事業者。	
130	ソフトウェアの機能をインターネット経由で提供するサービス。	
131	ソフトウェアの開発環境や実行環境をインターネット経由で提供するサービス。	
132	仮想的なハードウェアや通信回線などのインフラをインターネット経由で提供するサービス。	

⑸　データベースソフトウェアに関する知識
１．ＤＢＭＳ

	問　題	解　答
133	データベースにおいて，あるデータを処理しているとき，ほかからの更新や書き込みなどを制限することによって，データの整合性を保持しようとするしくみ。	
134	読み取り（参照）はできるが，更新や削除はできないロック。	
135	読み取り（参照），更新，削除のすべてができないロック。	
136	排他制御を行った複数の処理が互いにロックをかけることで，相手のロック解除待ち状態が発生してしまい先に進まなくなる状態。	
137	データベースにおいて，新規に発生したデータによって追加・変更，削除を行うひとまとまりの単位。	
138	データベースにおいて，トランザクションによる更新をすべて確定すること。	

	問　　題	解　答
139	データベースを復元するために，更新前のデータと更新後のデータを時系列で記憶しておくファイル。ログファイル，更新履歴ファイルともいう。	
140	データベースにおいて，一定の間隔で設定されるポイント。このポイントでデータベースを更新する。障害発生のときは，このポイント時の状態のデータベースに戻し，復元作業を行う。	
141	トランザクション処理の途中で異常が発生したときに，更新前ジャーナルファイルを用いてトランザクション処理開始時点の状態に戻してデータの整合性を保つこと。	
142	データが記録されているハードディスクに障害が発生したときに，バックアップファイルと更新後ジャーナルファイルを用いて障害発生直前の状態まで復元すること。	

2．データベースの設計

	問　　題	解　答
143	データベース設計の初期段階で，業務内容を分析して必要なデータや管理方法を検討し，仕様書などを設計すること。	
144	データベース製品の仕様，プログラム開発のしやすさ，管理運用上の都合などを優先し，設計すること。	
145	データベースが構築される環境などを考慮して，物理媒体や装置上に最適な割り付けを行う設計のこと。	
146	正規化が行われていない表。	
147	レコードの中にある繰り返しのある項目を独立させ，それぞれを1行とする作業。	
148	主キーとなる項目が決まれば他の項目が決まるような表に分割する作業。	
149	主キー以外の項目で他の項目が決まるような表に分割する作業。	
150	データベース設計において，データの関連性を3つの事象（実体，属性，関係）でモデル化するために用いる図。	
151	実世界を構成する物や事柄のこと。	
152	エンティティの特性（項目）を表すもので，属性とも呼ばれる。	
153	エンティティ間の関係（リレーション）を表したもの。	
154	参照関係にある表間の主キーと外部キーの値のデータの統合性を保つしくみ。表間の関係をこわす可能性のある操作ができない。	

チェック問題

◆分析チェック問題◆

解答 ➡ P.5

分析項目	問 題	解 答
決定表（デシジョンテーブル）	① 次の表は，ある電話会社の料金を決定表で表したものである。この電話会社を利用し，固定電話から国内へ午前6時20分から15分間通話をした場合の料金はいくらか。 （下記表）	
DFD	② システム開発に用いられる，データの流れと処理の関係を記号で表したものである。各構成要素について答えよ。 （下記図）	▭ ○ ≡ →
パート図（アローダイアグラム）	③ 次の図は，あるプロジェクトのスケジュール管理のためのパート図である。クリティカルパスの日数は何日か。 （下記図）	
ABC分析とパレート図	④ 次の表は，ある商店の取扱商品別年間売上高である。ABC分析を行った場合，Aグループの管理対象となる商品の商品番号をすべて答えよ。ただし，売上比率の累計が70%以内の商品をAグループとする。 （下記表）	
	⑤ パレート図の折れ線が表しているものはなにか。 （下記図）	

① 決定表

国内への通話	Y	Y	Y	Y	N	N	N	N
午前8時～午後5時まで	Y	Y	N	N	Y	Y	N	N
固定電話からの通話	Y	N	Y	N	Y	N	Y	N
30秒10円	-	×	-	-	-	×	-	×
1分10円	×	-	-	×	×	-	-	-
3分10円	-	-	×	-	-	-	×	-

④ ABC分析

商品番号	年間販売数	単価	年間売上高	構成比率	累計
5	30	30	900	45.0%	45.0%
2	25	20	500	25.0%	70.0%
4	101	2	202	10.1%	80.1%
6	30	4	120	6.0%	86.1%
8	58	2	116	5.8%	91.9%
7	57	2	114	5.7%	97.6%
3	14	2	28	1.4%	99.0%
1	20	1	20	1.0%	100.0%
合計	335		2,000	100.0%	

チェック問題

Zグラフ	⑥　次の（あ）と（い）のグラフは，あるデパートにおける衣料品と食料品の売上高を集計したものである。（あ），（い）のグラフからどのような傾向が読み取れるか。 （あ） 衣料品 （い） 食料品	（あ） （い）
回帰分析	⑦　次のグラフは，あるレジャー施設の入場者数と売店の売上高を表したものである。 （あ）　入場者数と売店の売上高にはどのような関係があるか。 （い）　回帰直線 y ＝ 0.1 x ＋2から，入場者数が1,000人のときに予想される売上高はいくらか。 入場者数と売店の売上高 y = 0.1 x + 1.2	（あ） （い）
線形計画法	⑧　ある菓子店では，クッキーとチョコレートを箱詰めにした商品Aと商品Bを販売している。クッキーとチョコレートの個数の組み合わせと1商品あたりの利益，商品Aと商品Bの在庫数は表のとおりである。最大利益を上げるための商品Aと商品Bの個数を求めよ。 		商品A	商品B	在庫数
---	---	---	---
クッキー	12個	6個	720個
チョコレート	4個	10個	480個
利益	600円	400円			商品A 商品B
ヒストグラム	⑨　次のデータは，あるコンビニエンスストアの30日間の売上データを集計し，売上金額の度数分布を表したグラフである。グラフの（あ），（い）に表示される度数を答えよ。 30日間の売上データ（単位：万円） | 39	55	45	49	46	36	65	55
49	36	58	42	35	40	59	25
42	45	47	52	29	31	21	56
41	44	34	56	38	30	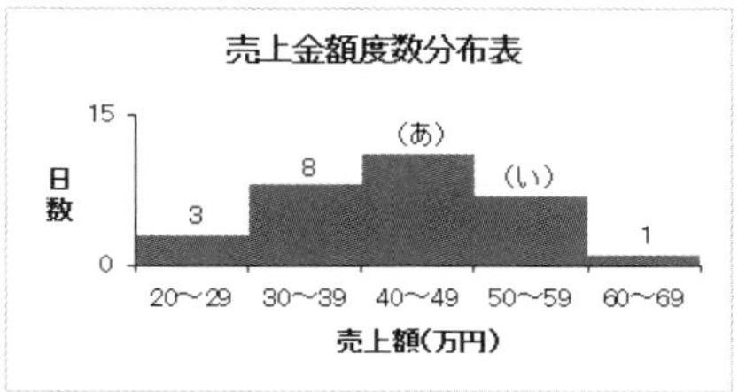 売上金額度数分布表	（あ） （い）
特性要因図	⑩　次の図は，特性要因図の一部を表したものである。（あ），（い）が表しているものを答えよ。 （あ）　（い）	（あ） （い）

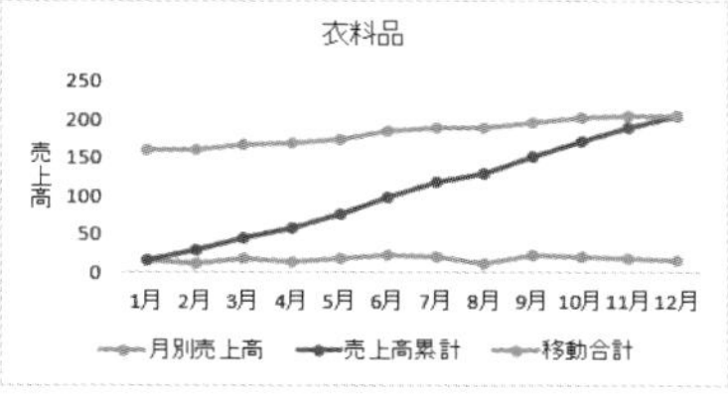

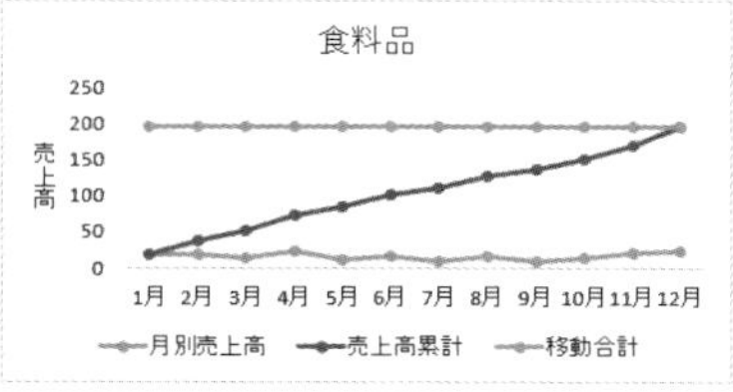

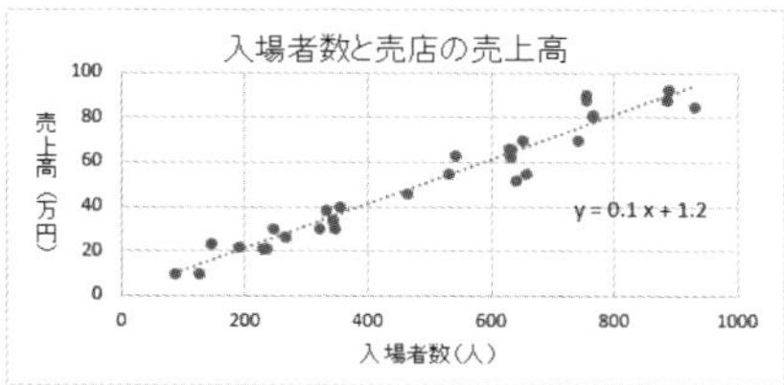

ファンチャート	⑪　次のデータは，ある商店の売上高を表したものである。グラフから読み取れる内容を答えよ。 _(グラフ：商品A, 商品B, 商品C, 商品D の2013年〜2018年の売上高推移)_	

⑫　健康食品メーカーのS会社では，自社の状況をSWOT分析での強み，弱み，機会，脅威に分類して認識し，今後の戦略を検討することにした。S社の(1)〜(8)の状況を適切に分類せよ。

(1)　営業拠点数が他社よりも少ない。

(2)　競合するT社の健康菓子事業の撤退が決まった。

(3)　競合他社よりも高い商品企画力を持っている。

(4)　健康志向の高まりで，健康食品への関心が高まっている。

(5)　工場の老朽化が進んでいる。

(6)　少子化によって子供の人口が減少している。

(7)　食品の安全性に対する消費者の目が厳しくなっている。

(8)　顧客の会員化によって顧客情報が集まり，富裕層の会員獲得にも成功している。

	好影響	悪影響
内部環境	S	W
外部環境	O	T

SWOT分析

- S（強み）
- W（弱み）
- O（機会）
- T（脅威）

⑬　事業を次の(あ)〜(え)に分割した場合，それぞれの分類名を花形，負け犬，問題児，金のなる木の中から答えよ。

PPM分析

市場成長率 高	(あ)	(い)
市場成長率 低	(う)	(え)
	市場占有率 高	市場占有率 低

(あ)

(い)

(う)

(え)

◆関数チェック問題◆

解答 ➡ P.5

＊[　]は省略可

処理項目	問　題	解　答
データ ベース集計	① 「データベース」の「フィールド」列目から「条件」を満たすセルの合計を求める。 　＝□□□（データベース，フィールド，条件）	
	② 「データベース」の「フィールド」列目から「条件」を満たすセルの平均を求める。 　＝□□□□（データベース，フィールド，条件）	
	③ 「データベース」の「フィールド」列目から「条件」を満たすセルの最大値を求める。 　＝□□□（データベース，フィールド，条件）	
	④ 「データベース」の「フィールド」列目から「条件」を満たすセルの最小値を求める。 　＝□□□（データベース，フィールド，条件）	
	⑤ 「データベース」の「フィールド」列目から「条件」を満たす数値が入力されているセルの個数を求める。 　＝□□□（データベース，フィールド，条件）	
	⑥ 「データベース」の「フィールド」列目から「条件」を満たす空白でないセルの個数を求める。 　＝□□□□（データベース，フィールド，条件）	
複数条件 付き集計	⑦ 「条件範囲1」の中で「条件1」の条件に一致し，「条件範囲2」の中で「条件2」の条件にも一致する「合計対象範囲」の合計を求める。 　＝□□□（合計対象範囲，条件範囲1，条件1,[条件範囲2，条件2],…）	
	⑧ 「条件範囲1」の中で「条件1」の条件に一致し，「条件範囲2」の中で「条件2」の条件にも一致する「平均対象範囲」の平均を求める。 　＝□□□□（平均対象範囲，条件範囲1，条件1,[条件範囲2，条件2],…）	
	⑨ 「検索条件範囲1」の中で「検索条件1」の条件に一致し，「検索条件範囲2」の中で「検索条件2」の条件にも一致するセルの個数を求める。 　＝□□□□（検索条件範囲1，検索条件1,[検索条件範囲2，検索条件2],…）	
データの 代表値	⑩ 「数値」のデータからメジアン（中央値）を求める。 　＝□□□□（数値1 ,[数値2],…）	
	⑪ 「数値」のデータから最も頻繁に出現する値（最頻値）を求める。 　＝□□□（数値1,[数値2],…）	
将来の予測	⑫ 「既知のy」と「既知のx」の関係から，「x」に対する値を予測する。 　＝□□□□（x，既知のy，既知のx）	

チェック問題

基準値の倍数	⑬　「基準値」の倍数のうち，最も近い値に「数値」を切り上げる。 　＝□□□（数値，基準値）	
	⑭　「基準値」の倍数のうち，最も近い値に「数値」を切り捨てる。 　＝□□□（数値，基準値）	
絶対値	⑮　「数値」の絶対値を求める。 　＝□（数値）	
乱数	⑯　「最小値」以上「最大値」以下の整数の乱数を発生させる。 　＝□□□□（最小値，最大値）	
行・列番号	⑰　「範囲（省略は関数が入力されているセル）」の行番号を返す。 　＝□（[範囲]）	
	⑱　「範囲（省略は関数が入力されているセル）」の列番号を返す。 　＝□（[範囲]）	
セル範囲の参照	⑲　「参照」のセルを基準に，「行数」行下，「列数」列右のセルを参照する。[高さ] と [幅] を指定すると，セル範囲を参照できる。 　＝□□□（参照，行数，列数,[高さ],[幅]）	
文字列の置換	⑳　「文字列」の中から「検索文字列」を検索し，「置換文字列」に置き換える。 　＝□□□□（文字列，検索文字列，置換文字列 　,[置換対象]）	
エラー値の置換	㉑　「値」がエラーの場合は「エラーの場合の値」を表示し，エラーでない場合は「値」の結果を表示する。 　＝□□□□（値，エラーの場合の値）	

◆SQLチェック問題◆

解答 ➡ P.5

問　題	解　答
① 「会員番号」が1235，「入会日」が20181005，「選択コース」が工芸の値を持つレコードを入会表に追加する。 　　　(a)　　　入会表　　(b)　　（1235,20181005,'工芸'）	(a) (b)
② 入会表の「会員番号」が1146の「選択コース」を三味線に変更する。 　　　(a)　　　入会表　　(b)　　選択コース='三味線' 　　WHERE　　会員番号＝1146	(a) (b)
③ 「会員番号」が1072のレコードを会員表から削除する。 　　　(a)　　　FROM　会員表　　(b)　　会員番号＝1072	(a) (b)
④ 入会表から「選択コース」を値が重複しないように抽出する。 　SELECT　　　　　　　　選択コース　FROM　入会表	
⑤ 会員表から「住所」が東京都で始まる「会員番号」を抽出する。 　SELECT　会員番号　FROM　会員表　WHERE　住所	
⑥ 入会表からすべてのフィールドを抽出し，「入会日」の降順に並べ替える。 　SELECT　＊　FROM　入会表　　(a)　　入会日　(b)	(a) (b)
⑦ 会員表から「性別」ごとに最も若い「年齢」を求める。 　SELECT　性別, MIN（年齢）　FROM　会員表　　　　　　　　　性別	
⑧ 入会表から「選択コース」ごとに件数を集計し，その結果が20以上の「選択コース」と件数を抽出する。 　SELECT　選択コース, COUNT（＊）　FROM　会員表 　　　　(a)　　　選択コース　　(b)　　COUNT（＊）>=20	(a) (b)
⑨ 会員表から「年齢」が50歳以上70歳以下の「会員番号」を抽出する。 　SELECT　会員番号　FROM　会員表 　　WHERE　年齢　　　　　　50　AND　70	
⑩ 入会表から「選択コース」が工芸か三味線の「会員番号」を抽出する。 　SELECT　会員番号　FROM　入会表 　　WHERE　選択コース　　　　　　　（'工芸', '三味線'）	
⑪ 入会表から「選択コース」が工芸か三味線以外の「会員番号」を抽出する。 　SELECT　会員番号　FROM　入会表 　　WHERE　選択コース　　　　　　　（'工芸', '三味線'）	
⑫ 会員表と入会表を照合し，入会表に存在する会員を会員表から抽出する。 　SELECT　会員番号, 会員名　FROM　会員表　WHERE　　　　　　　 　（SELECT ＊ FROM　入会表　WHERE　会員表.会員番号＝入会表.会員番号）	
⑬ 会員表と入会表を照合し，入会表に存在しない会員を会員表から抽出する。 　SELECT　会員番号, 会員名　FROM　会員表　WHERE　　　　　　　 　（SELECT ＊ FROM　入会表　WHERE　会員表.会員番号＝入会表.会員番号）	
⑭ 会員表と入会表を「会員番号」で結合し，「会員番号」「会員名」「住所」「選択コース」「入会日」を抽出する。なお，会員表をa，入会表をbとして別名で指定する。 　SELECT　a.会員番号, 会員名, 住所, b.選択コース, 入会日 　　FROM　　(a)　　AS　a,　　(b)　　AS　b 　　WHERE　a.会員番号＝b.会員番号	(a) (b)

チェック問題

第1回 **模擬問題**

制限時間：60分　解答 ➡ P.6

第1回

【1】　次の説明文に最も適した答えを解答群から選び，記号で答えなさい。

1．組織が抱えるリスクを適切に管理し，損失の回避や低減を図る一連の活動のこと。リスク特定，リスク分析，リスク評価，リスク対応などがある。

2．システム開発の初期段階で試験的なシステムを作り，ユーザに評価してもらい，その意見を取り入れながら開発を進めていく開発モデル。

3．データベースの更新途中にエラーが発生した場合にデータの完全性を保つため，ジャーナルファイルを用いて処理開始前の状態にすること。

4．Webサイトの提供者が，ブラウザを通じて閲覧者に関する情報や最後にサイトを訪れた日時などを閲覧者のコンピュータに一時的にデータを書き込んで保存させるしくみ。

5．複数のハードディスクを仮想的に1つのハードディスクとして管理し，データを分割して読み書きすることで処理の高速化を図る技術。

```
┌─ 解答群 ─────────────────────────────────┐
│  ア．ストライピング      イ．スパイラルモデル    ウ．ミラーリング       │
│  エ．プロトタイピングモデル  オ．ロールバック      カ．Cookie          │
│  キ．リスクマネジメント    ク．MIME           ケ．RAID           │
│  コ．ロールフォワード     サ．インシデント      シ．リスクアセスメント   │
└──────────────────────────────────────┘
```

【2】　次のA群の語句に最も関係の深い説明文をB群から選び，記号で答えなさい。

＜A群＞　1．IMAP　　　　　　2．デジタル署名　　　　　3．ルータ
　　　　　4．VPN　　　　　　5．ホワイトボックステスト

＜B群＞

ア．電子メールのデータをサーバ上で管理するためのプロトコル。異なる情報通信機器で同じデータを参照することができる。

イ．公開鍵暗号方式で使われる鍵が利用する本人によって作成されたことを保証するための電子証明書を発行する第三者機関。

ウ．インターネットに仮想の専用回線を設定し，認証や暗号化の技術を使って安全性の高い通信を行う技術やサービス。

エ．プログラムの内部構造は確認せず，入力値に対する出力結果に着目して行うテスト手法。

オ．プロトコルが異なるネットワーク同士を接続するための通信機器。

カ．電子メールのデータを受信するためのプロトコル。データをダウンロードするため，オフラインでも電子メールの内容を閲覧することができる。

キ．公開鍵暗号方式の性質を利用し，秘密鍵で暗号化し，公開鍵で復号することでデータ送信者の真証性を確保したり，改ざんされていないことを保証したりする技術。

ク．同じプロトコル同士のネットワークを接続するための通信機器。経路選択機能を持ち，パケットを適切な経路に転送する。

ケ．入力に対する出力結果だけでなく，プログラムの内部構造にまで着目して行うテスト手法。

コ．インターネットを通じてリアルタイムに音声データを送受信することでIP電話を実現するための技術。

【3】　次の説明文に最も適した答えをア，イ，ウの中から選び，記号で答えなさい。なお，5．については数値を答えなさい。

1．ネットワーク自体を表す特別なIPアドレス。ホストアドレス部の値がすべて0になる。

　　　　ア．ホストアドレス　　　　**イ**．ネットワークアドレス　　　**ウ**．ブロードキャストアドレス

2．RASISの一つであり，システムに障害が発生した際の復旧のしやすさを表す評価指標。

　　　　ア．信頼性　　　　　　　**イ**．可用性　　　　　　　**ウ**．保守性

3．企業が他社に対して競争優位として保有する，他社が模倣できない独自の技術やノウハウのこと。

　　　　ア．コンプライアンス　　**イ**．コアコンピタンス　　**ウ**．アライアンス

4．装置Aの稼働率が0.8，装置Bの稼働率が0.9のとき，次の図のように配置されているシステム全体の稼働率を小数第2位まで求めなさい。

　　　　ア．0.72　　　　　　　**イ**．0.81　　　　　　　**ウ**．0.98

5．通信速度が2Gbpsの通信回線を用いて，36GBのデータをダウンロードするのに3分かかった。この回線の伝送効率は何%か求めなさい。ただし，外部要因は考えないものとする。

【4】 次の各問いに答えなさい。

問1．DFDにおいて，データストアはどのような図形で表すか，適切なものを選び，記号で答えなさい。

ア.　　　　　　　　　　　　イ.　　　　　　　　　　　　ウ.

問2．次のプロダクト・ポートフォリオ・マネジメント分析の図において，①～④に入る組み合わせとして適切なものを選び，記号で答えなさい。

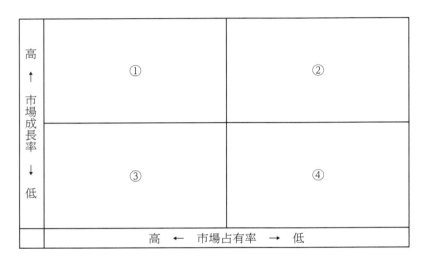

ア. ① 花形　　　② 金のなる木　　　③ 負け犬　　　④ 問題児
イ. ① 花形　　　② 問題児　　　③ 金のなる木　　　④ 負け犬
ウ. ① 金のなる木　　② 問題児　　　③ 花形　　　④ 負け犬

問3．次のグラフは，ある衣料品販売店の売上高をもとにして作成したZグラフである。グラフから読み取れる内容として適切なものを選び，記号で答えなさい。

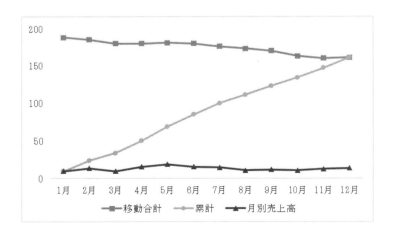

ア. 移動合計が右下がりなので，売上高は減少傾向である。
イ. 累計の売上高が右肩上がりなので，売上高は増加傾向である。
ウ. 月別売上高がほぼ横ばいなので，売上高は停滞傾向である。

問4．次のグラフは，ある検定試験の筆記と実技の得点分布を表したものである。表示されている度数分布についての説明として適切なものを選び，記号で答えなさい。

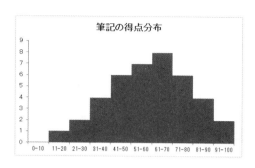 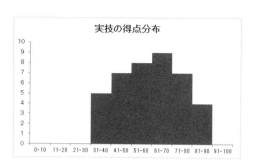

ア．実技の得点における最高点と最低点の差は，筆記の得点における最高点と最低点の差よりも大きい。

イ．得点のばらつきは実技の得点よりも筆記の得点のほうが大きい。

ウ．実技の最高点は筆記の最高点よりも高い。

問5．クロスサイトスクリプティングを説明している次の文章のうち適切なものを選び，記号で答えなさい。

ア．攻撃者がWebページに罠を仕掛け，利用者がページ内のリンクをクリックしたときに，不正なプログラムがWebサーバに送り込まれることにより情報漏洩などの被害をもたらす攻撃。

イ．Webサイトなどの書込み欄にデータベースを操作する命令を入力・送信することにより，データを不正に取得したり，改ざんしたりする攻撃。

ウ．人の心理的な油断やミスにつけこみ機密情報などを不正に盗み出す攻撃。関係者になりすまして電話で情報を聞き出したり，廃棄書類を不正に持ち出したりするなどの方法がある。

【5】　ある会社では，音楽のダウンロード販売についての情報を次のようなリレーショナル型データベースを利用して管理している。次の各問いに答えなさい。

処理の流れ
① 会員が入会手続きを行うと，一意となる会員番号を発行し，会員表にレコードを追加する。
② 歌手と楽曲の販売契約を行うと，一意となる歌手番号を発行し，歌手表にレコードを追加する。
③ 楽曲の発売が決まると，一意となる楽曲番号を発行し，楽曲表にレコードを追加する。
④ 楽曲は，販売開始日から販売終了日までダウンロード販売することができる。
⑤ 会員が楽曲を購入すると，一意の販売番号を発行し，販売表にレコードを追加する。
⑥ 販売日は，会員が楽曲を購入した日付であり，楽曲表の販売開始日から販売終了日までの日付が登録される。

会員表

会員番号	氏名	電話番号	メールアドレス
K0001	北山　景都	050-4215-5519	tqmcuipykeito11005@achsdn.rg
K0002	小畑　竹男	090-2060-2682	takeo_obata@jlgvzw.pmfu.od
K0003	宮坂　孝義	090-4993-9223	takayoshi2862@ullqffihd.yb
～	～	～	～
K0300	石田　暁子	070-9415-2271	akiko0783@ekiccjrgy.gn
K0301	秋本　実琴	080-6233-8521	oakimoto@ldnxff.kc
～	～	～	～
K0500	畠中　由香里	050-4437-5169	opyejwmnyukari288@qxomyl.iv

歌手表

歌手番号	歌手名	事務所名	契約終了日
S0001	戸田　純	ＡＰＥＸグループ	2028/12/29
S0002	村岡　敦	ＳＡＮＹミュージック	2028/09/12
S0003	森下　優花	ＡＰＥＸグループ	2030/10/26
～	～	～	～
S0300	下村　沙和	ユニバミュージック	2032/07/26
S0301	須田　好美	クイーンレコード	2029/12/16
～	～	～	～
S0500	梅沢　正春	アップルエンドＭＣ	2031/11/24
～	～	～	～

販売表

販売番号	会員番号	楽曲番号	販売日
H0001	K0041	M0081	2024/07/31
H0002	K0019	M0282	2024/07/03
H0003	K0229	M0135	2025/03/08
～	～	～	～
H0300	K0353	M0081	2024/08/31
H0301	K0041	M0108	2026/06/26
～	～	～	～
H0500	K0054	M0081	2025/05/25

楽曲表

楽曲番号	楽曲名	歌手番号	販売単価	販売開始日	販売終了日
M0001	Ｓｍａｌｌ　Ｂｕｂｂｌｅ	S0237	270	2031/01/29	2033/01/28
M0002	キャッスル（映画主題歌）	S0187	270	2030/02/12	2033/02/11
M0003	翔んでニッポン（映画主題歌）	S0368	250	2030/04/09	2034/04/08
～	～	～	～	～	～
M0300	平和の鐘	S0311	290	2025/07/28	2030/07/27
M0301	一期一会（ドラマ主題歌）	S0481	290	2024/12/09	2027/12/09
～	～	～	～	～	～
M0500	業（カルマ）	S0001	300	2025/01/06	2030/01/05
～	～	～	～	～	～

問１．次の図は，4つの表のE-R図である。空欄にあてはまる組み合わせとして適切なものを選び，記号で答えなさい。

```
会員表 ──(a)── 販売表 ──(b)── 楽曲表 ──(c)── 歌手表
```

ア．　(a)　１対多　　　(b)　多対１　　　(c)　多対１
イ．　(a)　多対１　　　(b)　１対多　　　(c)　１対多
ウ．　(a)　１対多　　　(b)　１対多　　　(c)　多対１

問2．歌手番号と歌手名を楽曲販売回数の降順に抽出する。次のSQL文の空欄にあてはまる適切なものを選び，記号で答えなさい。

SELECT A.歌手番号, 歌手名, COUNT(B.楽曲番号) AS ダウンロード数
　　FROM 歌手表 A, 販売表 B, 楽曲表 C
　　WHERE A.歌手番号 = C.歌手番号
　　　AND B.楽曲番号 = C.楽曲番号
　　　 (a) 　 A.歌手番号, 歌手名
　　　 (b) 　 COUNT(B.楽曲番号) 　 (c)

歌手番号	歌手名	ダウンロード数
S0358	山本　孝弘	13
S0158	福山　雅弘	12
～	～	～

ア． (a) GROUP BY 　　(b) ORDER BY 　　(c) ASC
イ． (a) GROUP BY 　　(b) ORDER BY 　　(c) DESC
ウ． (a) ORDER BY 　　(b) GROUP BY 　　(c) DESC

問3．楽曲名に「主題歌」という文字が含まれる歌手名と楽曲名を抽出する。次のSQL文の空欄をうめなさい。

SELECT 歌手名, 楽曲名
　　FROM 歌手表 A, 楽曲表 B
　　WHERE A.歌手番号 = B.歌手番号
　　　AND 楽曲名 [   ] '%主題歌%'

歌手名	楽曲名
須田　正樹	キャッスル（映画主題歌）
Eime	翔んでニッポン（映画主題歌）
椎名　蜜柑	一期一会（ドラマ主題歌）

問4．2024年9月に発売された楽曲を2024年9月中に購入した会員の会員番号と氏名を抽出する。次のSQL文の空欄をうめなさい。

SELECT A.会員番号, 氏名, C.楽曲番号, 楽曲名
　　FROM 会員表 A, 販売表 B, 楽曲表 C
　　WHERE A.会員番号 = B.会員番号
　　　AND B.楽曲番号 = C.楽曲番号
　　　AND 販売日 BETWEEN '2024/09/01' AND '2024/09/30'
　　　AND B.楽曲番号 [   ] (SELECT 楽曲番号
　　　　　　　　　　　　　　　FROM 楽曲表
　　　　　　　　　　　　　　　WHERE 販売開始日 BETWEEN '2024/09/01' AND '2024/09/30')

会員番号	氏名	楽曲番号	楽曲名
K0284	今泉　有希	M0253	コスモス
～	～	～	～

問5．歌手表は，正規化のどの段階まで完了しているか。最も適切なものを選び，記号で答えなさい。

ア． 非正規形　　**イ．** 第1正規形　　**ウ．** 第2正規形　　**エ．** 第3正規形

【6】　次の各問いに答えなさい。

問1．次の表は，支払期限日を求める表である。請求日が15日までは支払期限日が翌月の10日，16日以降は翌月の25日とする。B4に設定する次の式の空欄をうめなさい。ただし，空欄には同じものが入る。

	A	B
1		
2	支払期限日計算表	
3	請求日	支払期限日
4	1月19日	2月25日

=IF(DAY(A4)<=15,DATE(YEAR(A4),　　　　,10),DATE(YEAR(A4),　　　　,25))

問2．次の表は，レストランの顧客アンケートの集計表である。アンケートの質問は3つあり，それぞれ5段階で評価してもらっている。F5に質問番号を入力すると，G5に平均値が表示される。G5に設定する式として適切なものを選び，記号で答えなさい。なおF8には，データ件数を求める式が入力されている。

	A	B	C	D	E	F	G
1							
2	アンケート結果表						
3	タイムスタンプ	1.価格	2.接客	3.おいしさ		アンケート結果分析	
4	2021/7/15 11:49	3	4	3		質問番号	平均値
5	2021/7/15 12:53	2	5	4		3	2.4
6	2021/7/15 13:31	2	5	2			
7	2021/7/15 14:21	2	3	1		データの件数	
8	2021/7/15 15:10	4	5	2		5	

ア． =AVERAGE(OFFSET(A3,F8,F5,1,1))

イ． =AVERAGE(OFFSET(A3,1,F5,F8,1))

ウ． =AVERAGE(OFFSET(A4,1,F5,F8,1))

問3．次の表は，ある管楽器音楽コンクールの予選の審査表である。K5には決勝出場を判定するための次の式が設定されている。この式をK10までコピーしたとき，K列に表示される ○ の数を答えなさい。なお，J列の「調整合計得点」は，I列の「合計得点」からC～H列の最大値と最小値を引いたものである。

	A	B	C	D	E	F	G	H	I	J	K
1											
2	管楽器音楽コンクール予選審査表										
3	No	氏名	審査員						合計得点	調整合計得点	決勝出場
4			A	B	C	D	E	F			
5	1	井川　小百合	8	9	7	8	5	6	43	29	※
6	2	垣内　浩太	6	8	5	6	7	8	40	27	※
7	3	山口　紗耶香	10	9	8	9	6	8	50	34	※
8	4	吉川　弥生	5	7	7	7	7	6	39	27	※
9	5	吉田　早苗	8	8	8	9	8	6	47	32	※
10	6	石井　あゆみ	6	7	5	6	7	8	39	26	※

(注)　※印は，値の表記を省略している。

=IF(OR(RANK(I5,$I$5:$I$10)<=3,RANK(J5,$J$5:$J$10)<=3,
　COUNTIFS(C5:H5,">=8")>=4),"○","")

問4. 次の表は，あるクラスの身長と部活動のデータを一覧にした表と男女別に身長の高い生徒の人数を集計した表である。I4に設定する次の式の空欄をうめなさい。ただし，この式をI7までコピーする。

	A	B	C	D	E	F	G	H	I
1									
2	クラス情報一覧表						男子集計表		
3	番号	氏名	性別	身長	部活動		部活動	性別	身長170cm以上の人数
4	1	浅野　匠	男	165	サッカー		サッカー	男	0
5	2	石上　三郎	男	168	テニス		テニス	男	0
6	3	石橋　四郎	男	174	野球		野球	男	3
7	4	岡田　太郎	男	171	野球		バレーボール	男	2
8	5	小野　凌平	男	180	バレーボール				
9	6	小山　大輔	男	175	野球		女子集計表		
10	7	佐々木　伸	男	166	テニス		部活動	性別	身長166cm以上の人数
11	8	田辺　五郎	男	162	テニス		テニス	女	0
12	9	山口　伸也	男	177	バレーボール		バレーボール	女	3
13	10	池上　俊子	女	156	テニス		ソフトボール	女	1
14	11	伊橋　誠美	女	172	バレーボール				
15	12	大西　治美	女	166	ソフトボール				
16	13	小山　はるか	女	158	テニス				
17	14	山本　翔子	女	168	バレーボール				
18	15	吉田　真由美	女	170	バレーボール				
19	16	渡辺　晴香	女	152	ソフトボール				

=COUNTIFS($E$4:$E$19,G4,$C$4:$C$19,H4,$D$4:$D$19,"   ")

問5. 次の表は，あるクラスの漢字小テストの結果を分析するための表である。C41に設定する式として適切なものを選び，記号で答えなさい。

ア. =MEDIAN(C4:C38)

イ. =MODE(C4:C38)

ウ. =MOD(C4:C38)

	A	B	C
1			
2	漢字小テスト一覧表		
3	番号	名前	得点
4	1	相沢　信弘	6
5	2	石田　光弘	7
6	3	内田　清吾	8
7	4	江藤　敏夫	6
8	5	大久保　亮	9
9	6	河合　修	5
10	7	木村　大作	6
11	8	久保田　利夫	6
12	9	小林　昭雄	7
13	10	佐藤　伸介	6
⑤	⑤	⑤	⑤
37	34	八代　明子	7
38	35	森山　絹恵	6
39			
40		平均	6.6
41		最も多かった得点	6
42		中央値	6

【7】　次の表は，ある宴会場の会場予約計算表である。作成条件にしたがって，各問いに答えなさい。

シート名「予約計算表」

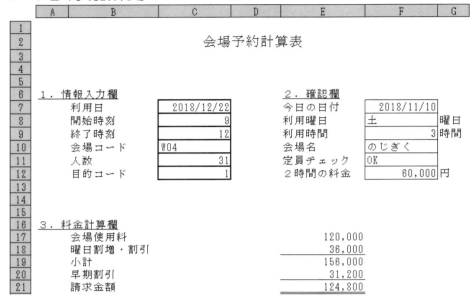

シート名「会場表」

	A	B	C	D	E
1					
2	会場表				
3	会場コード	会場名	定員	宴会室料金	会議室料金
4	W01	うめ	10	6,000	20,000
5	W02	さくら	30	18,000	60,000
6	W03	まつ	40	24,000	80,000
7	W04	のじぎく	100	60,000	200,000
8	Y01	フリージア	20	8,000	30,000
9	Y02	コスモス	30	12,000	45,000
10	Y03	オリーブ	40	16,000	60,000
11	Y04	潮騒	70	28,000	105,000
12	Y05	飛翔	100	40,000	150,000
13	Y06	天空	240	96,000	360,000
14	Y07	銀河	300	120,000	450,000

シート名「曜日表」

	A	B	C
1			
2	曜日表		
3	曜日コード	曜日	割増・割引率
4	1	日	20%
5	2	月	-30%
6	3	火	0%
7	4	水	-20%
8	5	木	0%
9	6	金	10%
10	7	土	30%

作成条件

1．シート名「予約計算表」のC7～C12に適切なデータを順に入力すると，請求金額を求めることができる。

2．シート名「予約計算表」は，次のように作成されている。

(1)　F7の「今日の日付」は，今日の日付を表示する。

(2)　F8の「利用曜日」は，C7の「利用日」をもとにシート名「曜日表」を参照して表示する。

(3)　F9の「利用時間」は，C9の「終了時刻」からC8の「開始時刻」を引いて求める。

(4)　F10の「会場名」は，C10の「会場コード」をもとにシート名「会場表」を参照して表示する。ただし，入力した「会場コード」が会場表にない場合は， エラー を表示する。

(5)　F11の「定員チェック」は，C11の「人数」がC10の「会場コード」をもとにシート名「会場表」を参照した「定員」以下の場合は OK を表示し，それ以外の場合は 超過 を表示する。

(6)　F12の「2時間の料金」は，C10の「会場コード」をもとにシート名「会場表」を参照して表示する。ただし，C12の「目的コード」が1の場合はD列の「宴会室料金」を，2の場合はE列の「会議室料金」を適用する。

(7)　E17の「会場使用料」は，F9の「利用時間」とF12の「2時間の料金」をもとに求める。なお，「2時間の料金」は2時間ごとの料金として計算する。

(8)　E18の「曜日割増・割引」は，F8の「利用曜日」をもとにシート名「曜日表」を参照したC列の「割増・割引率」に，E17の「会場使用料」を掛けて求める。

(9)　E19の「小計」は，E17の「会場使用料」とE18の「曜日割増・割引」の合計を求める。

(10)　E20の「早期割引」は，C7の「利用日」とF7の「今日の日付」の差が30日以上の場合はE19の「小計」の20％を求め，それ以外の場合は 0 とする。

(11)　E21の「請求金額」は，E19の「小計」からE20の「早期割引」を引いて求める。

第
1
回

「問題を読みやすくするために，
このページは空白にしてあります。」

問1．シート名「予約計算表」のF8に設定する次の式の空欄にあてはまる適切なものを選び，記号で答えなさい。

=VLOOKUP(　　　　　　　　　(C7),曜日表!A4:C10,2,FALSE)

ア．TODAY　　　　　　　　**イ**．DATE　　　　　　　　**ウ**．WEEKDAY

問2．シート名「予約計算表」のF10に設定する式として適切なものを選び，記号で答えなさい。

ア．=IF(C10="","",
　　　IF(COUNTIFS(会場表!A4:A14,C10)=0,
　　　　"エラー",VLOOKUP(C10,会場表!A4:B14,2,FALSE)))
イ．=IF(C10="","",
　　　IF(COUNTIFS(会場表!A4:A14,C10)=0,
　　　　VLOOKUP(C10,会場表!A4:B14,2,FALSE),"エラー"))
ウ．=IF(C10="","",
　　　IF(COUNTA(会場表!A4:A14)=0,
　　　　"エラー",VLOOKUP(C10,会場表!A4:B14,2,FALSE)))

問3．シート名「予約計算表」のF12に設定する次の式の空欄にあてはまる適切なものを選び，記号で答えなさい。

=VLOOKUP(C10,会場表!A4:E14,　　　　　　　,FALSE)

ア．C12　　　　　　　　**イ**．C12+3　　　　　　　　**ウ**．C12+4

問4．シート名「予約計算表」のE17に設定する次の式の空欄にあてはまる適切なものを答えなさい。

=F12*ROUNDUP(　　　　　　,0)

問5．シート名「予約計算表」に次のようにデータを入力したとき，E21に表示される数値を計算して答えなさい。

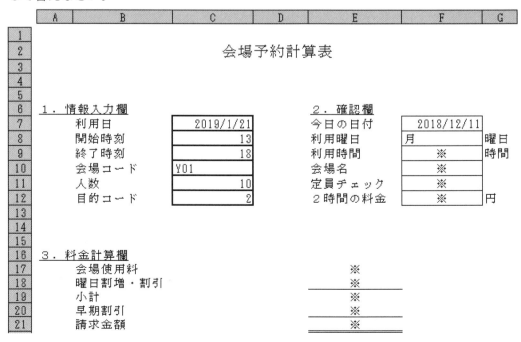

	A	B	C	D	E	F	G
1							
2		会場予約計算表					
3							
4							
5							
6		1．情報入力欄			2．確認欄		
7		利用日	2019/1/21		今日の日付	2018/12/11	
8		開始時刻	13		利用曜日	月	曜日
9		終了時刻	18		利用時間	※	時間
10		会場コード	Y01		会場名	※	
11		人数	10		定員チェック	※	
12		目的コード	2		2時間の料金	※	円
13							
14							
15							
16		3．料金計算欄					
17		会場使用料			※		
18		曜日割増・割引			※		
19		小計			※		
20		早期割引			※		
21		請求金額			※		

　　　　　　　　　　　　　　　　　　※印は，値の表記を省略している。

第2回 模擬問題

制限時間：60分　解答 ➡ P.10

【1】 次の説明文に最も適した答えを解答群から選び，記号で答えなさい。

1．IPアドレスのネットワークアドレス部とホストアドレス部のビット数を1ビット単位で設定し，組織の規模に応じて利用できるIPアドレスの数を柔軟に設定するしくみ。

2．システムが利用できなくなる突発的な事故やアクシデントのこと。システムを早期に再開するための対応が取られ，その後で根本原因の調査・再発防止を行う。

3．ネットワークを通してやり取りするデータに含まれる送受信元のIPアドレス情報などをもとに，そのデータを通過させるか遮断するかを判断するセキュリティ機能。

4．コンピュータシステムの評価指標の一つで，システムが故障せずに，安定して使用できることを評価したもの。MTBFを指標に用いる。

5．人間がミスを犯すことを前提にして，誤った操作をしてもシステムの安全性や信頼性を確保しようという考え方。

解答群

ア．パケットフィルタリング	**イ**．CIDR	**ウ**．サブネットマスク
エ．保守性	**オ**．信頼性	**カ**．可用性
キ．フォールトトレラント	**ク**．フォールトアボイダンス	**ケ**．フールプルーフ
コ．ゲートウェイ	**サ**．リスクアセスメント	**シ**．インシデント

【2】 次のＡ群の語句に最も関係の深い説明文をＢ群から選び，記号で答えなさい。

＜Ａ群＞　1．コンプライアンス　　2．レスポンスタイム　　3．スループット
　　　　　4．FTP　　　　　　　 5．結合テスト

＜Ｂ群＞

ア．電子メールでテキストデータだけでなく，画像や音声などのマルチメディアデータを送受信するためのしくみ。

イ．印刷命令を送ってからプリンタが動き始めるまでの時間のように，コンピュータシステムに処理を指示してから，その処理が始まるまでに要する時間のこと。

ウ．TCP/IPを利用したネットワークで，Webページを構成するデータをやり取りするためのプロトコル。

エ．コンピュータに処理実行の指示を出してから，すべての実行結果が得られるまでの時間のこと。

オ．TCP/IPを利用したネットワークを通じて，ファイルをやり取りするためのプロトコル。

カ．企業が，経営活動において法令や社会規範を遵守し，適法・適正に業務を遂行することで，利害関係者の信頼関係などを築くこと。

キ．複数のモジュールを組み合わせて，モジュール間のインタフェースに着目して行うテスト。

ク．全てのモジュールをつなげてシステム全体を対象に行うテスト。

ケ．顧客情報を会社全体で適切に管理・運用し，マーケティング活動に利用することで顧客との信頼関係や自社の競争力を高めるための経営手法。

コ．コンピュータやネットワークが一定時間内に処理できる仕事量や伝達できる情報量。

【3】　次の説明文に最も適した答えをア，イ，ウの中から選び，記号で答えなさい。なお，５．については数値を答えなさい。

1．ファイルサーバ専用のハードディスク装置。ネットワークに直接接続して使用するため，サーバを必要としない。

　　　ア．NAS　　　　　　　　　**イ**．RAID　　　　　　　　　**ウ**．NAT

2．IPアドレスとドメイン名を相互に交換するしくみ。

　　　ア．POP　　　　　　　　　**イ**．DNS　　　　　　　　　**ウ**．DHCP

3．インターネットを通じてソフトウェアの開発環境や実行環境を提供するためのサービス。

　　　ア．SaaS　　　　　　　　　**イ**．IaaS　　　　　　　　　**ウ**．PaaS

4．平均故障間隔624時間，平均修復時間16時間の時の稼働率を求めなさい。

　　　ア．0.970　　　　　　　　　**イ**．0.975　　　　　　　　　**ウ**．0.980

5．通信速度が100Mbpsの回線を用いて，1分間でダウンロードできるデータ量は何MBか求めなさい。なお，伝送効率は60%とし，その他の外部要因は考えないものとする。

【4】 次の各問いに答えなさい。

問1．次のPERT図のクリティカルパスを選び，記号で答えなさい。

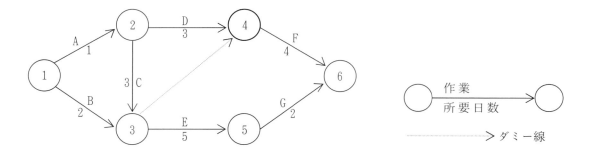

ア． A-C-E-G
イ． A-D-F
ウ． B-E-G

問2．次のようにネットワークの設定がされているコンピュータAと，同じネットワークグループとなるIPアドレスとして適切なものを選び，記号で答えなさい。

コンピュータAのネットワーク設定
IPアドレス 　　　:192.1.0.10
サブネットマスク :255.0.0.0

ア． 255.0.0.1 　　　　**イ．** 192.5.2.7 　　　　**ウ．** 172.1.0.10

問3．次の売り場面積と売上高の表とグラフから，回帰分析の説明として適切なものを選び，記号で答えなさい。

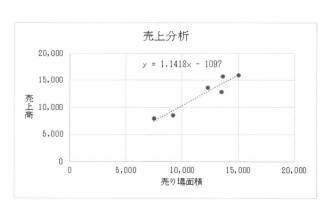

ア． 売り場面積と売上高は，負の相関関係を示している。
イ． 直線が右肩上がりなので，売上高が毎年増加している。
ウ． 回帰直線の式より，売り場面積から売上高が予想できる。

問4．次の表とグラフは，あるパン販売店の1か月間の売上高と累積構成比を表したものである。
この表とパレート図から分析した結果の説明として適切なものを選び，記号で答えなさい。

販売分析表

商品名	売上高	構成比率	累積構成比率	分析
メロン	120,000	18.9%	18.9%	A
クロワッサン	100,000	15.8%	34.7%	A
デニッシュ	95,000	15.0%	49.7%	A
バタール	75,000	11.8%	61.5%	A
バターロール	58,000	9.1%	70.7%	B
チョコレート	51,000	8.0%	78.7%	B
フォカッチャ	43,000	6.8%	85.5%	B
コルネ	33,000	5.2%	90.7%	C
カレー	28,000	4.4%	95.1%	C
クリーム	17,000	2.7%	97.8%	C
ジャム	14,000	2.2%	100.0%	C
合計	634,000	100.0%		

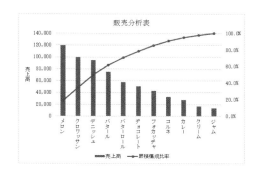

ア．分析Aの商品が売れ筋であり，重点的に販売すればよい。

イ．全体の売上が落ちてきており，もっと販売に力を入れるべきである。

ウ．商品の数を増やせば，利益が大きくなる。

問5．BPRを説明している次の文章のうち適切なものを選び，記号で答えなさい。

ア．企業が商品売買から保守サービス，問い合わせ，クレームの対応など，個々の顧客のすべてのやり取りを一括して管理し，顧客との長期的な関係を築くシステムのこと。

イ．企業活動に関するある目標（売上高，収益率など）を設定し，それを達成するために業務内容や業務の流れ，組織構造を再構築すること。

ウ．企業全体を生産や販売，在庫，購買など経営資源の有効的な活用を目的に統合的に管理し，経営の効率化を図るための手法・概念，およびこれを実現するためのITシステムやソフトウェアのこと。

【5】 ある県では，図書館の本の貸し出しをリレーショナル型データベースを使って管理している。次の各問いに答えなさい。

処理の流れ

① 会員登録を行うと会員表に情報が登録される。

② 会員が図書を借りると図書貸出表に貸出内容を追加する。返却日は，図書を返却する予定日であり，延滞は発生しないものとする。

③ 会員は，同じ日に同じ図書を複数借りることはないものとする。

④ 会員が図書を1冊借りるごとに会員表の累計貸出冊数に1を加算する。

⑤ 図書が貸し出しされると図書表の累計貸出回数に1を加算する。

図書貸出表

会員番号	図書番号	貸出日	返却日
M0060	B001	2021/04/03	2021/04/09
M0060	B357	2021/04/03	2021/04/09
〜	〜	〜	〜
M0060	B001	2021/09/15	2021/09/19
〜	〜	〜	〜
M0041	B170	2022/03/31	2022/04/06
〜	〜	〜	〜

施設表

施設番号	施設名	住所
L001	A図書館	千葉県北区○○……
L002	B図書館	千葉県北区□□……
〜	〜	〜
L004	D図書館	千葉県東区□□……
〜	〜	〜
L010	J図書館	千葉県中区□□……

会員表

会員番号	氏名	性別	住所	累計貸出冊数
M0001	梶　章平	男	東京都東大和市蔵敷2-19-11	63
M0002	河田　雄二	男	千葉県習志野市花咲2-14-6	9
〜	〜	〜	〜	〜
M0051	中井　秀明	男	東京都新宿区二十騎町37712	22
〜	〜	〜	〜	〜
M0100	東　豊治	男	神奈川県平塚市大島38031	1
〜	〜	〜	〜	〜

図書表

図書番号	図書名	作者名	ジャンル	施設番号	累計貸出回数
B001	やさしい表計算学習	飯島　亜紗美	一般・教養	L005	82
B002	プログラミング入門	村井　美沙子	一般・教養	L010	88
〜	〜	〜	〜	〜	〜
B172	アプリ開発完全マスター	吉澤　優貴	一般・教養	L008	98
〜	〜	〜	〜	〜	〜
B274	ネットワーク構築ガイド	古城　智子	一般・教養	L006	100
〜	〜	〜	〜	〜	〜

問1．図書貸出表の主キーとして適切なものを選び，記号で答えなさい。

ア．会員番号

イ．会員番号，図書番号

ウ．会員番号，図書番号，貸出日

問2．会員番号M0005の利用者が本を1冊借りたため，累計貸出冊数を更新する。SQL文の空欄をうめなさい。

UPDATE 会員表 SET 累計貸出冊数 = _____ WHERE 会員番号 = 'M0005'

問3．ジャンルが"一般・教養"と"自己啓発"の図書を累計貸出回数が多い順に表示するためのSQL文の空欄にあてはまる適切なものを選び，記号で答えなさい。

SELECT 図書名, 作者名 FROM 図書表
　　WHERE ジャンル ___(a)___ ('一般・教養', '自己啓発')
　　ORDER BY 累計貸出回数 ___(b)___

図書名	作者名
ネットワーク構築ガイド	古城 智子
アプリ開発完全マスター	吉澤 優貴
〜	〜

ア. (a) IN 　　　　(b) DESC
イ. (a) IN 　　　　(b) ASC
ウ. (a) NOT IN 　　(b) DESC

問4．2021年9月中に図書を借りた会員番号と氏名を表示するためのSQL文の空欄にあてはまる適切なものを選び，記号で答えなさい。

SELECT A.会員番号, 氏名 FROM 会員表 A, 図書貸出表 B
　　WHERE A.会員番号 = B.会員番号
　　　　AND _____

会員番号	氏名
M0039	坂　　七郎
M0033	酒井　康博
〜	〜

ア. 貸出日 > '2021/09/01' AND 貸出日 < '2021/09/30'
イ. 貸出日 < '2021/09/01' AND 貸出日 > '2021/09/30'
ウ. 貸出日 BETWEEN '2021/09/01' AND '2021/09/30'

問5．北区にある図書館に蔵書されている図書の一覧を表示するためのSQL文の空欄をうめなさい。

SELECT 図書番号, 図書名 FROM 図書表 AS A
　　WHERE _____ (SELECT * FROM 施設表 B
　　　　　　　　　　　　WHERE A.施設番号 = B.施設番号
　　　　　　　　　　　　AND 住所 LIKE '%北区%')

図書番号	図書名
B007	コンピュータ数学入門
B008	スマホに縛られる子どもたち
〜	〜

【6】　次の各問いに答えなさい。

問1．次の表は，2018年11月3日を基準日として，入会日から基準日までの経過日数と，基準日までの顧客ごとの販売額累計をもとに，会員種別を表したものである。F5に次の式が設定されているとき，空欄(a)，(b)にあてはまる適切なものを選び，記号で答えなさい。ただし，この式をF13までコピーする。

	A	B	C	D	E	F
1						
2	会員種別一覧表					
3						(単位：円)
4	会員No.	入会日	経過日数	来店回数	販売額累計	会員種別
5	1083	2018/11/3	0	1	12,000	C
6	1081	2018/10/5	29	2	18,000	C
7	1075	2018/4/8	209	25	520,000	B
8	1068	2018/3/15	233	20	78,000	C
9	1056	2017/5/25	527	180	560,000	A
10	1043	2015/6/26	1,226	130	350,000	B
11	1035	2014/6/12	1,605	385	585,000	A
12	1024	2013/2/15	2,087	290	380,000	B
13	1015	2010/8/10	3,007	510	1,256,000	A

=IF(_____(a)_____(C5>=365,E5>=500000),"A",
　　IF(_____(b)_____(C5>=365,E5>=500000),"B","C"))

ア. (a) AND　(b) AND
イ. (a) AND　(b) OR
ウ. (a) OR　(b) AND
エ. (a) OR　(b) OR

問2．次の表は，支店別の四半期ごとの売上高の合計が多い順に順位を表したものと，順位が1位から3位までの支店名を表したものである。D14に設定する次の式の空欄をうめなさい。ただし，D14の式をD16までコピーする。

	A	B	C	D	E	F	G	H
1								
2	支店別営業成績表							
3								(単位：百万円)
4	支店No.	支店名	第1四半期	第2四半期	第3四半期	第4四半期	合　計	順　位
5	1	広島	40	65	73	84	262	4
6	2	大阪	85	93	105	96	379	1
7	3	福岡	68	71	80	76	295	3
8	4	名古屋	35	36	45	52	168	7
9	5	札幌	31	38	43	60	172	6
10	6	仙台	45	56	65	70	236	5
11	7	高知	73	84	93	83	333	2
12								
13			順　位	支店名				
14			1	大阪支店				
15			2	高知支店				
16			3	福岡支店				

=VLOOKUP(_____(C14,$H$5:$H$11,0),$A$5:$H$11,2,FALSE)&"支店"

問3．次の表は，あるお店の来店客数を表したものである。気温が30度以上のときの天候別の来店客数の合計を求めたい。G4に設定する次の式の空欄をうめなさい。ただし，G4の式をG6までコピーする。

	A	B	C	D	E	F	G
1							
2	来店客数表						
3	日付	天候	気温	来店客数		天候	来店客数
4	2018/7/1	晴	30	250		晴	8,760
5	2018/7/2	曇	32	150		曇	3,570
6	2018/7/3	雨	28	110		雨	1,760
～	～	～	～	～			
63	2018/8/29	曇	29	180			
64	2018/8/30	雨	30	130			
65	2018/8/31	晴	31	220			

=SUMIFS(_____,$B$4:$B$65,F4,$C$4:$C$65,">=30")

問4．次の表は，ある家庭菜園の収穫量を記録した表である。収穫物集計表は，収穫物ごとに収穫量を集計する。F8に設定する式として適切なものを選び，記号で答えなさい。ただし，この式をH8までコピーする。

	A	B	C	D	E	F	G	H
1								
2	収穫量表							
3	収穫日	収穫物	収穫量					
4	7月12日	きゅうり	4					
5	7月12日	ナス	2		収穫物集計表			
6	7月13日	オクラ	5			収穫物	収穫物	収穫物
7	7月13日	きゅうり	10			きゅうり	ナス	オクラ
8	7月13日	ナス	2		収穫量計	26	11	13
9	7月14日	オクラ	1					
10	7月14日	きゅうり	3					
11	7月15日	オクラ	5					
12	7月15日	きゅうり	3					
13	7月15日	ナス	7					
14	7月16日	オクラ	2					
15	7月16日	きゅうり	6					

ア． =DSUM($A$3:$C$15,3,F6:F7)

イ． =DSUM($A$4:$C$15,3,F6:F7)

ウ． =DSUM($B$3:$C$15,2,$F6:$F7)

問5．次の表は，工場の生産シミュレーション表である。次の条件から，販売金額の合計が最大となる製品1と製品2の生産数を求めたい。表計算ソフトのデータ分析機能に設定する制約条件として(a)にあてはまるものを選び，記号で答えなさい。

条件

・B11には次の式を入力し，C13までコピーする。
　　=B$10*B4

・D10には次の式を入力し，D13までコピーする。
　　=SUM(B10:C10)

・製品1，製品2は1つ以上生産する。

・各材料の使用量合計は，上限を超えないようにする。

ア． $B$10:$C$10 >= 1
　　　$D$11:$D$12 <= $D$4:$D$5

イ． $B$13:$C$13 >= 1
　　　$D$11:$D$12 <= $D$4:$D$5

ウ． $B$10:$C$10 <= 1
　　　$D$11:$D$12 >= $D$4:$D$5

	A	B	C	D
1				
2	生産データ			
3	材料	製品1	製品2	上限
4	A	10	7	400
5	B	5	7	300
6	販売単価	1,200	900	
7				
8	生産シミュレーション			
9	材料	製品1	製品2	合計
10	生産数			0
11	A	0	0	0
12	B	0	0	0
13	販売金額	0	0	0

↓実行後の例

材料	製品1	製品2	合計
生産数	20	28	48
A	200	196	396
B	100	196	296
販売金額	24,000	25,200	49,200

【7】 次の表は，ある旅行会社における海外旅行ツアーの料金計算表である。作成条件および作成手順にしたがって，各問いに答えなさい。

シート名「料金計算表」

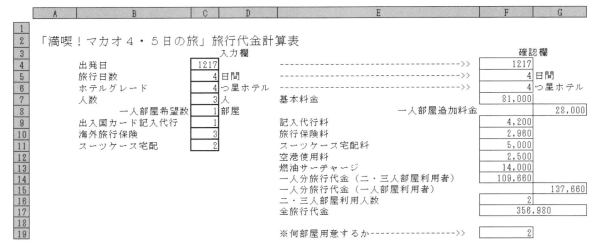

シート名「基本料金表」

出発日	4日間			5日間		
	ホテルグレード			ホテルグレード		
	3	4	5	3	4	5
1105	50,000	75,000	88,000	55,000	80,000	98,000
1119	50,000	75,000	88,000	55,000	80,000	98,000
1126	50,000	75,000	88,000	55,000	80,000	98,000
1203	50,000	75,000	88,000	55,000	80,000	98,000
1210	50,000	75,000	88,000	55,000	80,000	98,000
1029	56,000	81,000	94,000	61,000	86,000	104,000
1217	56,000	81,000	94,000	61,000	86,000	104,000
107	56,000	81,000	94,000	61,000	86,000	104,000
114	56,000	81,000	94,000	61,000	86,000	104,000
121	56,000	81,000	94,000	61,000	86,000	104,000
1102	60,000	85,000	98,000	65,000	90,000	108,000
1109	60,000	85,000	98,000	65,000	90,000	108,000
1130	60,000	85,000	98,000	65,000	90,000	108,000
1207	60,000	85,000	98,000	65,000	90,000	108,000
1214	60,000	85,000	98,000	65,000	90,000	108,000
1019	66,000	91,000	104,000	71,000	96,000	114,000
1026	66,000	91,000	104,000	71,000	96,000	114,000
118	66,000	91,000	104,000	71,000	96,000	114,000
125	66,000	91,000	104,000	71,000	96,000	114,000
104	76,000	101,000	114,000	81,000	106,000	124,000

基本料金表

シート名「部屋表」

部屋表

人数	部屋数
1	1
2	1
3	1
4	2
5	2
6	2
7	3
8	3

シート名「保険表」

保険表

契約タイプ	追加料金／日
1（ベーシックタイプ）	530
2（お手軽タイプ）	110
3（おまとめタイプ）	100
4（全カバータイプ）	80

作成条件

1．シート名「料金計算表」のC列の入力欄に適切なデータを入力すると，旅行代金を求めることができる。なお，入力欄は，太罫線で囲われており，確認欄は，関数や数式が設定されたセルである。

2．入力欄に入力された値が適切でない場合や，値が参照する表にない場合，確認欄に NG を表示し，入力欄が未入力の場合，確認欄に何も表示しない。また，確認欄が空欄または NG の場合，その次の入力項目以降の確認欄に何も表示しない。

3．出発日は3桁か4桁の数値で表現する（例：3月4日は304，11月3日は1103）。

4．旅行日数は4日間または5日間のいずれかである。

5．ホテルグレードは3つあり，3つ星，4つ星，5つ星から選んで入力する。

6．一人部屋の基本料金は二・三人部屋と同じである。それに加えて一人部屋の追加料金（28,000円）が必要になる。

7．海外旅行保険は，必ずベーシックタイプには加入してもらうこととしており，追加料金を支払うことでより補償の充実した上位のタイプへ変更可能であるが，上位のタイプに加入すると，下位のタイプにも自動的に加入する（例：全カバータイプに加入すると，おまとめタイプとお手軽タイプにも加入する）。

8．出発日や旅行日数に関わらず，空港使用料は2,500円，燃油サーチャージは14,000円（いずれも一人当たり）である。

9．一度に申し込める人数の上限は8人である。

作成手順

1．シート名「料金計算表」は次のように作成されている。

⑴　C4～C7は，出発日，旅行日数，ホテルグレード，申込人数を入力する。

⑵　C8は，一人部屋を希望する人数を入力する。

⑶　C9は，出入国カード記入代行を希望する場合は 1 を入力し，希望しない場合は 0 を入力する。

⑷　C10は，加入する海外旅行保険の最上位のタイプの番号を入力する。

⑸　C11は，スーツケース宅配を往復希望の場合は 2 ，どちらか一方を希望する場合は 1 ，希望しない場合は 0 を入力する。

⑹　F4は，C4の「出発日」がシート名「基本料金表」に存在する場合はC4の値を表示する。

⑺　F7は，C4の「出発日」とC5の「旅行日数」C6の「ホテルグレード」をもとに，シート名「基本料金表」を参照して表示する。

⑻　F9は，C9が1の場合は 4,200 を表示し，0の場合は 0 を表示する。

⑼　F10は，シート名「保険表」を参照し，C10の「海外旅行保険」をもとに該当するセル範囲の合計を求めた後，C5の「旅行日数」をかけて求める。

⑽　F11は，C11が2の場合は 5,000 ，1の場合は 3,000 ，0の場合は 0 を表示する。

⑾　F14は，F7からF13までの合計を求める。

⑿　G15は，F14にG8の「一人部屋追加料金」を加えて求める。

⒀　F16は，C7の「人数」からC8の「一人部屋希望数」を引いて求める。

⒁　F17は，次の式で求める。「一人分旅行代金（二・三人部屋利用者）×その人数＋一人分旅行代金（一人部屋利用者）×その人数」

⒂　F19は，F16の「二・三人部屋利用人数」をもとにシート名「部屋表」を参照して求めた部屋数に，一人部屋希望数を加えて求める。

第2回

「問題を読みやすくするために，
このページは空白にしてあります。」

問１．シート名「料金計算表」のF4に設定する次の式の空欄をうめなさい。

=IF(C4="","",IFERROR(VLOOKUP(C4,基本料金表!A6:A25,1,FALSE),"□"))

問２．シート名「料金計算表」のF7に設定する式として適切なものを選び，記号で答えなさい。

ア．=IF(OR(F6="",F6="NG"),"",INDEX((基本料金表!B6:D25,
基本料金表!E6:G25),MATCH(C4,基本料金表!A6:A25,0),C6-2,C5-3))

イ．=IF(OR(F6="",F6="NG"),"",INDEX((基本料金表!B6:D25,
基本料金表!E6:G25),MATCH(C4,基本料金表!A6:A25,0),C5-3,C6-2))

ウ．=IF(OR(F6="",F6="NG"),"",INDEX((基本料金表!B6:D25,
基本料金表!E6:G25),MATCH(C4,基本料金表!A6:A25,0),C5-2,C6-3))

問３．シート名「料金計算表」のF10に設定する次の式の空欄をうめなさい。

=IF(OR(F9="",F9="NG"),"",IF(OR(C10<1,C10>4),"NG",
SUM(OFFSET(保険表!B4,0,0,□,1))*C5))

問４．シート名「料金計算表」のF19に設定する次の式の空欄をうめなさい。ただし，空欄には同じものが入る。

=IF(F16=0,□,VLOOKUP(F16,部屋表!A4:B11,2,0)+□)

問５．シート名「料金計算表」に，次のようなデータを入力したとき，F17とF19に表示される適切なデータを答えなさい。

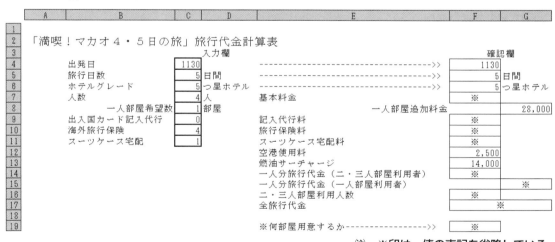

	A	B	C	D	E	F	G
1							
2		「満喫！マカオ４・５日の旅」旅行代金計算表					
3				入力欄		確認欄	
4		出発日	1130	----------------------------->>		1130	
5		旅行日数	5	日間 --------------------------->>		5	日間
6		ホテルグレード	5	つ星ホテル ------------------->>		5	つ星ホテル
7		人数	4	人	基本料金	※	
8		一人部屋希望数	1	部屋	一人部屋追加料金		28,000
9		出入国カード記入代行	0		記入代行料	※	
10		海外旅行保険	4		旅行保険料	※	
11		スーツケース宅配	1		スーツケース宅配料	※	
12					空港使用料	2,500	
13					燃油サーチャージ	14,000	
14					一人分旅行代金（二・三人部屋利用者）	※	
15					一人分旅行代金（一人部屋利用者）		※
16					二・三人部屋利用人数	※	
17					全旅行代金	※	
18							
19					※何部屋用意するか---------------->>	※	

(注)　※印は，値の表記を省略している。

第3回 **模擬問題**

制限時間：60分　解答 ➡ P.14

【1】　次の説明文に最も適した答えを解答群から選び，記号で答えなさい。

1．コンピュータシステムの5つの評価指標を表すもので，「信頼性」「可用性」「保守性」「完全性」「安全性」を意味する。

2．システムを運用中に発生する突発的な障害のこと。システムを再開させることを最優先に対処し，その後障害の根本原因を解決する。

3．補助記憶装置に障害が発生したときなどに，バックアップファイルやジャーナルファイルなどを用いてできる限り障害発生前の状態に復旧させること。

4．システム開発において，システムをいくつかの部分に分割して，その部分ごとに設計・プログラミング・テストを繰り返しながら，システムを完成させていく手法。

5．技術的な手法ではなく，人の心理的な油断に付け込んで機密情報を不正に取得する攻撃。関係者になりすまして電話で情報を聞き出したり，パソコンの操作画面を盗み見たりする手法がある。

```
── 解答群 ─────────────────────────────────
 ア．スパイラルモデル    イ．ウォータフォールモデル    ウ．プロトタイピングモデル
 エ．インシデント       オ．RAID              カ．SQLインジェクション
 キ．ロールバック       ク．運用・保守          ケ．ソーシャルエンジニアリング
 コ．RASIS           サ．ロールフォワード      シ．クロスサイトスクリプティング
```

【2】　次のA群の語句に最も関係の深い説明文をB群から選び，記号で答えなさい。

＜A群＞　1．外部設計　　　　　2．DMZ　　　　　　　3．アクセスログ
　　　　　4．ハウジングサービス　　5．CRM

＜B群＞
　　ア．顧客に関する情報を収集，分析し，関連商品を薦めるなどして，顧客と良好な関係を作り，収益の拡大を図る手法。

　　イ．回線設備の整った施設に，顧客の通信機器や情報発信用のサーバなどを設備するサービス。

　　ウ．企業の業務の効率や生産性を改善するために，現状の組織やルールを見直して，業務プロセスの再構築を図ること。

　　エ．システムの稼働中の動作状況を時系列に記録したもの。システムの動作状況やエラー情報などを記録する。

　　オ．専門業者が運用・管理するサーバの一部を利用することができるサービス。自らサーバや通信回線などを用意したり，サーバを運用・管理したりする必要がない。

　　カ．ソフトウェア内部の構成やデータ処理や管理の方法，アルゴリズムなどを設計すること。

　　キ．情報システムのユーザインタフェースや出力帳票類の書式などの設計を行う工程。

　　ク．自社の業務やシステムの一部または全部を，それを得意とする外部企業などへ委託すること。

　　ケ．システム利用者や外部システムからのログインや操作，処理要求などを時系列に記録したもの。

　　コ．内部ネットワークと外部ネットワークの双方に有効なファイアウォールを設定することでセキュリティが確保された安全な領域を作り，重要なコンピュータを運用する技術。

【3】　次の説明文に最も適した答えをア，イ，ウの中から選び，記号で答えなさい。なお，5．については数値を答えなさい。

1．企業同士がお互いにメリットを得られる部分において業務提携を行うこと。技術連携，販売連携，生産提携などがある。

　　　　ア．アライアンス　　　　　　**イ**．ホスティングサービス　**ウ**．アウトソーシング

2．クライアントサーバシステムにおいて，クライアント側に必要最小限の機能だけしか搭載せず，ほとんどの処理をサーバ側で行い，その結果をクライアントに返すようなしくみのこと。

　　　　ア．NAS　　　　　　　　　　**イ**．シンクライアント　　　**ウ**．Cookie

3．ネットワークに接続されたコンピュータにIPアドレスを自動的に割り当てるためのプロトコル。

　　　　ア．DHCP　　　　　　　　　**イ**．DNS　　　　　　　　　**ウ**．FTP

4．600×1000ピクセルで構成され，1ピクセルあたり24ビットで色情報を保存する画像データがある。この画像を300×500ピクセルで構成され，1ピクセルあたり8ビットで色情報を保存する画像形式に変換した。画像を保存するために必要な記憶容量は何倍になるか。

　　　　ア．1/6　　　　　　　　　　**イ**．1/8　　　　　　　　　**ウ**．1/12

5．Aさん1人で行うと30日，Bさん1人で行うと15日で完了する仕事がある。この仕事を2人で行ったとき，仕事が完了するまでに要した日数は何日間か。

【4】　次の各問いに答えなさい。

問１．線形計画法を用いるのに適した事例を選び，記号で答えなさい。

　　ア．商品の販売数量と気温に一定の関係があることが分かっているため，本日の予想気温により売上高を予測する。
　　イ．材料X，材料Yを使って商品A，商品Bを製造する。売上高合計を最大にするために商品A・商品Bをそれぞれ何個製造すればよいか計算する。
　　ウ．売上高に対する各商品の売上比率から，売れ筋商品を把握し，在庫切れを起こさないよう在庫数量を適切に管理する。

問２．次の特性要因図についての説明として適切なものを選び，記号で答えなさい。

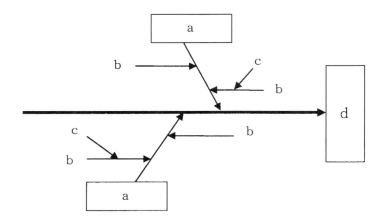

　　ア．特性に影響を及ぼす要因として一番大きなものをdに記入する。
　　イ．特性をaに記入し，特性に影響を及ぼす要因をbやcに記入する。
　　ウ．解決すべき課題をdに記入する。

問３．次のグラフはある工場における不良品データを分析するために作成したパレート図である。グラフについての説明として適切なものを選び，記号で答えなさい。

　　ア．このグラフは，売上分析などに使うパレート図とは作り方が違う。
　　イ．上位5つの不良原因で不良件数のほとんどを占めているので，重点的にその5つについて，原因を詳細に検討して改善すべきである。
　　ウ．折れ線の終わりの点は必ずしも100%にはならない。

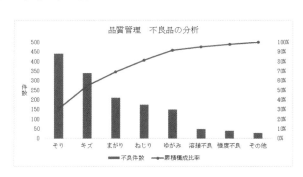

問４．PPM分析について，市場成長率と市場占有率の関係性からグラフの(a)〜(d)にあてはまる適切なものを選び，記号で答えなさい。

```
┌──────────┬──────────┐
│          │          │
│   (a)    │   (b)    │
高          │          │
↑         │          │
市         ├──────────┼──────────┤
場         │          │          │
成         │   (c)    │   (d)    │
長         │          │          │
率         │          │          │
↓         └──────────┴──────────┘
低
         高←市場占有率→低
```

ア. (a) 金のなる木　　(b) 問題児　　(c) 花形　　(d) 負け犬
イ. (a) 金のなる木　　(b) 負け犬　　(c) 花形　　(d) 問題児
ウ. (a) 花形　　(b) 金のなる木　　(c) 問題児　　(d) 負け犬
エ. (a) 花形　　(b) 問題児　　(c) 金のなる木　　(d) 負け犬

問５．IaaSを説明している次の文章のうち適切なものを選び，記号で答えなさい。

ア. ソフトウェアを開発したり，稼働させたりするために必要な開発環境・運用環境をインターネット経由で提供するサービス。開発環境を速やかに導入し，ソフトウェアを開発したり，運用したりすることができる。

イ. ソフトウェアの機能をインターネット経由で提供するサービス。インターネットに接続できる環境があれば端末にソフトウェアをインストールすることなく，その機能を利用できる。

ウ. システムなどを稼働させるためのサーバやネットワークなどの機能をインターネット経由で提供するサービス。必要なハードウェア資源やその性能を選択して利用することができる。

【5】 ある会社では，商品の受発注に関する業務をリレーショナル型データベースを使って管理している。次の各問いに答えなさい。

処理の流れ

① 受注伝票が届くと担当者が受注表にレコードを追加する。なお，1つの企業が同じ商品を同日中に注文することはない。

② 受注表にレコードを追加したとき，未発送の商品の発送日は1900年1月1日として登録される。

③ 商品を発送した数だけ商品表の在庫数量を減少させる。

④ 商品ごとの在庫数量が安全在庫数量を下回ったとき，商品を発注する。

⑤ 発注伝票が届くと担当者が発注表にレコードを追加する。なお，1つの企業が同じ日に同じ商品を発注することはない。

⑥ 発注表にレコードを追加したとき，未入荷の商品の入荷日は1900年1月1日として登録される。

⑦ 商品が入荷した数だけ商品表の在庫数量を増加させる。

受注表

企業番号	商品番号	受注日	受注数量	発送日
COM01	AC001	2022/04/04	164	2022/04/10
COM01	AC001	2022/04/05	61	2022/04/10
COM05	AC010	2022/04/10	102	2022/04/16
〜	〜	〜	〜	〜
COM08	AC003	2024/03/23	52	1900/01/01
COM01	AC008	2024/03/29	121	1900/01/01
〜	〜	〜	〜	〜

発注表

企業番号	商品番号	発注日	発注数量	入荷日
COM09	AC007	2022/04/01	192	2022/04/10
COM09	AC005	2022/04/12	106	2022/04/26
COM07	AC002	2022/04/13	210	2022/04/24
〜	〜	〜	〜	〜
COM07	AC001	2024/03/26	205	1900/01/01
COM08	AC002	2024/03/30	209	1900/01/01
〜	〜	〜	〜	〜

商品表

商品番号	商品名	単価	安全在庫数量	在庫数量
AC001	A商品	1700	700	1228
AC002	B商品	1500	1000	2354
AC003	C商品	700	1000	1311
〜	〜	〜	〜	〜
AC008	H商品	500	900	797
AC009	I商品	1800	800	711
AC010	J商品	1000	900	1572

取引先表

企業番号	企業名
COM01	アルファ商事
COM02	ベータ商店
COM03	ガンマ株式会社
〜	〜
COM08	シータ商事
COM09	イオタ商会
COM10	カッパ株式会社

問1．受注表の主キーとして適切なものを選び，記号で答えなさい。

　　ア．企業番号

　　イ．企業番号，商品番号

　　ウ．企業番号，商品番号，受注日

問2．在庫数量が安全在庫数量を下回っている商品を在庫数量の少ない順に表示するためのSQL文の空欄にあてはまる適切なものを選び，記号で答えなさい。

SELECT 商品番号, 商品名 FROM 商品表
　　WHERE 在庫数量 < 安全在庫数量
　　　　　　(a)　　在庫数量　(b)

商品番号	商品名
AC009	I商品
AC008	H商品

ア．(a)　GROUP BY　　　　(b)　HAVING
イ．(a)　ORDER BY　　　　(b)　ASC
ウ．(a)　ORDER BY　　　　(b)　DESC

問3．営業部から次の受注伝票を受け取ったため受注表にレコードを追加する。SQL文の空欄をうめなさい。

```
　　　受 注 伝 票　　　　　受注日　2024年5月1日

受注企業番号　　COM01　　　企 業 名　　アルファ商事

受注商品番号　　AC001　　　商 品 名　　A商品

受 注 数 量　　　100
```

　(a)　　　(b)　　受注表　　(c)　（'COM01', 'AC001', '2024/05/01',100, '1900/01/01'）

問4．2022年5月中に注文がなかった商品番号と商品名を表示するためのSQL文の空欄にあてはまる適切なものを選び，記号で答えなさい。

SELECT A.商品番号, A.商品名 FROM 商品表 A
　　WHERE 　　　　　
　　　　（SELECT * FROM 受注表 B
　　　　　　WHERE A.商品番号 = B.商品番号
　　　　　　　　AND 受注日 BETWEEN '2022/05/01' AND '2022/05/31'）

商品番号	商品名
AC005	E商品

ア．EXISTS　　　　　　**イ．**NOT EXISTS　　　　　**ウ．**NOT IN

問5．新商品を取り扱うことになり，受注表，発注表，商品表にレコードを追加する。レコードを追加する際に参照整合性に反することなく実行できる操作順序はどれか。

ア．発注表　→　受注表　→　商品表
イ．受注表　→　商品表　→　発注表
ウ．商品表　→　発注表　→　受注表

【6】 次の各問いに答えなさい。

問1．次の表は，P社の受注一覧表である。D16に西部地区で受注件数が260未満のデータの受注金額合計を求めたい。D16に設定する式として適切なものを選び，記号で答えなさい。

	A	B	C	D
1				
2	P社受注一覧表			
3	受注NO	地区	受注件数	受注金額
4	1	東部	228	4,901,700
5	2	東部	267	7,070,200
6	3	東部	279	7,773,800
7	4	北部	217	4,110,700
8	5	北部	224	4,167,600
9	6	西部	261	6,949,600
10	7	西部	234	4,353,000
11	8	西部	251	4,876,500
12	9	南部	268	7,270,700
13	10	南部	291	8,014,500
14				
15		地区	受注件数	受注金額
16		西部	<260	9,229,500

ア．=SUMIFS(B4:B13,B16,C4:C13,C16,D4:D13)

イ．=SUMIFS(D4:D13,B4:B13,B16,C4:C13,C16)

ウ．=SUMIFS(D4:D13,B16,B4:B13,C16,C4:C13)

問2．次の表は，年と月に該当する月末日を求める表である。C4に設定する次の式の空欄をうめなさい。

	A	B	C
1			
2	月末日計算表		
3	年	月	月末日
4	2020	2	29

=DAY(DATE(A4, ⬚ ,1)-1)

問3．次の表は，あるクラスの情報処理小テストの成績表である。C16〜C18には次のような関数が設定されているときに，C18に表示される値を答えなさい。

	A	B	C
1			
2	情報処理小テスト		
3	番号	氏名	得点
4	1	浅田 吾郎	4
5	2	井上 賢治	7
6	3	遠藤 浩二	8
7	4	小林 俊章	5
8	5	坂口 英吾	6
9	6	坪田 正二	7
10	7	石田 愛子	8
11	8	岡本 早苗	6
12	9	加藤 佐和子	4
13	10	佐藤 栄美子	3
14	11	立花 桜	9
15	12	渡辺 彩加	7
16		平均	6.2
17		最頻値	※
18		中央値	※

C16 ： =AVERAGE(C4:C15)

C17 ： =MODE(C4:C15)

C18 ： =MEDIAN(C4:C15)

(注) ※印は，値の表記を省略している。

問4．次の表は，あるスーパーマーケットの店舗数と売上高の関係を示した表である。今後店舗を50店舗にする予定である。そのときの売上高の予測をC13に表示する。C13に設定する式として適切なものを選び，記号で答えなさい。

	A	B	C
1			
2	店舗数と売上高		
3			単位：千円
4	年	店舗数	売上高
5	2002	13	832,000
6	2004	15	968,000
7	2006	18	1,160,000
8	2008	22	1,428,000
9	2010	27	1,752,000
10	2012	33	2,132,000
11	2014	40	2,584,000
12	2016	48	3,162,000
13	2018	50	3,267,512

ア．=SUBSTITUTE(B13,B5:B12,C5:C12)
イ．=FORECAST(B13,B5:B12,C5:C12)
ウ．=FORECAST(B13,C5:C12,B5:B12)

問5．シート名「入力フォーム」の，出席登録ボタンをクリックすると，シート名「入力フォーム」に格納されたプログラムが実行され，入力欄のデータがシート名「出席表」に登録される。このような，手続きの自動化の名称として適切なものを選び，記号で答えなさい。

シート名「入力フォーム」

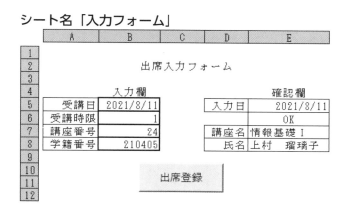

	A	B	C	D	E
1					
2			出席入力フォーム		
3					
4		入力欄		確認欄	
5	受講日	2021/8/11		入力日	2021/8/11
6	受講時限	1			OK
7	講座番号	24		講座名	情報基礎Ⅰ
8	学籍番号	210405		氏名	上村　瑠璃子
9					
10					
11			出席登録		
12					

シート名「出席表」

	A	B	C	D	E
1					
2	出席表				
3	出席番号	受講日	受講時限	講座番号	学籍番号
〜	〜	〜	〜	〜	〜
21	18	2021/8/11	1	24	210405
22					
23					

＜プログラム＞

```
Sub 出席入力()
    If Range("E6") = "NG" Or Range("E6") = "" Then
        MsgBox ("入力事項を確認してください")
    Else
        i = 4
        Do While Worksheets("出席表").Cells(i, 1).Value <> ""
            i = i + 1
        Loop
        Worksheets("出席表").Cells(i, 1).Value = i - 3
        For j = 2 To 5 Step 1
            Worksheets("出席表").Cells(i, j).Value = Cells(j + 3, 2).Value
        Next j
        Range("B5:B8").ClearContents
        MsgBox ("出席が登録できました")
    End If
End Sub
```

ア．トランザクション　　**イ**．アトリビュート　　**ウ**．マクロ機能

【7】　次の表は，映画館の料金計算表である。作成条件にしたがって，各問いに答えなさい。

シート名「計算表」

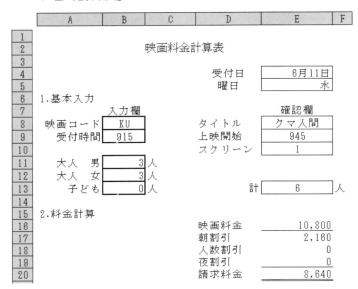

映画料金計算表

受付日	6月11日
曜日	水

1.基本入力

入力欄		確認欄	
映画コード	KU	タイトル	クマ人間
受付時間	915	上映開始	945
		スクリーン	1
大人　男	3 人		
大人　女	3 人		
子ども	0 人	計	6 人

2.料金計算

映画料金	10,800
朝割引	2,160
人数割引	0
夜割引	0
請求料金	8,640

シート名「料金表」

	A	B	C	D	E	F	G	H
1								
2	料金表	（一人当たり料金）						
3	曜日	月	火	水	木	金	土	日
4	大人（男）	1,800	1,800	1,800	1,000	1,800	2,000	2,000
5	大人（女）	1,800	1,000	1,800	1,800	1,800	2,000	2,000
6	子ども	1,200	1,000	1,200	1,000	1,200	1,000	1,000

シート名「映画コード」

	A	B	C	D	E	F	G	H	I	J	K	L	M	N	O	P
1																
2	上映情報表															
3	コード	タイトル	8	9	10	11	12	13	14	15	16	17	18	19	20	21
4	AB	海老を鯛に	41015	41015	41015	41150	41320	41320	31620	31620	31620	11730	61920	61920	32030	0
5	DI	デジタル物語	51135	51135	51135	51135	51340	51340	0	0	0	0	0	0	0	0
6	FE	フェアリー	30910	30910	31115	31115	61320	61320	21530	21530	0	0	0	0	0	0
7	HL	H&L	20950	20950	41525	41525	41525	41525	41525	41525	51810	51810	51810	22055	22055	0
8	KU	クマ人間	10945	10945	21310	21310	21310	21310	61640	61640	61640	42005	42005	42005	42005	0
9	MR	マスク男	61145	61145	61145	61145	51625	51625	51625	51625	51625	0	0	0	0	0
10	RU	流浪人	71000	71000	71000	71300	71300	71300	71600	71600	71600	71900	71900	71900	12040	0
11	UZ	ウーザー	11240	11240	11240	11240	11240	11515	11515	11515	21750	21750	62025	62025	62025	0
12																
13		映画コード	KU													
14		受付時間	915													
15		上映情報	10945													

作成条件

1．シート名「計算表」のB列に適切なデータを順に入力すると，請求料金を求めることができる。
2．シート名「計算表」は，次のように作成されている。
　⑴　E4は，本日の日付を表示する。
　⑵　E5は，E4の「受付日」をもとに，シート名「料金表」を参照して曜日を表示する。
　⑶　B8は，鑑賞する映画のコードを入力する。
　⑷　E8の「タイトル」は，B8の「映画コード」をもとに，シート名「映画コード」を参照して表示する。ただし，B8が未入力の場合は何も表示しない。
　⑸　B9の「受付時間」は，映画館の受付時間を入力する。
　⑹　E9の「上映開始」は，シート名「映画コード」のC15の右端から4文字を抽出して，数値データに変換したものを表示する。ただし，シート名「映画コード」のC15が 0 の場合は 本日は終了 と表示する。
　⑺　E10の「スクリーン」は，シート名「映画コード」のC15の左端から1文字を抽出して，数値データに変換したものを表示する。ただし，シート名「映画コード」のC15が 0 の場合は 0 を表示する。
　⑻　B11～B13は，鑑賞する人数を入力する。
　⑼　E13の「計」は，B11～B13の合計を求める。ただし，B11～B13が未入力の場合は 人数を入力 と表示する。
　⑽　E16の「映画料金」は，E5の「曜日」をもとに，シート名「料金表」を参照した一人当たり料金に，B11～B13をそれぞれ掛けて，その合計を求める。ただし，E10が 0 の場合は何も表示しない。
　⑾　E17の「朝割引」は，E9の「上映開始」が10時前までの場合はE16の「映画料金」の20％を求め，それ以外の場合は 0 を表示する。ただし，E16に何も表示されていない場合は何も表示しない。
　⑿　E18の「人数割引」は，E13の「計」が10人以上の場合はE16の「映画料金」の10％を求め，それ以外の場合は 0 を表示する。ただし，E16に何も表示されていない場合は何も表示しない。
　⒀　E19の「夜割引」は，E9の「上映開始」が20時以降の場合はE16の「映画料金」の25％を求め，それ以外の場合は 0 を表示する。ただし，E16に何も表示されていない場合は何も表示しない。
　⒁　E20の「請求料金」は，E16からE17～E19の割引額を引いて求める。ただし，E16に何も表示されていない場合は何も表示しない。
3．シート名「映画コード」は，次のように作成されている。
　⑴　A列とB列にはそれぞれ，映画コードとタイトルが入力されている。
　⑵　C列～P列には1時間ごとに次に上映される上映情報が入力されている。上映情報は5桁で左端の1文字がスクリーン，右端から4文字が上映開始時間を示している。ただし，最終の上映開始時間を過ぎている場合は0が入力されている。
　⑶　C13の「映画コード」とC14の「受付時間」は，それぞれシート名「計算表」のB8，B9を表示する。
　⑷　C15の「上映情報」は，C13，C14をもとに，受付時間以降に始まる最初の上映情報を表示する。

第3回

「問題を読みやすくするために，
このページは空白にしてあります。」

問１．シート名「計算表」のE5に設定する式として適切なものを選び記号で答えなさい。

　　　ア．=VLOOKUP(D5,料金表!A3:H3,WEEKDAY(E4,2))
　　　イ．=HLOOKUP(D5,料金表!A3:H3,WEEKDAY(E4,2))
　　　ウ．=INDEX(料金表!B3:H3,1,WEEKDAY(E4,2))

　　　　　　　　　　　　　　　　（注）　**WEEKDAY関数の第2引数が2の場合は，月曜日が1から始まる。**

問２．シート名「計算表」のE9に設定する次の式の空欄(a)，(b)にあてはまる適切なものを選び，記号で答えなさい。

　　　=IF(映画コード!C15=0,"本日は終了",　　(a)　(　　(b)　(映画コード!C15,4)))

　　　ア．LEFT　　　　　　　　**イ**．RIGHT　　　　　　　　**ウ**．COLUMN　　　　　　　**エ**．VALUE

問３．シート名「映画コード」のC15に設定する次の式の空欄にあてはまる適切なものを選び，記号で答えなさい。

　　　=IF(C14<=　　　　　　　　　　　　　　　　　,
　　　　　VLOOKUP(C13,A4:P11,INT(C14/100)-5),
　　　　　　　VLOOKUP(C13,A4:P11,INT(C14/100)-4))

　　　ア．MOD(VLOOKUP(C13,A4:P11,INT(C14/100)),10000)
　　　イ．MOD(VLOOKUP(C13,A4:P11,INT(C14/100)-4),10000)
　　　ウ．MOD(VLOOKUP(C13,A4:P11,INT(C14/100)-5),10000)

問４．シート名「計算表」のE17に設定する次の式の空欄をうめなさい。

　　　=IF(E16="","",IF(　　　　　　　　, E16*0.2,0))

問５．シート名「計算表」に，次のようにデータを入力したとき，E20の「請求料金」に表示される適切な数値を計算して答えなさい。

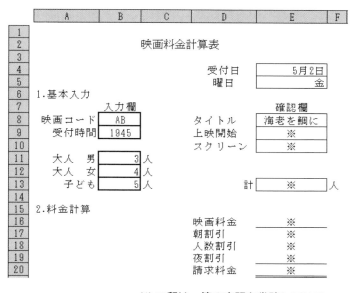

	A	B	C	D	E	F
1						
2				映画料金計算表		
3						
4				受付日	5月2日	
5				曜日	金	
6	1.基本入力					
7		入力欄			確認欄	
8	映画コード	AB		タイトル	海老を鯛に	
9	受付時間	1945		上映開始	※	
10				スクリーン	※	
11	大人　男	3	人			
12	大人　女	4	人			
13	子ども	5	人	計	※	人
14						
15	2.料金計算					
16				映画料金	※	
17				朝割引	※	
18				人数割引	※	
19				夜割引	※	
20				請求料金	※	

　　　　　　　　　　（注）　※印は，値の表記を省略している。

第4回 **模擬問題**　　　制限時間：60分　解答 ➡ P.17

【1】 次の説明文に最も適した答えを解答群から選び，記号で答えなさい。

1．インターネットを通じてソフトウェアの機能を提供するサービス。インターネットに接続できればどのコンピュータでも同じソフトウェアを利用できる。

2．HTMLファイルなどのデータを暗号化して，インターネットで送受信するためのプロトコル。

3．データにアクセスするとき，他のユーザがそのデータに対して書き込みや読み込みができないよう，アクセスを禁止すること。

4．アクセス元のIPアドレスやドメイン名のほか，アクセスされた日時やファイル名などWebサーバにおける動作を記録したもの。

5．システムに障害が発生した場合，予備のシステムに切り替えるなどして性能を落とすことなく継続して稼働を続ける障害対策。

```
─ 解答群 ─
ア．フォールトアボイダンス    イ．IaaS        ウ．フェールソフト
エ．アクセスログ         オ．HTTPS       カ．共有ロック
キ．SaaS            ク．専有ロック     ケ．HTTP
コ．システムログ         サ．フォールトトレラント  シ．PaaS
```

【2】 次のA群の語句に最も関係の深い説明文をB群から選び，記号で答えなさい。

＜A群＞　1．ERP　　　　　2．ホワイトボックステスト　　3．公開鍵暗号方式
　　　　　4．ターンアラウンドタイム　　5．ホストアドレス

＜B群＞
ア．情報システムを応用して企業が顧客と長期的な関係を築く手法。

イ．送信側の暗号化と受信側の復号に異なる鍵を用いる方式。

ウ．IPアドレスのうち，コンピュータが接続されているネットワーク自体を表すIPアドレス。ネットワーク内のコンピュータにこのIPアドレスを設定することはできない。

エ．システムの内部を理解した上で，それらの一つひとつが意図したとおりに動作しているかを確認するテスト方法。

オ．IPアドレスのうち，ネットワークに接続された個々のコンピュータを表すIPアドレス。ネットワーク内のコンピュータにIPアドレスが重複しないように割り当てる。

カ．企業全体を経営資源の有効活用の観点から統合的に管理し，経営の効率化を図る手法。

キ．コンピュータシステムに処理を依頼してから，すべての結果が得られるまでに要する時間。

ク．送信側の暗号化と受信側の復号に同一の鍵を用いる方式。

ケ．コンピュータシステムに処理を依頼してから，その処理が始まるまでに要する時間。

コ．システムの内部構造とは無関係に，外部から見た機能を検証するプログラムのテスト方法。

【3】　次の説明文に最も適した答えをア，イ，ウの中から選び，記号で答えなさい。なお，5．について
は数値を答えなさい。

1．1つのグローバルIPアドレスを複数のコンピュータで共有する技術。

　　　　ア．NAT　　　　　　　　**イ**．DMZ　　　　　　　　**ウ**．NAS

2．インターネットやイントラネットなどにおいて，音声データを送受信する技術。

　　　　ア．MIME　　　　　　　　**イ**．VoIP　　　　　　　　**ウ**．Cookie

3．複数のモジュール（部品）を組み合わせ，モジュール間でデータの受け渡しがうまく行われて
　　いるかなどを確認するテスト。

　　　　ア．結合テスト　　　　　　**イ**．システムテスト　　　　**ウ**．単体テスト

4．装置Aの稼働率が0.8，装置Bの稼働率が0.9のとき，システム全体の稼働率が最も高い接続方法
　　はどれか。

5．通信速度が100Mbpsの回線を用いて，300MBのファイルをダウンロードするためにかかる時間は
　　何秒か求めなさい。なお，伝送効率は80%とし，その他の外部要因は考えないものとする。ただ
　　し，1MB＝10^6Bとする。

【4】　次の各問いに答えなさい。

問1．SWOT分析は，企業環境における自社の現状において，強み・弱み・機会・脅威の4つの要素
　　　により分析を行うものである。この4つの要素の中で，外的要因にあげられるものの組み合わ
　　　せとして適切なものを選び，記号で答えなさい。

　　　ア．弱み・脅威　　　　イ．強み・弱み　　　　ウ．機会・脅威　　　　エ．強み・機会

問2．次のアローダイアグラムのクリティカルパスとして正しいものを選び，記号で答えなさい。

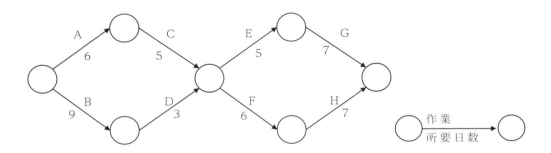

　　　ア．A　→　C　→　E　→　G
　　　イ．A　→　C　→　F　→　H
　　　ウ．B　→　D　→　E　→　G
　　　エ．B　→　D　→　F　→　H

問3．経理部に所属するAさんには，社内システムに対し，次のようにアクセス権の設定がされて
　　　いる。Aさんが行えることとして適切なものを選び，記号で答えなさい。

アクセス権	許可・不許可
フルコントロール	不許可
読み取り	許可
書き込み	不許可

　　　ア．社員のBさんが転居したので，社内システムに転居データを入力し更新した。
　　　イ．社員のCさんから昨年度の基本給の問い合わせがあったので，社内システムのデータを参
　　　　　照した。
　　　ウ．社員のDさんが退職したので，社内システムから該当のデータを削除した。

問4．次の表は，ある商店における1か月間の商品別売上高を集計したものである。ABC分析をした場合，Bグループに入る商品の数として適切なものを選び，記号で答えなさい。ただし，Bグループは70%を超え90%以下とする。

商品名	A	B	C	D	E	F	G	H	I	合計
売上高 （万円）	46	13	118	25	88	144	64	38	84	620

ア． 2　　　　　　　**イ．** 3　　　　　　　**ウ．** 4

問5．SQLインジェクションを説明している次の文章のうち適切なものを選び，記号で答えなさい。

ア． 緊急事態を装って組織内部の人間からIDやパスワードを入手するなど，人間の心理的な油断やスキをついて不正に機密情報を入手する攻撃。

イ． 脆弱性のあるWebアプリケーションに罠を仕掛け，利用者がボタンを押すなどの操作を実行したときに不正な操作を実行させたり，別のサイトを横断して個人情報を盗んだりする攻撃。

ウ． 入力機能を持つWebアプリケーションなどにデータベースの問い合わせや操作を行う命令文を入力・送信して実行させることで，データを改ざんしたり不正に情報取得したりする攻撃。

【5】　ある演劇場では，会員の演劇観覧予約を次のようなリレーショナル型データベースを使って管理している。次の各問いに答えなさい。

処理の流れ

① 演劇は1日に2回行われる。同日中に同じタイトルの演劇を行うことはない。

② 上演開始時刻は，昼の部「13時00分」と夜の部「18時00分」のいずれかであり，「18時00分」であれば，「1800」のように入力される。

③ 上演時間は「2時間30分」であれば「230」のように入力される。

④ 会員は，同じ観覧希望日に複数の演劇を予約することができる。

上演予定表

上演予定日	演劇番号	上演開始時刻
2021/4/1	A10	1800
2021/4/1	A03	1300
2021/4/2	A10	1300
2021/4/2	A03	1800
～	～	～
2021/4/25	A10	1800
～	～	～

演劇表

演劇番号	タイトル	上演時間
A01	タイガーキング	230
A02	ドッグス	300
A03	千夜一夜物語	250
A04	ビッグマーメイド	230
～	～	～
A09	赤い鳥	300
A10	栗毛のアン	250

予約表

会員番号	観覧希望日	演劇番号	人数
M024	2021/04/06	A06	1
M045	2021/04/10	A08	2
M041	2021/04/17	A08	4
M045	2021/04/23	A03	5
～	～	～	～
M038	2022/03/19	A07	6
～	～	～	～

会員表

会員番号	氏名	性別	生年月日
M001	平本　葉音	女	2001/07/04
M002	森　優美	女	1981/08/17
M003	庄司　勝美	女	1984/07/04
M004	中澤　薫	男	1985/12/12
～	～	～	～
M050	勝田　双葉	女	1991/02/20
～	～	～	～

問1．このリレーショナル型データベースで主キーが複合キーになっている表として適切なものを選び，記号で答えなさい。

ア．上演予定表

イ．予約表

ウ．上演予定表と予約表

エ．予約表と会員表

問2．2021年4月中に観覧を予約した人の会員番号と氏名を重複なく表示するSQL文の空欄をうめなさい。

```
SELECT [          ] A.会員番号, 氏名
    FROM 予約表 A, 会員表 B
    WHERE A.会員番号 = B.会員番号
        AND 観覧希望日 BETWEEN '2021/04/01' AND '2021/04/30'
```

会員番号	氏名
M024	中　英二
M041	玉城　亮一
M045	秦　亜美

問3．会員表から会員番号が MO05 の情報を削除するためのSQL文の空欄にあてはまる適切なものを選び，記号で答えなさい。

| (a) | (b) | 会員表 | (c) | 会員番号 = 'MO05' |

ア．(a)　DELETE　　　　(b)　FROM　　　　(c)　WHERE

イ．(a)　UPDATE　　　　(b)　SET　　　　(c)　WHERE

ウ．(a)　INSERT　　　　(b)　INTO　　　　(c)　VALUES

問4．終演時刻が19時以降となる演劇のタイトルと上演予定日，終演時刻を上演予定日の昇順，終演時刻の降順の順に表示するためのSQL文の空欄にあてはまる適切なものを選び，記号で答えなさい。

タイトル	上演予定日	終演時刻
栗毛のアン	2021/04/01	2050
千夜一夜物語	2021/04/02	2050
〜	〜	〜
栗毛のアン	2021/04/25	2050

SELECT タイトル，上演予定日，(上演開始時刻 + 上演時間) AS 終演時刻

　　FROM 演劇表 A，上演予定表 B

　　WHERE A.演劇番号 = B.演劇番号

　　　AND (上演開始時刻 + 上演時間) >= 1900

| |

ア．ORDER BY 上演予定日 DESC，(上演開始時刻 + 上演時間)　DESC

イ．ORDER BY 上演予定日 DESC，(上演開始時刻 + 上演時間)　ASC

ウ．ORDER BY 上演予定日 ASC，(上演開始時刻 + 上演時間)　DESC

問5．2021年4月以降に一度も予約していない会員番号と氏名を表示するためのSQL文の空欄にあてはまる適切なものを選び，記号で答えなさい。

会員番号	氏名
MO03	庄司　勝美
MO05	坂元　瑠奈
〜	〜
MO50	勝田　双葉

SELECT A.会員番号，氏名 FROM 会員表 A

　　WHERE 会員番号 [　　　　　] (SELECT B.会員番号 FROM 予約表 B

　　　　WHERE A.会員番号 = B.会員番号 AND 観覧希望日 >= '2021/04/01')

ア．IN

イ．NOT IN

ウ．NOT EXISTS

【6】 次の各問いに答えなさい。

問1．次の表は，最高気温と商品の売上数量をまとめた表である。過去の最高気温と数量の関係をもとにし，B7の「数量」の予測をしたい。B7に設定する次の式の空欄をうめなさい。

= _____(A7,B4:B6,A4:A6)

	A	B
1		
2	売上表	
3	最高気温	数量
4	20	50
5	25	80
6	30	110
7	32	

問2．次の表は，社員の勤務時間表である。C列の「勤務時間」は，B列の「退社時刻」からA列の「出社時刻」を引いて求める。D4に設定する式として適切なものを選び，記号で答えなさい。ただしD4の式をD7までコピーする。

	A	B	C	D
1				
2	勤務時間表			
3	出社時刻	退社時刻	勤務時間	支払時間
4	8:00	17:12	9:12	9:00
5	8:21	16:20	7:59	7:45
6	8:37	18:11	9:34	9:30
7	8:45	15:10	6:25	6:15

ア． =FLOOR(C4,TIME(0,15,0))

イ． =ROUNDDOWN(C4,TIME(0,15,0))

ウ． =ROUND(C4,TIME(0,15,0))

エ． =CEILING(C4,TIME(0,15,0))

問3．次の表は，ある学校の身長表であり，4～117行目には個人のデータが入力されている。このデータをもとに，平均集計表を作成し，組ごとに男女別身長の平均値を求める。G4に設定する式として適切なものを選び，記号で答えなさい。ただし，G4に設定する式をH6までコピーする。

	A	B	C	D	E	F	G	H
1								
2	身長表					平均集計表		
3	組	番号	性別	身長		組	男	女
4	1	1	男	169.7		1	170.1	157.1
5	1	2	男	172.4		2	171.7	156.6
6	1	3	男	165.8		3	166.9	157.7
7	1	4	男	166.9				
8	1	5	男	178.7				
～	～	～	～	～				
113	3	36	女	156.3				
114	3	37	女	161.1				
115	3	38	女	159.6				
116	3	39	女	149.0				
117	3	40	女	150.0				

ア． =AVERAGEIFS($D$4:$D$117,$C$4:$C$117,$G3,$A$4:$A$117,F$4)

イ． =AVERAGEIFS($D$4:$D$117,$A$4:$A$117,G$3,$C$4:$C$117,$F4)

ウ． =AVERAGEIFS($D$4:$D$117,$A$4:$A$117,$F4,$C$4:$C$117,G$3)

問4．次の表は，5人の中から当選者を決めるために，①～③の手順で作成した表である。

① B4の「乱数」は，1,000以上10,000未満の乱数を
発生させる。

② C4の「判定」は，「乱数」がB4～B8の中で大きい
方から2番目の値の場合は 当選 を表示し，それ以
外の場合は何も表示しない。

③ B4～C4の式を8行目までコピーする。

	A	B	C
1			
2	当選者判定表		
3	氏名	乱数	判定
4	伊藤　○○	3987	
5	水野　○○	7118	当選
6	清水　○○	1708	
7	高木　○○	1664	
8	今井　○○	9496	

(1) B4に設定する次の式の空欄をうめなさい。

=RANDBETWEEN((a) , (b))

(2) C4に設定する次の式の空欄をうめなさい。

=IF(B4= ,"当選","")

【7】 次の表は，首都圏から出発する宿泊観光旅行の旅行代金計算書である。作成条件および作成手順にしたがって，各問いに答えなさい。

シート名「旅行代金計算書」

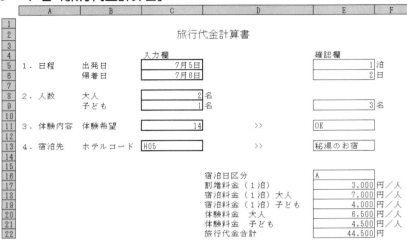

	A	B	C	D	E	F
1						
2			旅行代金計算書			
3						
4			入力欄		確認欄	
5	1．日程	出発日	7月5日		1	泊
6		帰着日	7月6日		2	日
7						
8	2．人数	大人	2			名
9		子ども	1		3	名
10						
11	3．体験内容	体験希望	14	＞＞	OK	
12						
13	4．宿泊先	ホテルコード	H05	＞＞	秘湯のお宿	
14						
15						
16				宿泊日区分	A	
17				割増料金（1泊）	3,000	円／人
18				宿泊料金（1泊）大人	7,000	円／人
19				宿泊料金（1泊）子ども	4,000	円／人
20				体験料金　大人	6,500	円／人
21				体験料金　子ども	4,500	円／人
22				旅行代金合計	44,500	円

シート名「宿泊基本料金表」

	A	B	C	D	E
1					
2	宿泊基本料金表		（1人あたりの大人料金）		
3	宿泊日区分	A	B	C	D
4	1名1室	8,000	10,000	13,000	17,000
5	2名1室	7,500	9,000	12,000	16,000
6	3名1室	7,000	8,500	11,000	15,000
7	4名1室	6,500	7,500	10,500	14,000
8	5名1室	6,000	6,500	10,000	13,000

シート名「宿泊日区分表」

	A	B	C	D	E	F	G	H	I	J	K	L	M	N	O	P	Q	R	S	T	U	V	W	X	Y	Z	AA	AB	AC	AD	AE	AF
1																																
2	宿泊日区分表																															
3		1	2	3	4	5	6	7	8	9	10	11	12	13	14	15	16	17	18	19	20	21	22	23	24	25	26	27	28	29	30	31
4	7月	A	A	A	A	A	C	B	B	B	B	B	B	B	C	B	C	B	B	B	B	B	B	B	B	B	C	B	B	B	B	B
5	8月	B	B	C	B	B	B	B	B	B	B	B	D	D	D	D	D	D	C	B	B	B	B	B	C	B	B	B	B	B	B	B
6	9月	C	A	A	A	A	A	C	A	A	A	A	A	A	C	B	B	B	B	B	B	C	B	B	B	B	B	B	C	B		

シート名「ホテル表」

	A	B	C
1			
2	ホテル表		
3	ホテルコード	ホテル名	ホテルランク
4	H01	天然温泉YM	★
5	H02	山の宿渓流	★★★
6	H03	ホテルエトワール	★★
7	H04	エクリホテル	★
8	H05	秘湯のお宿	★★
9			
10			
11	割増料金表		
12	ホテルランク	割増料金	
13	★	0	
14	★★	3,000	
15	★★★	6,000	

シート名「体験料金表」

	A	B	C	D
1				
2	体験料金表		（1人あたりの料金）	
3	体験コード	体験内容	大人料金	子ども料金
4	1	温泉巡り（入湯料込）	3,000	2,000
5	2	歴史を学ぶ（入館料込）	2,000	1,500
6	3	伝統工芸体験（材料費込）	2,500	1,500
7	4	ラフティング（保険料込）	3,500	2,500
8	5	パノラマアスレチック（保険料込）	4,000	3,000

作成条件

１．シート名「旅行代金計算書」のC列の入力欄に適切なデータを入力すると，旅行代金を求めることができる。なお，入力欄は，太罫線で囲われており，確認欄は，関数や数式が設定されたセルである。

２．入力欄に入力された値が適切でない場合や，値が参照する表にない場合，確認欄に NG を表示し，入力欄が未入力の場合，確認欄に何も表示しない。また，確認欄が空欄または NG の場合，その次の入力項目以降の確認欄に何も表示しない。

３．旅行は必ず1泊2日で申込みを行い，子どもだけで参加することはできない。

４．体験希望は，異なる体験コードを二つ選択し，体験順に入力する。

例　42　→　　　　　4　　　　　　　2
　　　　　　　　（1日目の体験コード）　　（2日目の体験コード）

作成手順

１．シート名「旅行代金計算書」は次のように作成されている。

(1)　C5は，旅行の出発日，C6は旅行の帰着日を入力する。

(2)　C8は，大人の人数，C9は子どもの人数を入力する。

(3)　C11は，希望する体験コードを2桁の数値で入力する。

(4)　C13は，宿泊するホテルコードを入力する。

(5)　E5〜E6は，C5の「出発日」とC6の「帰着日」をもとに求める。

(6)　E9は，参加人数の合計を求める。

(7)　E11は，C11に入力された「体験コード」が作成条件4を満たしていれば OK ，そうでなければ NG を表示する。

(8)　E13は，C13の「ホテルコード」をもとに，シート名「ホテル表」を参照して表示する。

(9)　E16は，C5の「出発日」をもとに，シート名「宿泊日区分表」を参照して表示する。

(10)　E17は，シート名「ホテル表」の「ホテルランク」をもとにシート名「ホテル表」の割増料金表を参照して表示する。

(11)　E18〜E19は，E9とE16をもとに，シート名「宿泊基本料金表」を参照して表示する。ただし子ども料金は大人料金の70%とし，1,000円未満を切り捨てて表示する。

(12)　E20〜E21は，C11をもとに，シート名「体験料金表」を参照し，二つの体験料金を足して求める。

(13)　E22は，次の式で求める。

大人料金の合計×大人人数＋子ども料金の合計×子ども人数＋割増料金×総人数

第4回

「問題を読みやすくするために，
このページは空白にしてあります。」

問1．シート名「旅行代金計算書」のE11に設定する次の式の空欄(a)，(b)にそれぞれあてはまる適切なものを選び，記号で答えなさい。

=IF(OR(E9="",E9="NG",C11=""),"",IF(　(a)　(LEN(C11)=2,
　LEN(C11)-LEN(　(b)　(C11,LEFT(C11,1),""))<2,VALUE(RIGHT(C11,1))<6,
　VALUE(LEFT(C11,1))<6),"OK","NG"))

(a)　**ア**．OR　　　**イ**．AND　　　**ウ**．NOT
(b)　**ア**．TEXT　　**イ**．SEARCH　　**ウ**．SUBSTITUTE

問2．シート名「旅行代金計算書」のE16に設定する次の式の空欄をうめなさい。

=IF(OR(E13="",E13="NG"),"",HLOOKUP(DAY(C5),宿泊日区分表!B3:AF6,　　　　,0))

問3．シート名「旅行代金計算書」のE19に設定する式として，**適切でないもの**を選び，記号で答えなさい。

ア．=IF(OR(C9<1,E18=""),"",FLOOR(INDEX(宿泊基本料金表!B4:E8,E9,
　　MATCH(E16,宿泊基本料金表!A3:E3,0))*0.7,1000))

イ．=IF(OR(C9<1,E18=""),"",FLOOR(INDEX(宿泊基本料金表!B4:E8,E9,
　　MATCH(E16,宿泊基本料金表!B3:E3,0))*0.7,1000))

ウ．=IF(OR(C9<1,E18=""),"",FLOOR(INDEX(宿泊基本料金表!A3:E8,E9+1,
　　MATCH(E16,宿泊基本料金表!A3:E3,0))*0.7,1000))

問4．シート名「旅行代金計算書」のE20に設定する次の式の空欄をうめなさい。ただし，空欄には同じものが入る。

=IF(E18="","",SUM(　　　　(体験料金表!C3,VALUE(LEFT(C11,1)),0),
　　　　　　(体験料金表!C3,VALUE(RIGHT(C11,1)),0)))

問5．シート名「旅行代金計算書」に，次のようなデータを入力したとき，E22に表示される適切なデータを答えなさい。

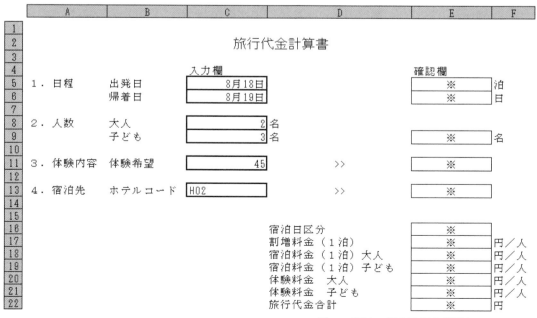

	A	B	C	D	E	F
1						
2			旅行代金計算書			
3						
4			入力欄		確認欄	
5	1．日程	出発日	8月18日		※	泊
6		帰着日	8月19日		※	日
7						
8	2．人数	大人	2	名		
9		子ども	3	名	※	名
10						
11	3．体験内容	体験希望	45	>>	※	
12						
13	4．宿泊先	ホテルコード	H02	>>	※	
14						
15						
16				宿泊日区分	※	
17				割増料金（1泊）	※	円／人
18				宿泊料金（1泊）大人	※	円／人
19				宿泊料金（1泊）子ども	※	円／人
20				体験料金　大人	※	円／人
21				体験料金　子ども	※	円／人
22				旅行代金合計	※	円

（注）　※印は，値の表記を省略している。

第5回 模擬問題 制限時間：60分 解答 ➡ P.21

【1】 次の説明文に最も適した答えを解答群から選び，記号で答えなさい。

1．コンピュータの評価指標の一つで，データの矛盾や破損などがなく，一貫性が保たれていることを表す性質。

2．システム運用中に異常が発生した部分を切り離し，機能を縮小してでも正常に稼働する部分のみで運用を続ける設計思想。例として，飛行機のエンジントラブルで片側のエンジンだけで飛行することなどがある。

3．同じプロトコルで通信を行うネットワーク同士を接続する通信機器。パケットが持つ情報を読み取り，適切な経路を選択する機能が備わっている。

4．電子メールをメールソフトから送信したり，メールサーバ間で転送したりするプロトコル。

5．ネットワークに直接接続して利用するファイルサーバ。個々のコンピュータの記憶装置を増設することなく保存できるデータ容量を増やしたり，ファイルを共有したりすることができる。

```
─── 解答群 ───────────────────────────
 ア．SMTP          イ．完全性         ウ．フェールセーフ
 エ．ルータ         オ．NAS           カ．安全性
 キ．フールプルーフ  ク．信頼性         ケ．POP
 コ．フェールソフト  サ．NAT           シ．ゲートウェイ
```

【2】 次のA群の語句に最も関係の深い説明文をB群から選び，記号で答えなさい。

＜A群＞ 1．SSL/TLS 2．公開鍵暗号方式 3．リスクアセスメント
4．DMZ 5．グローバルIPアドレス

＜B群＞
ア．LANなどの限られた範囲のネットワークに接続されたコンピュータに割り当てられるIPアドレス。異なるネットワークであれば同じ値を設定できる。

イ．インターネットなどの公衆回線において，暗号通信技術を使って安全にデータをやりとりすることで，あたかも専用回線のように利用する技術。

ウ．TCP/IPを利用したネットワークで通信されるデータを暗号化して送受信するためのプロトコル。過去に発見された暗号技術の欠陥を修正し，より安全な技術になった。

エ．インターネットとLANの間にファイアウォールを設定することでつくられる，双方のネットワークからのサイバー攻撃を防ぐ安全な領域。

オ．デジタル証明書を付加した鍵をインターネットなどに公開して利用することで，不特定多数の人と安全にやり取りするための暗号方式。

カ．HTMLで記述されたファイルを暗号化して送受信するためのプロトコル。

キ．対をなす2つの鍵を作り，通信相手に適切な方法で送付することで，安全なデータ通信を実現させる暗号方式。少人数の相手と1対1のやり取りをするのに適している。

ク．インターネットに接続するためにコンピュータに割り当てられるIPアドレス。世界で一意となる値を設定する必要がある。

ケ．リスク発見，リスク分析，リスク評価，リスク対応など，リスクを管理する一連の活動のこと。

コ．リスクが顕在化した場合の影響範囲や影響の大きさなどを評価すること。リスクがもたらす影響が無視できない場合，評価に応じて対策を講じる。

【3】　次の説明文に最も適した答えをア，イ，ウの中から選び，記号で答えなさい。なお，5．については数値を答えなさい。

1．顧客がシステムに求める機能や性能などを明らかにする開発工程。開発工程の初期段階にあたり，顧客の要望を適切に引き出すことでよりよいシステムの構築につながる。

　　　ア．要件定義　　　　　　　　**イ**．外部設計　　　　　　　　**ウ**．内部設計

2．Webサーバが利用者のブラウザに指定したデータを保存するしくみ。ログイン情報や電子商取引におけるカートに入れた商品情報などが保存されることがある。

　　　ア．Cookie　　　　　　　　**イ**．MIME　　　　　　　　**ウ**．VoIP

3．ネットワークに接続しているすべてのコンピュータにデータを送信するために利用されるアドレス。ホストアドレス部の値がすべて1になる。

　　　ア．ネットワークアドレス　　**イ**．ブロードキャストアドレス　　**ウ**．ホストアドレス

4．次の図について，装置Aの稼働率が0.8，装置Bの稼働率が0.9のときシステム全体の稼働率はいくつか答えなさい。ただし，小数第2位未満を四捨五入し，小数第2位まで求めること。

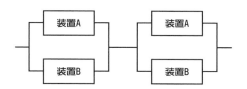

　　　ア．0.51　　　　　　　　　**イ**．0.96　　　　　　　　　**ウ**．0.98

5．通信速度が1Gbpsの通信回線を使って，5GBのデータを転送したところ50秒かかった。伝送効率は何％か求めなさい。

【4】 次の各問いに答えなさい。

問1. データベースに対して，次のような処理手順でトランザクションA，Bが同時に処理を開始したときに発生する事象として正しいものを選び，記号で答えなさい。

処理手順
①トランザクションAがデータXをロック
②トランザクションBがデータYをロック
③トランザクションAがデータYを要求し
　ロック解除待ち状態
④トランザクションBがデータXを要求し
　ロック解除待ち状態

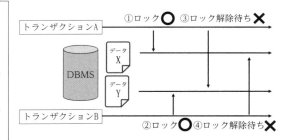

ア. 排他制御　　　　　　**イ**. コミット　　　　　　**ウ**. デッドロック

問2. 次のPERT図において，作業Gを3日短縮した場合，全体の所要日数は何日短縮できるか求めなさい。

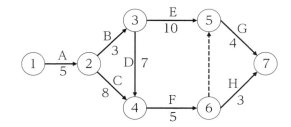

問3. 次のようなネットワーク設定がされているコンピュータAと同じネットワークに新たにコンピュータを接続する場合，割り当ててもよいIPアドレスとして適切なものを選び，記号で答えなさい。

コンピュータAのIPアドレスの設定

コンピュータ	IPアドレス
コンピュータA	172.16.192.127

ネットワークのサブネットマスクの設定：255.255.192.0

ア. 172.16.191.192
イ. 172.16.192.0
ウ. 172.16.192.192
エ. 172.16.255.255

第5回

問4．材料A，材料Bを組み合わせることで，商品X，商品Yをいくつか製造することができる場合，売上金額合計を最も高くするためには，商品X，商品Yをいくつ製造すればよいかを分析する手法と，分析に用いる図として適切なものを選び記号で答えなさい。

(1) **名称**　**ア**．ABC分析
　　　　　イ．線形計画法
　　　　　ウ．回帰分析

(2) **図**　**ア**.

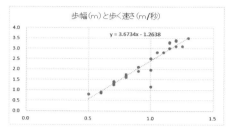

歩幅(m)と歩く速さ(m/秒)

$y = 3.6734x - 1.2638$

イ.

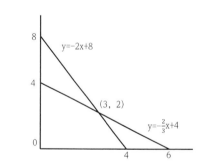

品質管理　不良品の分析

ウ.

$y=-2x+8$

$y=-\dfrac{2}{3}x+4$

(3，2)

問5．SaaSを説明している次の文章のうち，適切なものを選び，記号で答えなさい。

ア．インターネット経由でソフトウェアの機能を提供するサービス。インターネットに接続できる環境があれば，最新のソフトウェアをどの端末でも利用することができる。

イ．インターネット経由でソフトウェアの開発環境や実行環境を提供するサービス。開発環境のインストール作業やアップデートなどを行うことなく，最新の開発環境をどの端末でも利用することができる。

ウ．ソフトウェアなどを実行するためのハードウェア資源をインターネット経由で提供するサービス。サーバの構築やネットワークの設定などを行わずに，最適な運用環境を利用することができる。

【5】　ある弁当販売会社では，お弁当の受注・宅配をおこなっており，次のようなリレーショナル型
データベースを利用して管理している。次の各問いに答えなさい。

処理の流れ

① 商品表にはあらかじめデータが入力されている。

② 顧客表には，初めてその顧客が注文するときに新たにデータが追加される。

③ 注文を受けると売上伝票を起票し，これをもとに売上表にデータを入力する。

商品表

商品コード	商品名	単価
T101	幕ノ内弁当	550
T102	唐揚弁当	390
T103	チキンカツ弁当	420
T104	ハンバーグ弁当	400
T105	のり弁当	350
G101	竜田弁当	450
G102	鮭弁当	500
G103	生姜焼き弁当	490
G201	ヒレカツ弁当	550
G202	サバ弁当	600
G203	チキン南蛮弁当	470
G301	ロースカツ弁当	470
G302	白身フライ弁当	510
G303	コロッケ弁当	430

顧客表

顧客コード	顧客名	住所	電話番号
C001	丸山　○○	飯伊市××	090-××××-××××
C002	中嶋　○○	飯伊市××	090-××××-××××
C003	原　○○	飯伊市××	090-××××-××××
C004	牧内　○○	飯伊市××	090-××××-××××
C005	北沢　○○	飯伊市××	090-××××-××××
C006	出崎　○○	飯伊市××	090-××××-××××
C007	元島　○○	飯伊市××	090-××××-××××
C008	宮澤　○○	飯伊市××	090-××××-××××
〰	〰	〰	〰
C036	森本　○○	飯伊市××	090-××××-××××
C037	松岡　○○	飯伊市××	090-××××-××××
C038	久保田　○○	飯伊市××	090-××××-××××
C039	中嶋　○○	飯伊市××	090-××××-××××
C040	福与　○○	飯伊市××	090-××××-××××

売上表

伝票番号	顧客コード	商品コード	数量	販売日
1801001	C006	G102	3	2018/01/01
1801002	C034	T101	2	2018/01/01
〰	〰	〰	〰	〰
1812169	C040	T105	4	2018/12/31
1812169	C040	G301	2	2018/12/31
1812169	C040	G302	3	2018/12/31
1812169	C040	G303	1	2018/12/31
1901001	C003	T102	2	2019/01/01
1901001	C003	T103	1	2019/01/01
1901002	C025	G101	1	2019/01/01
1901002	C025	G102	1	2019/01/01
1901002	C025	G103	1	2019/01/01
1901003	C018	T104	4	2019/01/01
1901004	C009	G102	1	2019/01/01
〰	〰	〰	〰	〰
1907001	C030	T104	2	2019/07/01
1907002	C021	G203	2	2019/07/01
1907002	C021	T103	3	2019/07/01
1907003	C028	T104	5	2019/07/01
1907004	C016	T101	5	2019/07/01
1907005	C034	G201	10	2019/07/01
1907005	C034	G202	1	2019/07/01
1907006	C003	T104	4	2019/07/01
1907007	C008	T103	2	2019/07/01
1907008	C019	T104	3	2019/07/01
1907008	C019	G203	2	2019/07/01
1907009	C026	G202	3	2019/07/01
1907010	C027	T102	1	2019/07/02
1907011	C034	G201	2	2019/07/02
〰	〰	〰	〰	〰
1907460	C002	T101	6	2019/07/31
〰	〰	〰	〰	〰

問1．2019年7月の1か月間における顧客名ごとの売上金額を抽出するための，必要最低限の表を記
号で答えなさい。

　　　ア．商品表と顧客表

　　　イ．商品表と売上表

　　　ウ．顧客表と売上表

　　　エ．商品表と顧客表と売上表

問2.
（1）　2019年7月の1か月間における商品ごとの売上金額を抽出する。次のSQL文の空欄にあてはまる適切なものを答えなさい。

```
SELECT    商品名,    解答不要    AS    月間売上額
  FROM    売上表,商品表
  WHERE   売上表.商品コード ＝ 商品表.商品コード
    AND      (a)      BETWEEN  '2019/07/01'  AND  '2019/07/31'
  GROUP BY     (b)
```

商品名	月間売上額
サバ弁当	2400
チキンカツ弁当	2100
チキン南蛮弁当	1880
ハンバーグ弁当	5600
ヒレカツ弁当	6600
唐揚弁当	390
幕ノ内弁当	6050

（2）　（1）のSQL文に条件を追加し，月間売上額が5,000円に満たない商品を抽出したい。追加するSQL文の空欄にあてはまる適切なものを答えなさい。

```
HAVING  _____
```

商品名	月間売上額
サバ弁当	2400
チキンカツ弁当	2100
チキン南蛮弁当	1880
唐揚弁当	390

問3.　次のSQL文を実行したとき，抽出される情報として適切なものはどれか。

```
SELECT    *
  FROM    顧客表
  WHERE   顧客コード  IN (SELECT   DISTINCT   顧客コード   FROM   売上表
                       WHERE   販売日 < 2019/01/01)
```

ア． 2019年より前に少なくとも一度は買い物をしたことのある顧客の情報
イ． 2019年より前に一度も買い物をしたことのない顧客の情報
ウ． 2019年になってから一度も買い物をしたことのない顧客の情報
エ． 2019年になってから少なくとも一度は買い物をしたことのある顧客の情報

問4.　次の文章の空欄にあてはまる適切なものを解答群から選び，記号で答えなさい。ただし，定番商品の商品コードは先頭が'T'で始まり，売上表に示されている売上データのみを用いる。

　　2019年8月から定番商品の料金を一律50円値上げすることになり，2019年8月1日に次のSQL文を実行した。その後，2019年7月1日における 幕ノ内弁当 の売上高を計算するためのSQL文を実行したところ，　(a)　円であった。同様に ヒレカツ弁当 の売上高を計算するためのSQL文を実行したところ，　(b)　円であった。表示されたこれらの計算結果については　(c)　。

```
UPDATE   商品表   SET   単価 ＝ 単価＋50   WHERE   商品コード   LIKE 'T%'
```

(a), (b)に関する解答群
ア． 2,750　　　　　**イ．** 3,000　　　　　**ウ．** 5,500　　　　　**エ．** 6,000

(c)に関する解答群
ア． どちらも正しい
イ． どちらも正しくない
ウ． 幕ノ内弁当の売上高は正しいが，ヒレカツ弁当の売上高は正しくない
エ． 幕ノ内弁当の売上高は正しくないが，ヒレカツ弁当の売上高は正しい

【6】 次の各問いに答えなさい。

問1．ある地区の研究発表大会では，「時間」「団結力」「内容」「態度」により審査を行い，一定の基準を満たしたチームは予選を通過し決勝に進出する。次の表のF4には，予選通過を判断する次の式が入力されており，予選を通過したチームは 決勝 と表示し，それ以外は何も表示しない。この式をF10までコピーしたとき，F列に表示される 決勝 の数を答えなさい。

	A	B	C	D	E	F
1						
2			研究発表大会予選集計表			
3	学校名	時間	団結力	内容	態度	結果
4	A校	10	60	90	75	※
5	B校	7	80	75	95	※
6	C校	8	50	70	50	※
7	D校	15	80	85	80	※
8	E校	6	45	50	60	※
9	F校	9	80	80	70	※
10	G校	8	70	70	75	※

(注) ※印は，値の表記を省略している。

=IF(OR(AND(B4>=8,B4<=10,MIN(C4:E4)>=70),AND(B4<=10,AVERAGE(C4:E4)>=80)),"決勝","")

問2．次の表は，あるクラスで行われた10秒当てゲームの結果表である。「誤差」は，10秒と「結果」の差を絶対値で求める。C4に設定する式として適切なものを選び，記号で答えなさい。ただし，この式をC9までコピーする。

	A	B	C	D
1				
2	10秒当てゲーム結果表			
3	氏名	結果	誤差	順位
4	高橋	10.96	0.96	4
5	山田	9.40	0.60	3
6	田中	10.00	0.00	1
7	安田	14.32	4.32	6
8	小川	8.42	1.58	5
9	吉川	9.56	0.44	2

　ア． =ABS(10-B4)
　イ． =ABS(TIME(0,0,10)-B4)
　ウ． =ABS(TIME(0,0,10)-TIME(0,0,B4))

問3．次の表は，ある商品の評価を集計するために用いている。商品の評価を「価格」，「性能」，「保守」について，5人の評価者がA～Cの3段階で評価し，段階ごとの数をB10～D12に集計している。B10に設定する次の式の空欄をうめなさい。ただし，この式をD12までコピーする。

	A	B	C	D
1				
2	商品評価集計表			
3	評価者	評価項目		
4	番号	価格	性能	保守
5	1001	C	B	B
6	1002	A	B	B
7	1003	A	C	C
8	1004	B	A	C
9	1005	A	A	B
10	Aの数	3	2	0
11	Bの数	1	2	3
12	Cの数	1	1	2

=COUNTIFS(B$5:B$9,　　　　　　)

問4．次の表は，商店街の1年間の来店者記録表と，商店別，曜日別の平均来店者数を集計したものである。G4に設定する式として適切なものを選び，記号で答えなさい。ただし，この式をM7までコピーする。

	A	B	C	D	E	F	G	H	I	J	K	L	M
1													
2	来店者記録表					平均来店者数							
3	日付	曜日	商店名	来店者数		商店名	月	火	水	木	金	土	日
4	2017/4/1	土	肉の松原	44		肉の松原	19.3	13.7	23.7	24.8	14.4	32.5	15.8
5	2017/4/1	土	ギョギョ魚	12		ギョギョ魚	17.2	30.1	16.5	20.3	22.9	19.1	18.1
6	2017/4/1	土	ＨＡＮＡＴＥＮ	13		ＨＡＮＡＴＥＮ	12.0	12.8	26.3	24.5	21.8	14.8	19.6
7	2017/4/1	土	フレッシュ石丸	11		フレッシュ石丸	23.8	34.0	32.2	26.5	24.4	22.4	21.8
8	2017/4/2	日	肉の松原	24									
≀	≀	≀	≀	≀									
1461	2018/3/31	土	ギョギョ魚	32									
1462	2018/3/31	土	ＨＡＮＡＴＥＮ	6									
1463	2018/3/31	土	フレッシュ石丸	38									

ア． =DAVERAGE($A$3:$D$1463,4,F3:M7)

イ． =AVERAGEIFS($D$4:$D$1463,$B$4:$B$1463,G$3,$C$4:$C$1463,$F4)

ウ． =AVERAGEIFS($D$4:$D$1463,$B$4:$B$1463,$G3,$C$4:$C$1463,F$4)

問5．次の表は，屋台の収支シミュレーション表である。次の条件にしたがって販売計画を立てるため，表計算ソフトウェアのデータ分析機能により，損益分岐点売上高およびそのときの販売数を求めたい。パラメータ設定の空欄(a)，(b)，(c)にあてはまる適切なものを選び，記号で答えなさい。

実行結果

	A	B
1		
2	収支シミュレーション	
3		
4	単価	500
5	販売数	
6	売上高	0
7	変動費	0
8	固定費	120,000
9	利益	-120,000

	A	B
1		
2	収支シミュレーション	
3		
4	単価	500
5	販売数	600
6	売上高	300,000
7	変動費	180,000
8	固定費	120,000
9	利益	0

条件

・B6には次の式を入力する。
　=B4*B5
・B7には次の式を入力する。
　=B5*300
・B8には 120000 を入力する。
・B9には次の式を入力する。
　=B6-B7-B8

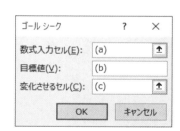

ゴール シーク　　　　?　×
数式入力セル(E):　(a)
目標値(V):　(b)
変化させるセル(C):　(c)
OK　　キャンセル

ア． (a)$B$5　(b)0　(c)$B$9

イ． (a)$B$9　(b)0　(c)$B$5

ウ． (a)$B$6　(b)300000　(c)$B$9

【7】 次の表は，会員制のアミューズメント施設の利用料金計算表である。作成条件にしたがって，各問いに答えなさい。

シート名「計算表」

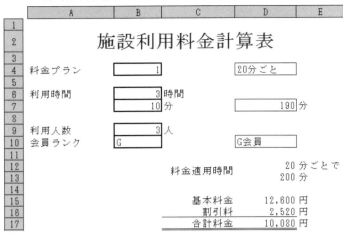

シート名「料金プラン表」

	A	B	C
1			
2	料金プラン表		
3	プランNo	時間ごと	料金
4	1	20分ごと	420
5	2	2時間ごと	2,430
6	3	3時間ごと	3,150
7	4	6時間ごと	5,670
8	5	9時間ごと	7,560
9	6	12時間ごと	10,500

シート名「割引表」

	A	B	C	D
1				
2	割引表			
3		会員ランク		
4	人数	N	S	G
5	1	0%	5%	10%
6	2	0%	10%	20%
7	3	0%	15%	20%
8	4	0%	20%	20%
9	5	5%	25%	30%

作成条件

1．シート名「計算表」のB列に適切なデータを順に入力すると，アミューズメント施設の利用料金を求めることができる。

2．シート名「計算表」は，次のように作成されている。

(1)　B4の「料金プラン」は，シート名「料金プラン表」から利用する「プランNo」を入力する。

(2)　D4は，B4の「料金プラン」をもとに，シート名「料金プラン表」を参照して「時間ごと」を表示する。ただし，B4が「プランNo」にない場合は　エラー　を表示する。なお，B4が空欄の場合は何も表示しない。

(3)　B6とB7の「利用時間」は，施設の利用時間を入力する。

(4)　D7は，B6とB7の「利用時間」を分に換算して表示する。ただし，B6とB7がともに空欄の場合は何も表示しない。

(5)　B9の「利用人数」は，アミューズメント施設を利用する人数を入力する。

(6)　B10の「会員ランク」は，Ｎ・Ｓ・Ｇ の3種類があり，適切な会員ランクを入力する。

(7)　D10は，B10の「会員ランク」が適切に入力されている場合は「会員ランク」に　会員　の文字を加えて表示する。ただし，B10にＮ・Ｓ・Ｇ以外が入力されている場合は　エラー　を表示する。

(8)　D12は，D4の「時間ごと」の　分　か　時間　よりも前の文字を抽出して数値データに変換し，分に換算して表示する。ただし，D4が空欄の場合や　エラー　の場合は，何も表示しない。

(9)　D13は，D7をD12の倍数に最も近い値へ切り上げて表示する。ただし，D7かD12が空白の場合は何も表示しない。

(10)　D15の「基本料金」は，D4をもとにシート名「料金プラン表」を参照した「料金」にD13の「料金適用時間」を掛けてD12の「時間ごと」を割ったものに，B9の人数を掛けて求める。ただし，D4が空欄の場合や　エラー　の場合，D7が空白の場合，B9が空白の場合は，何も表示しない。

(11)　D16の「割引料」は，B9の「人数」とB10の「会員ランク」をもとに，シート名「割引表」を参照した割引率にD15の「基本料金」を掛けて求める。人数が5人以上の場合は5人の割引率を使用する。ただし，D10の右端2文字が　会員　ではない場合やD15が空白の場合は，何も表示しない。

(12)　D17の「合計料金」は，D15の「基本料金」からD16の「割引料」を引いて求める。ただし，D15が空白の場合は何も表示しない。

第5回

「問題を読みやすくするために，
このページは空白にしてあります。」

問1．シート名「計算表」のD4に設定する式として適切なものを選び記号で答えなさい。

ア． =IF(B4="","",
　　　　IFERROR("エラー",VLOOKUP(B4,料金プラン表!$A$4:$C$9,2,FALSE)))
イ． =IF(B4="","",
　　　　IFERROR(VLOOKUP(B4,料金プラン表!$A$4:$C$9,2,FALSE),"エラー"))
ウ． =IF(B4="","",
　　　　IF(IFERROR(VLOOKUP(B4,料金プラン表!$A$4:$C$9,2,FALSE),
　　　　"エラー",VLOOKUP(B4,料金プラン表!$A$4:$C$9,2,FALSE))))

問2．シート名「計算表」のD12に設定する次の式の空欄(a), (b)にあてはまる適切なものを答えなさい。

=IF(OR(D4="",D4="エラー"),"",
　　IFERROR(VALUE(LEFT(D4,SEARCH("　(a)　",D4)-1)),
　　　　　　VALUE(LEFT(D4,SEARCH("　(b)　",D4)-1))*60))

問3．シート名「計算表」のD13に設定する次の式の空欄にあてはまる適切なものを選び，記号で答えなさい。

=IF(OR(D7="",D12=""),"",　　　　　　　　　　　)

ア． CEILING(D7,D12)
イ． FLOOR(D7,D12)
ウ． (INT(D7/D12)+1)*D12

問4．シート名「計算表」のD16に設定する次の式の空欄(a), (b)にあてはまる適切なものを選び，記号で答えなさい。

=IF(OR(B9="",NOT(RIGHT(D10,2)="会員"),D15=""),"",
　　ROUNDUP(D15*INDEX(割引表!B5:D9,
　　　　　　　(a)　　　　　,　　　　(b)　　　　),0))

ア． MATCH(B9,割引表!A5:A9,0)
イ． MATCH(B9,割引表!A5:A9,1)
ウ． MATCH(B10,割引表!B4:D4,0)
エ． MATCH(B10,割引表!B4:D4,1)

問5．シート名「計算表」に，次のようにデータを入力したとき，D17に表示される数値を計算して答えなさい。

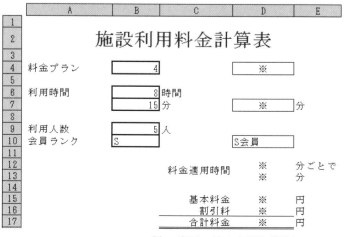

（注）※印は，値の表記を省略している。

第6回 模擬問題

制限時間：60分　解答 ➡ P.25

【1】　次の説明文に最も適した答えを解答群から選び，記号で答えなさい。

1．システムの利用中に変更された内容を記録したもの。データベースの更新中の障害や補助記憶装置の障害などが発生した際，適切な時点までデータを復元するために利用される。

2．複数のハードディスクを仮想的に1つのハードディスクとして扱う技術であり，信頼性の向上や処理速度の向上を図るもの。

3．コンピュータに対して，出力命令を与えてから処理結果の出力が開始されるまでの時間。

4．インターネット上でサーバに保存された電子メールを，サーバ上で管理するためのプロトコル。

5．プライベートIPアドレスとグローバルIPアドレスを相互に変換するしくみ。

---解答群---

ア．IMAP	**イ**．レスポンスタイム	**ウ**．ジャーナルファイル
エ．SMTP	**オ**．POP	**カ**．ターンアラウンドタイム
キ．RAID	**ク**．NAS	**ケ**．チェックポイント
コ．スループット	**サ**．RASIS	**シ**．NAT

【2】　次のA群の語句に最も関係の深い説明文をB群から選び，記号で答えなさい。

＜A群＞　1．保守性　　　2．OSI参照モデル　　　3．フォールトアボイダンス
　　　　　4．DNS　　　　5．MIME

＜B群＞
　ア．ネットワークに接続されたコンピュータに対して，IPアドレスを自動的に割り当てるためのプロトコル。

　イ．TCP/IPを利用したネットワークで，音声データをパケットに変換して送受信することでIP電話を実現するためのプロトコル。

　ウ．異なる機種間のデータ通信を実現させるためネットワーク接続を7つの層に分けて標準化したもの。

　エ．定期点検や予防保守などを行うことで，システムが故障したり，停止したりしないようにする障害対策。

　オ．システムに障害が発生した場合，予備系統のシステムに切り替えるなどしてシステムの処理性能を落とさずに運転を継続する障害対策。

　カ．コンピュータシステムの評価指標の一つで，システムの維持や管理のしやすさ，障害復旧のしやすさを表したもの。MTTRなどの値で表す。

　キ．コンピュータシステムの評価指標の一つで，システムが要求された処理を継続して実行できることを表したもの。稼働率が用いられる。

　ク．ドメイン名とIPアドレスを相互に変換するプロトコル。

　ケ．パケット通信において，宛先IPアドレスや送信元IPアドレスなどの情報をもとにデータを通過させるか判断する機能。

　コ．TCP/IPを利用したネットワークで，電子メールで画像や音声データといったASCIIコードの文字列以外のデータをやり取りするための規格。

【3】　次の説明文に最も適した答えをア，イ，ウの中から選び，記号で答えなさい。なお，5．については数値を答えなさい。

1．企業が抱える脅威を予測し，影響範囲や影響の度合いを評価する活動のこと。その後，評価に応じた対応策を講じていく。

　　　　ア．リスクマネジメント　　　　**イ**．リスクアセスメント　　　　**ウ**．インシデント

2．Webサイトの入力フォームなどにデータベースを不正に操作するための命令を入力し，送信することで，データを不正に取得したり，改ざん・破壊したりする攻撃。

　　　　ア．クロスサイトスクリプティング　　**イ**．ソーシャルエンジニアリング　　**ウ**．SQLインジェクション

3．システム開発において，画面や帳票などを利用者側の視点から設計する開発工程。

　　　　ア．要件定義　　　　**イ**．外部設計　　　　**ウ**．内部設計

4．通信速度が80Mbps，伝送効率が80％の回線を用いて，4.8GBのデータをダウンロードするのに必要な時間を求めなさい。ただし，1GB=10^9Bとする。

　　　　ア．10分　　　　**イ**．60分　　　　**ウ**．75分

5．あるプロジェクトを6人のメンバーで開始し，3か月経過した時点で50％の作業を完了した。残り2か月でこのプロジェクトを完了させるためには，メンバーを何人増員する必要があるか答えなさい。ただし，増員するメンバーの作業効率は，プロジェクト開始当初から作業しているメンバーの60％とする。

【4】 次の各問いに答えなさい。

問1．テーマについて自由に意見をカードに書き出し，同じ分類と考えられるものをグループにまとめ，さらに図解や文章にまとめることで意見を出したり，集約したりする手法として，適切なものを選び，記号で答えなさい。

　　ア．KJ法　　　　　　　**イ**．ブレーンストーミング　　　　　　**ウ**．DFD

問2．ある企業では，事業に関する現状把握のため，SWOT分析を行った。(a)にあてはまる適切なものを選び，記号で答えなさい。

	内的要因	外的要因
好影響	※	(a)
悪影響	※	※

　　ア．社員同士の仕事の教え合いや学び合い，業務終了後の自主研修などが充実している。
　　イ．工場の生産設備の老朽化により，生産能力が低下してきている。
　　ウ．海外での自社製品の評判が好調で，輸出に関する注文が増加している。
　　エ．海外製品が安く輸入されるようになり，市場における価格競争が激しくなってきている。

問3．次のグラフは，ある地域の自動販売機の売上高と売上高累計，12か月移動合計を表したものである。このグラフの傾向分析として適切なものを選び，記号で答えなさい。

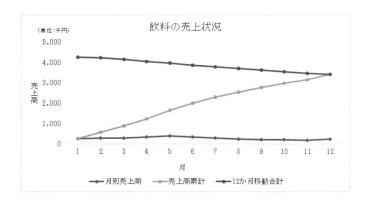

　　ア．増加傾向
　　イ．停滞傾向
　　ウ．減少傾向

問４．ある遊園地では，入園料の割引サービスを次の条件に従って実施している。決定表の空欄（ａ）にあてはまる適切なものを選び，記号で答えなさい。

処理条件

1．入園者が18歳以上の場合，入園料金は5,000円，18歳未満の場合，入園料金は2,500円とする。

2．障害者手帳を提示した場合，入園料金を10％割引とする。

3．入園開始時刻が17時以降の場合，入園料金を10％割引とする。

4．障害者手帳を提示し，入園開始時刻が17時以降の場合，入園料金を20％割引とする。

条件部	18歳以上	Y	N	Y	Y	Y	N	N	N
	18歳未満	N	Y	N	N	N	Y	Y	Y
	障害者手帳の提示	N	N	Y	Y	N	Y	Y	N
	入園開始時刻が17時以降	N	N	Y	N	Y	Y	N	Y
動作部	入園料金：5,000円								
	入園料金：2,500円			（ａ）					
	入園料金：10％割引								
	入園料金：20％割引								

条件部　Y：条件を満たす　　　N：条件を満たさない
動作部　X：行動　　　　　　－：行動なし

ア.

X		X	X	X			
	X				X	X	X
			X	X		X	X
		X			X		

イ.

X					X	X	X
	X	X	X	X			
			X	X		X	X
		X			X		

ウ.

X		X	X	X			
	X				X	X	X
		X			X		
			X	X		X	X

問５．コアコンピタンスを説明した次の文章のうち，正しいものを選び，記号で答えなさい。

ア．企業の競争力を高めるために業務プロセスや組織構造を根本から見直し，再構築すること。

イ．企業の競争優位の源となる技術やノウハウのこと。他社が模倣することが困難であり，企業の強みになる。

ウ．企業が顧客と良好な関係を築き，売上の増加や顧客の愛顧を高めることを目的に，顧客情報を一元管理して，経営に役立てること。

【5】　災害時非常用商品を販売する会社では，商品の売上状況を次のようなリレーショナル型データベースを利用し管理している。次の各問いに答えなさい。

処理の流れ

①　商品が販売された時点で，販売表にデータを入力する。なお，商品は，同一日に，同一の顧客に対して，同一の商品を複数回販売することはないものとする。

②　新規の顧客は顧客表に，新規の商品は商品表にレコードを追加する。

顧客表

顧客コード	顧客名	住所	電話番号
K1001	香川観光協会	香川県高松市○○○	087-832-XXXX
K1002	徳島建設株式会社	徳島県徳島市○○○	088-652-XXXX
K1003	株式会社愛媛商事	愛媛県松山市○○○	089-951-XXXX
K1004	ホテル高知	高知県高知市○○○	088-820-XXXX
〜	〜	〜	〜

商品表

商品コード	商品名	単価
S1001	非常用飲料水500ml×24本	3000
S1002	非常用飲料水2L×6本	2000
S1003	非常用飲料水12L×2本	4000
S2001	アルファ米1食	300
S2002	アルファ米12食	3000
S2003	アルファ米50食	11000
S3001	備蓄用カレー24食	8000
S4001	缶詰パン6缶	2000
S4002	缶詰パン24缶	7000
S4003	カンパン24缶	7000
S5001	防災避難30点セット	20000
S5002	防災2人用セット	15000
S5003	防災1人用セット	10000

販売表

販売日	顧客コード	商品コード	数量
〜	〜	〜	〜
2018/08/01	K1003	S1001	50
2018/08/01	K1004	S2003	20
2018/08/01	K1004	S1001	2
2018/08/01	K1001	S5002	5
〜	〜	〜	〜

問１．次の図は3つの表のリレーションシップを表したE-R図である。空欄(a)から(c)にあてはまる適切なものを選び，記号で答えなさい。

ア.　(a) 商品表　　　(b) 販売表　　　(c) 顧客表

イ.　(a) 顧客表　　　(b) 商品表　　　(c) 販売表

ウ.　(a) 販売表　　　(b) 顧客表　　　(c) 商品表

問2．販売表の主キーとして，適切なものを選び，記号で答えなさい。

ア．販売日

イ．販売日，顧客コード

ウ．販売日，顧客コード，商品コード

問3．商品表に新商品を追加する。次のSQL文の空欄にあてはまる適切なものを選び，記号で答えなさい。

　　　[____(a)____]　[____(b)____]　商品表　VALUES　（'S3002','備蓄用中華丼の素 24食',10000）

ア．UPDATE　　**イ**．INSERT　　**ウ**．DELETE　　**エ**．FROM　　**オ**．SET　　**カ**．INTO

問4．商品名の語尾に セット がつく商品を抽出する。次のSQL文の空欄にあてはまる適切なものを答えなさい。

```
SELECT　商品コード，商品名，単価
　FROM　商品表
　WHERE　商品名　LIKE　'[_____]'
```

商品コード	商品名	単価
S5001	防災避難30点セット	20000
S5002	防災2人用セット	15000
S5003	防災1人用セット	10000

問5．これまでの売上金額の合計が100,000円以上の顧客名と売上金額を売上金額の降順に抽出する。次のSQL文の空欄にあてはまる適切なものを答えなさい。ただし，空欄には同じものが入る。

```
SELECT　　顧客名，[_____]　AS　売上金額
　FROM　　商品表 A，販売表 B，顧客表 C
　WHERE　A.商品コード = B.商品コード
　　AND　B.顧客コード = C.顧客コード
GROUP BY　顧客名
　　HAVING　[_____] >= 100000
ORDER BY　[_____] DESC
```

顧客名	売上金額
ホテル高知	226000
株式会社愛媛商事	150000

【6】　次の各問いに答えなさい。

問1．次の表は，ある会社の社員取得資格一覧表である。E23とF23は，経理部男性のITパスポートまたは日商簿記2級の資格取得者数を求める。E23に設定する次の式の空欄をうめなさい。

	A	B	C	D	E	F
1						
2			○○システム株式会社社員取得資格一覧表			
3						
4	社員番号	社員名	性別	所属部署	ITパスポート	日商簿記2級
5	1101	池田　雅夫	男	営業部	1	1
6	1102	山本　寛治	男	営業部		
7	1103	上野　栄治	男	総務部	1	
8	1104	山東　亜紀	女	経理部		1
9	1105	川上　佐和	女	経理部	1	1
10	1106	横山　純子	女	営業部		
11	1107	渡辺　昭	男	総務部	1	
12	1108	遠藤　稔	男	総務部	1	
13	1109	小野田　康	男	経理部		1
14	1110	豊田　沙耶	女	営業部		
15	1111	本田　和美	女	総務部	1	
16	1112	矢野　都	女	総務部	1	
17	1113	柿沢　洋二	男	経理部	1	
18	1114	田野　裕子	女	営業部		
19	1115	吉田　和夫	男	経理部		1
20						
21	○経理部男性の資格取得者数					
22			性別	所属部署	ITパスポート	日商簿記2級
23			男	経理部	1	3

=□□□□□□($C$5:$C$19,$C$23,$D$5:$D$19,$D$23,E5:E19,1)

問2．次の表は，S社の従業員の年齢の一覧表である。D18には次の関数が設定されているとき，D18に表示される値を答えなさい。

=MEDIAN(D4:D16)

	A	B	C	D
1				
2		S社従業員一覧表		
3		No	従業員名	年齢
4		1	青井　輝彦	38
5		2	木村　健二	43
6		3	佐藤　勇作	32
7		4	塩見　悦子	19
8		5	田中　明彦	53
9		6	津田　邦彦	59
10		7	寺谷　建造	32
11		8	戸田　伸子	45
12		9	中村　浩二	44
13		10	萩原　次郎	49
14		11	原田　昌平	32
15		12	町田　良美	42
16		13	渡辺　陽子	49
17			平均値	41.3
18			統計値	※

問3．次の表は，販売担当者ごとの販売一覧表である。I5はH5の「担当者」の2期以降の平均の販売額を求める。I5に設定する式として適切なものを選び，記号で答えなさい。

	A	B	C	D	E	F	G	H	I
1									
2	販売担当者別販売額一覧表								
3		期	地域	担当者	販売額		2期以降の各担当者の平均販売額		
4		1	北区	菊池	¥212,000				
5		1	北区	宮本	¥114,000		担当者	菊池	¥286,667
6		1	南区	田中	¥445,000				
7		2	北区	菊池	¥311,000				
8		2	北区	宮本	¥329,000				
9		2	南区	田中	¥187,000				
10		3	北区	菊池	¥299,000				
11		3	北区	宮本	¥239,000				
12		3	南区	田中	¥449,000				
13		4	北区	菊池	¥250,000				
14		4	北区	宮本	¥378,000				
15		4	南区	田中	¥294,000				

ア．=DAVERAGE(B7:E15,4,G5:H5)

イ．=AVERAGEIFS(E4:E15,B4:B15,">=2",D4:D15,H5)

ウ．=AVERAGEIFS(E4:E15,B4:B15,">=2",E4:E15,D4:D15,H5)

第6回

問４．次の表は，山田市内の高等学校によるバスケットボール大会において予選の勝点によって結果を判定する表である。D列の「評価」，E列の「結果」は，C列の「勝点」をもとに勝点表を参照して表示する。E9に設定する式として適切なものを選び，記号で答えなさい。ただし，この式をE10〜E19までコピーする。なお，B3は0以上7未満を示している。

	A	B	C	D	E	F
1						
2	勝点表					
3	勝点	0	7	12	18	25
4	評価	E	D	C	B	A
5	結果	予選敗退	予選敗退	予選敗退	決勝進出	決勝進出/シード権獲得
6						
7	山田市内高等学校バスケットボール予選結果表					
8	Ｎｏ	高校名	勝点	評価	結果	
9	1	山田西	5	E	予選敗退	
10	2	山田北	6	E	予選敗退	
11	3	山田南	13	C	予選敗退	
12	4	山田東商業	19	B	決勝進出	
13	5	山田工業	17	C	予選敗退	
14	6	光陽学園	21	B	決勝進出	
15	7	秀清	18	B	決勝進出	
16	8	山田中央	25	A	決勝進出/シード権獲得	
17	9	山田東	15	C	予選敗退	
18	10	山田光南	20	B	決勝進出	
19	11	明星学園	27	A	決勝進出/シード権獲得	

ア． =HLOOKUP(C9,$B$3:$F$5,ROW($A$5),TRUE)

イ． =HLOOKUP(C9,$B$3:$F$5,ROW($A$5)-2,TRUE)

ウ． =HLOOKUP(C9,$B$3:$F$5,COLUMN($A$5)-2,TRUE)

問５．次の表は，国・地域別の男女別識字率表である。I8は，アフリカかアジアにおいて識字率が70％未満の国の数を求める。I8に設定する式として適切なものを選び，記号で答えなさい。

	A	B	C	D	E	F	G	H	I
1									
2	国・地域別男女別識字率表							条件表	
3	国（地域）	州	年次	計	男	女		州	計
4	アラブ首長国連邦	アジア	05	90.0	89.5	91.5		アフリカ	<70
5	イエメン	アジア	09	62.4	79.9	44.7		アジア	<70
6	イラク	アジア	09	78.1	86.3	69.9			
7	イラン	アジア	08	85.0	89.3	80.7		集計表	
8	インド	アジア	06	62.8	75.2	50.8		集計結果	31
9	インドネシア	アジア	08	92.2	95.4	89.1			
10	オマーン	アジア	08	86.6	90.0	80.9			
11	カタール	アジア	09	94.7	95.1	92.9			
12	カンボジア	アジア	08	77.6	85.1	70.9			
13	クウェート	アジア	08	93.9	95.0	91.8			
14	サウジアラビア	アジア	09	86.1	90.0	81.0			
15	シリア	アジア	09	84.2	90.4	78.0			
16	シンガポール	アジア	09	94.7	97.5	92.0			
17	スリランカ	アジア	08	90.6	92.2	89.1			
〜	〜		〜	〜	〜	〜			
32	日本	アジア		99.8	99.9	99.7			
〜	〜		〜	〜	〜	〜			
68	モロッコ	アフリカ	09	56.1	68.9	43.9			
69	リベリア	アフリカ	09	59.1	63.7	54.5			
70	ルワンダ	アフリカ	09	70.7	75.0	66.8			
71				（総務省統計局資料より）					

ア． =DCOUNT(A3:F70,4,H4:I5)

イ． =DCOUNT(A4:F70,4,H4:I5)

ウ． =DCOUNT(A3:F70,4,H3:I5)

第6回

【7】 次の表は，高速道路通行料金計算表である。作成条件および作成手順にしたがって，各問いに答えなさい。

シート名「料金計算表」

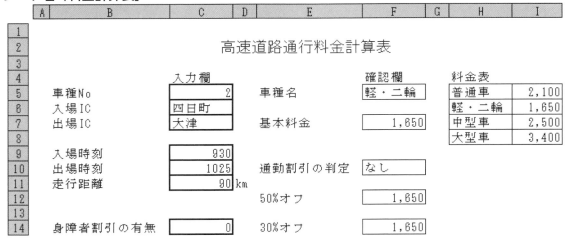

シート名「車種表」

	A	B	C
1			
2	車種表		
3	車種No	車種名	割増割引率
4	1	普通車	1.00
5	2	軽・二輪	0.80
6	3	中型車	1.20
7	4	大型車	1.64

シート名「普通車表」

	A	B	C	D	E	F	G	H	I	J	K	L	M	N
1	普通車	吹口	都南	大津	瀬口東	栗東	津口	信楽	土川	亀川	亀川上	鈴鹿	四日町	古屋西
2	古屋西	3,850	3,200	2,900	2,800	2,800	2,650	2,300	1,850	1,550	1,500	1,250	1,000	古屋西
3	四日町	3,250	2,550	2,100	1,950	2,000	1,800	1,450	1,000	700	650	400	四日町	1,000
4	鈴鹿	3,050	2,300	1,850	1,700	1,750	1,550	1,200	750	450	400	鈴鹿	400	1,250
5	亀川上	3,100	2,300	1,850	1,700	1,750	1,600	1,200	800	200	亀川上	400	650	1,500
6	亀川	3,100	2,300	1,900	1,750	1,800	1,600	1,250	800	亀川	200	450	700	1,550
7	土川	2,500	1,650	1,250	1,100	1,150	950	600	土川	800	800	750	1,000	1,850
8	信楽	2,050	1,250	800	650	700	500	信楽	600	1,250	1,200	1,200	1,450	2,300
9	津口	1,700	850	450	300	350	津口	500	950	1,600	1,600	1,550	1,800	2,650
10	栗東	1,850	1,000	600	350	栗東	350	700	1,150	1,800	1,750	1,750	2,000	2,800
11	瀬口東	1,550	750	300	瀬口東	350	300	650	1,100	1,750	1,700	1,700	1,950	2,800
12	大津	1,400	550	大津	300	600	450	800	1,250	1,900	1,850	1,850	2,100	2,900
13	都南	1,000	都南	550	750	1,000	850	1,250	1,650	2,300	2,300	2,300	2,550	3,200
14	吹口	吹口	1,000	1,400	1,550	1,850	1,700	2,050	2,500	3,100	3,100	3,050	3,250	3,850

⊠ 普通車表は，次のように作成されている。
① 左上の料金は，利用したインターチェンジに対応する料金が入力されている。
② 左上の料金を参照して，同じインターチェンジ利用の料金を右下に表示する。
③ 利用したインターチェンジ名をどちらの方向から見ても同じ料金が検索できる。

作成条件

1．シート名「料金計算表」のC列の入力欄に適切なデータを入力すると，高速道路通行料金を求めることができる。なお，入力欄は，太罫線で囲われており，確認欄は，関数や数式が設定されたセルである。

2．入力欄に入力された値が適切でない場合や，値が参照する表にない場合，確認欄に NG を表示し，入力欄が未入力の場合，確認欄に何も表示しない。また，確認欄が空欄または NG の場合，その次の入力項目以降の確認欄に何も表示しない。

3．車種は4種類で，それぞれ車種Noが割り振られている（普通車：1，軽・二輪：2，中型車：3，大型車：4）。

4．時刻は3桁か4桁の数値で表現する（例：5時8分は508，13時30分は1330）。

5．通勤割引は，次の2つの条件を満たす場合に あり を表示し，それ以外の場合は なし を表示する。
　①走行距離が100km以下であること。
　②時刻について，次のいずれかを満たすこと。
　　・入場時刻が6時00分から9時00分であること。
　　・出場時刻が6時00分から9時00分であること。
　　・6時00分より前に入場して9時00分を超えて出場した。

作成手順

1．シート名「料金計算表」は次のように作成されている。
　(1)　C5は，車種Noを入力する。
　(2)　C6は入場したインターチェンジ名を，C7は出場したインターチェンジ名を入力する。
　(3)　C9～C10は，入場時刻と出場時刻を入力する。
　(4)　C11は，走行距離を入力する。
　(5)　C14は，割引の有無（あり：1，なし：0）を入力する。
　(6)　I5は，C6の「入場IC」とC7の「出場IC」をもとに，シート名「普通車表」を参照して表示する。
　(7)　I6は，H6をもとにシート名「車種表」を参照して求めた「割増割引率」をI5に乗じて求める。ただし，50円単位で切り捨てる。なおこの式はI8までコピーする。
　(8)　F5は，C5の「車種No」をもとに，シート名「車種表」を参照して表示する。
　(9)　F7は，F5の「車種名」をもとに，H5:I8の「料金表」を参照して表示する。
　(10)　F10は，作成条件5にしたがって求める。
　(11)　F12は，F10が あり の場合は基本料金の50%を求め，それ以外の場合は基本料金を表示する。ただし，50円単位で切り上げる。
　(12)　F14は，C14が 1 の場合はF12の30%引きを求め，それ以外の場合はF12を表示する。ただし，10円未満は切り上げる。

第6回

「問題を読みやすくするために，
このページは空白にしてあります。」

問1．シート名「料金計算表」のI5に設定する次の式の空欄(a)，(b)にあてはまる適切なものを答えなさい。

=IF(OR(C6="",F5="",F5="NG"),"",IFERROR(◻(a)◻(普通車表!B2:N14,
◻(b)◻(C6,普通車表!A2:A14,0),◻(b)◻(C7,普通車表!B1:N1,0)),"NG"))

問2．シート名「料金計算表」のF10に設定する次の式の空欄にあてはまる適切なものを選び，記号で答えなさい。なお，記号は同じものを複数回使ってもよい。

=IF(OR(F7="",C9="",C10="",C11=""),"",IF(◻(1)◻(C11<=100,◻(2)◻(◻(3)◻(C9>=600,
C9<=900),◻(4)◻(C10>=600,C10<=900),◻(5)◻(C9<600,C10>900))),"あり","なし"))

ア．OR　　　**イ．**AND

問3．シート名「料金計算表」のF14に設定する式として，**適切でないもの**を選び，記号で答えなさい。

ア．=IF(OR(F12="",C14=""),"",IF(C14>1,"NG",
IF(C14=1,CEILING(F12*(1-VALUE(LEFT(E14,3))),10),F12)))
イ．=IF(OR(F12="",C14=""),"",IF(C14>1,"NG",
IF(C14=1,F12-FLOOR(F12*VALUE(LEFT(E14,3)),10),F12)))
ウ．=IF(OR(F12="",C14=""),"",IF(C14>1,"NG",
IF(C14=1,F12-ROUNDUP(F12*VALUE(LEFT(E14,3)),-1),F12)))

問4．シート名「普通車表」のC14に設定する式として適切なものを選び，記号で答えなさい。ただし，この式をC14，N3，N14を頂点とする三角形の範囲にコピーする。

ア．=OFFSET($A$1,15-ROW(),15-COLUMN())
イ．=OFFSET(A$1,15-COLUMN(),15-ROW())
ウ．=OFFSET($A$1,15-COLUMN(),15-ROW())

問5．シート名「料金計算表」に，次のようなデータを入力したとき，F14に表示される適切なデータを答えなさい。

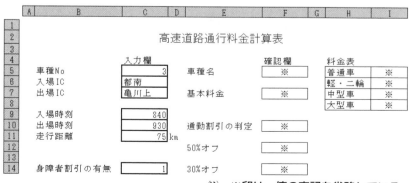

（注）　※印は，値の表記を省略している。

第7回 模擬問題

制限時間：60分　解答 ➡ P.29

【1】　次の説明文に最も適した答えを解答群から選び，記号で答えなさい。

1．要件定義，プログラミング，テストの開発工程を繰り返し，徐々に完成に近づけていく開発モデル。

2．RAID1が有する機能で，複数のハードディスクに同一のデータを保存して信頼性を高める技術。

3．ネットワーク機器に製造時に一意に割り当てられる固有の番号。48ビットで構成され，24ビットずつで国コードとメーカーコードを表す。

4．インターネットとLANの間にファイアウォールを設置することで，両方のネットワークから隔離された領域。

5．プロトコルが異なるネットワーク同士を接続するための機器やソフトウェア。

```
解答群
ア．ハブ           イ．ストライピング      ウ．プロトタイピングモデル
エ．DMZ           オ．VPN              カ．ウォータフォールモデル
キ．ルータ         ク．ミラーリング        ケ．ゲートウェイ
コ．MACアドレス    サ．ポート番号         シ．スパイラルモデル
```

【2】　次のA群の語句に最も関係の深い説明文をB群から選び，記号で答えなさい。

＜A群＞　1．フェールセーフ　　　2．POP　　　　　3．共通鍵暗号方式
　　　　　4．プログラミング　　　5．安全性

＜B群＞
ア．RASISが示す指標の一つで，データを不正に操作されたり改ざんされたりすることなく，セキュリティが確保されていることを表す性質。

イ．障害が発生した部分を切り離し，稼働できる部分のみで運転を続けるシステムの設計思想。

ウ．障害が発生した場合，被害を最小限にとどめ，安全な状態に誘導するシステムの設計思想。

エ．暗号化と復号に異なる鍵を使用する暗号方式。不特定多数の相手と1対多の暗号通信を行うのに向いている。

オ．端末から電子メールを送信したり，メールサーバ間でデータを転送するためのプロトコル。

カ．プログラム言語の規則に従い，プログラムを作成する開発工程。

キ．内部設計に基づき，プログラム内部の処理に関する詳細を決める開発工程。プログラムの処理の流れを図式化した流れ図やテストケースなどを作成する。

ク．メールサーバから電子メールのデータを受信するためのプロトコル。電子メールのデータはメールサーバに残らず，端末にダウンロードされる。

ケ．暗号化と復号に同じ鍵を使用する暗号方式。特定の相手と1対1の暗号通信を行うのに向いている。

コ．RASISが示す指標の一つで，データに矛盾や改ざんがなく，一貫性が保たれている性質。

【3】 次の説明文に最も適した答えをア，イ，ウの中から選び，記号で答えなさい。なお，５．については数値を答えなさい。

１．E-R図などをもとにデータベースを構築する作業。データを一意に特定するための主キーやデータベースを適切に管理するための正規化などを行う。

ア．概念設計 イ．論理設計 ウ．物理設計

２．システム開発において，システム化する業務範囲やユーザがシステムに求める機能，性能などを決める開発工程。

ア．要件定義 イ．外部設計 ウ．内部設計

３．コンピュータ内で通信している複数のソフトウェアを識別するための番号。複数のソフトウェアが同時に通信を行っても正しくデータを送受信することができる。

ア．IPアドレス イ．MACアドレス ウ．ポート番号

４．解像度3,200×1,800ピクセル，1ピクセルあたり24ビットの色情報，圧縮率50％のデジタルカメラで1日1,000枚の画像を4日間撮影する予定のとき，4日分の容量として少なくとも何GBの記憶容量が必要か求めなさい。ただし，1GBは10^9Bとする。

ア．16GB イ．32GB ウ．64GB

５．あるシステムの稼働率は0.995であり，平均修復時間は24時間であった。平均故障間隔は何日か求めなさい。ただし，システムは毎日24時間運用している。

【4】 次の各問いに答えなさい。

問1. ブレーンストーミングを説明している次の文章のうち適切なものを選び，記号で答えなさい。

　　　ア. アイデア・知識・情報を思いつくままにカードに書き，これを整理・体系化していく方法。多様な意見を整理する場合にも使われる。

　　　イ. 多数の参加者にテーマについて思いつくままに発言させ，これをヒントに新しいアイデアを探していく方法。発言の質よりも量が重視され，多様な発言を引き出すために他人の発言を批判しないルールがある。

　　　ウ. 複数の判定条件の組み合わせと，それに対応する判定結果をまとめた表のこと。複数の判定条件と結果の複合関係を簡潔に表現する視覚化ツールである。

問2. 次の特性要因図において，空欄に入る適切なものを選び，記号で答えなさい。

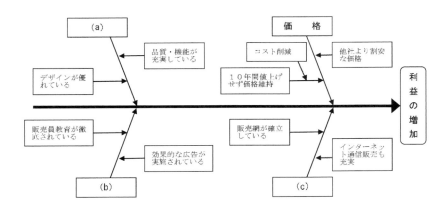

　　　ア. (a)　製品　　　　　(b)　流通経路　　　(c)　販売促進
　　　イ. (a)　販売促進　　　(b)　製品　　　　　(c)　流通経路
　　　ウ. (a)　製品　　　　　(b)　販売促進　　　(c)　流通経路

問3. 次の図はデータ・フロー・ダイアグラムの例である。図の ＝＝ は何を表すか，適切なものを選び，記号で答えなさい。

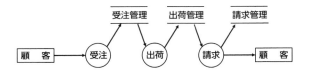

　　　ア. データストア
　　　イ. プロセス
　　　ウ. データの源泉と吸収
　　　エ. データフロー

問4．次のような散布図の相関係数と近似曲線の式として適切なものを選び，記号で答えなさい。

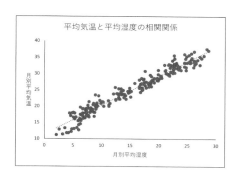

(1)　相関係数
  ア．−0.446110458
  イ．0.231810828
  ウ．0.972677405

(2)　近似曲線の式
  ア．y = −0.9657x + 275.1
  イ．y = 0.0358x + 3.1228
  ウ．y = 0.8912x + 11.37

問5．ERPを説明している次の文章のうち適切なものを選び，記号で答えなさい。

  ア．企業における業務プロセス（仕事のやり方）を根本的に再検討して，問題点を明らかにし，業務のプロセスを再構築すること。

  イ．経営資源の有効活用を目的に企業全体を統合的に管理し，経営の効率化を図る手法のこと。生産管理・販売管理・財務会計・人事給与などの基幹業務の中で，経営資源である人・物・金・情報を有効活用する。

  ウ．企業経営の効率化のために，業務の中核部分に専念して周辺の業務は外部の業者に委託すること。

【5】 ある水引販売店では，商品の受注・販売・請求を次のようなリレーショナル型データベースを利用して管理している。次の各問いに答えなさい。

処理の流れ

① 新規の顧客は，顧客表にデータを入力する。

② 顧客から受けとった注文票のデータを，受注明細表に入力する。ただし，同じ日に同じ顧客から同じ商品の受注をすることはない。

③ 顧客への商品代金の請求は，1か月ごとにまとめて行う。

④ 商品は，商品コードS11からS53までの15個を取り扱っている。

```
水 引 注 文 票

注 文 日    2018年7月30日
顧 客 コ ー ド    C0005
顧 客 名    菅沼 ○○

注文内容
No.  商品コード    商品名    数量
1    S11    のし袋A    200
2    S32    結納用品B    10
```

商品表

商品コード	商品名	単価
S11	のし袋A	300
S12	のし袋B	500
S13	のし袋C	1000
S21	ラッピング用小物A	100
S22	ラッピング用小物B	500
S23	ラッピング用小物C	1000
S31	結納用品A	30000
S32	結納用品B	50000
S33	結納用品C	100000
S41	お正月飾りA	500
S42	お正月飾りB	1000
S43	お正月飾りC	2000
S51	お札A	1000
S52	お札B	3000
S53	お札C	10000

顧客表

顧客コード	顧客名	住所
C0001	木下 ○○	青森県八戸市○○
C0002	松岡 ○○	東京都八王子市○○
C0003	宮澤 ○○	富山県黒部市○○
C0004	野﨑 ○○	石川県金沢市○○
C0005	菅沼 ○○	山口県長門市○○
C0006	山田 ○○	千葉県旭市○○
C0007	櫛原 ○○	長野県飯田市○○
C0008	平澤 ○○	岐阜県飛騨市○○
〜	〜	〜

受注明細表

受注日	顧客コード	商品コード	数量
〜	〜	〜	〜
2018/07/28	C0004	S22	300
2018/07/29	C0008	S21	1500
2018/07/30	C0005	S11	200
2018/07/30	C0005	S32	10
2018/07/31	C0006	S51	50
2018/08/01	C0001	S13	100
2018/08/01	C0003	S23	100
2018/08/03	C0006	S52	500
〜	〜	〜	〜

問1．受注明細表の主キーとして適切なものを選び，記号で答えなさい。ただし，主キーは，必要最低限かつ十分な条件を満たしていること。

　　ア．受注日　　　イ．受注日と顧客コード　　　ウ．受注日と顧客コードと商品コード

問2．次のSQL文のうち，参照整合性に反することなく実行できるものを選び，記号で答えなさい。

　　　ア． DELETE　FROM　商品表　WHERE　商品コード = 'S11'
　　　イ． UPDATE　顧客表　SET　住所 = '宮城県仙台市○○'　WHERE　顧客コード = 'C0001'
　　　ウ． INSERT　INTO　受注明細表　VALUES ('2018/07/14', 'C0002', 'S61', 30)

問3．
（1）受注日が2018年8月1日から2018年8月31日において，顧客名ごとに請求金額合計と注文回数を求め，請求金額合計の降順に抽出する。各行の評価順として適切なものを選び，記号で答えなさい。

① SELECT　顧客名, SUM(単価 * 数量)　AS　請求金額合計, COUNT(*)　AS　注文回数
②　　FROM　商品表 A, 顧客表 B, 受注明細表 C
③　　WHERE　A.商品コード = C.商品コード
④　　　AND　B.顧客コード = C.顧客コード
⑤　　　AND　受注日　BETWEEN　'2018/08/01'　AND　'2018/08/31'
⑥　　GROUP BY　顧客名
⑦　　ORDER BY　SUM(単価 * 数量)　DESC

顧客名	請求金額合計	注文回数
山田 ○○	1700000	3
櫛原 ○○	1575000	2
〜	〜	〜
宮澤 ○○	100000	1

　　　ア． ①→②→③→④→⑤→⑥→⑦
　　　イ． ①→②→⑥→⑦→③→④→⑤
　　　ウ． ②→③→④→⑤→⑥→①→⑦
　　　エ． ②→③→④→⑤→①→⑥→⑦

（2）（1）のSQL文に条件を追加し，注文回数が2回以上の顧客を抽出する場合，次のSQL文を追加する箇所として適切なものを選び，記号で答えなさい。

HAVING　COUNT(*) >= 2

顧客名	請求金額合計	注文回数
山田 ○○	1700000	3
櫛原 ○○	1575000	2
松岡 ○○	240000	3

　　　ア． ⑤と⑥の間
　　　イ． ⑥と⑦の間
　　　ウ． ⑦の次

問4．2018年7月7日からの1週間において，注文されていない商品の商品コードと商品名を抽出する。次のSQL文の空欄にあてはまる適切なものをうめなさい。

SELECT　商品コード, 商品名
　FROM　商品表
　WHERE　商品コード　[　　　　]　(SELECT　商品コード　FROM　受注明細表
　　　　　　　　　　　　　　　　　　WHERE　受注日　BETWEEN　'2018/07/07'　AND　'2018/07/13')

【6】　次の各問いに答えなさい。

問1．次の表は，アルバイトの給料を計算する表である。H列の「勤務時間」は，「退社時間」から「出社時間」を引いた時間を分単位で求める。H5に設定する式として適切なものを選び，記号で答えなさい。ただし，「出社時間」は分を15分単位で切り上げ，「退社時間」は15分単位で切り捨てる。

	A	B	C	D	E	F	G	H	I
1									
2	アルバイト給料計算表								
3				出社時間		退社時間			
4	番号	氏名	時給	時	分	時	分	勤務時間	給料
5	1001	田中　郁夫	850	9	0	15	45	405	5,738
6	1002	渡辺　信二	860	10	25	12	35	120	1,720
7	1004	西条　幸一	800	8	15	16	32	495	6,600
8	1006	工藤　洋介	780	9	30	15	39	360	4,680
9	2002	木村　光代	840	12	0	20	48	525	7,350
10	2004	吉村　貴子	840	12	2	16	3	225	3,150

ア． =(F5*60+FLOOR(G5,15))-(D5*60+CEILING(E5,15))

イ． =(F5*60+ROUNDDOWN(G5/15,0))-(D5*60+ROUNDUP(E5/15,0))

ウ． =(F5*60+CEILING(G5,15))-(D5*60+FLOOR(E5,15))

問2．次の表は，ある家電量販店の家電製品の割引金額を計算する表である。C列の「10%引き」は，A列の「商品コード」の右端から3文字の数値に1,000をかけた「単価」と，C3の「10%引き」の左端から3文字を「割引率」として，**「単価×（1－割引率）」** の式で求める。C4に設定する式として適切なものを選び，記号で答えなさい。ただし，この式をG8までコピーする。

	A	B	C	D	E	F	G
1							
2	家電製品割引額一覧表						
3	商品コード	商品名	10%引き	20%引き	30%引き	40%引き	50%引き
4	RE089	冷蔵庫	80,100	71,200	62,300	53,400	44,500
5	SE067	洗濯機	60,300	53,600	46,900	40,200	33,500
6	TV058	テレビ	52,200	46,400	40,600	34,800	29,000
7	ER015	電子レンジ	13,500	12,000	10,500	9,000	7,500
8	EC120	エアコン	108,000	96,000	84,000	72,000	60,000

ア． =RIGHT($A4,3)*1000*(1-LEFT(C$3,3))

イ． =RIGHT(A$4,3)*1000*(1-LEFT(C$3,3))

ウ． =RIGHT(A$4,3)*1000*(1-LEFT($C3,3))

問3．次の表は，ある国家試験の成績表である。G列の「合否」は，F列の「合計」が200点以上でかつ3つの群の点数がすべて30点以上の場合は 合格 を表示し，それ以外の場合は何も表示しない。H列の「備考」が空白とならないセルの数を答えなさい。ただし，H4の「備考」には，次の式が設定され，H9までコピーされている。

	A	B	C	D	E	F	G	H
1								
2	国家試験成績表							
3	受験番号	氏名	A群	B群	C群	合計	合否	備考
4	1	田村　祐樹	85	29	87	201	※	※
5	2	斉藤　真澄	35	90	80	205	※	※
6	3	横山　達也	45	45	90	180	※	※
7	4	菅原　悠子	25	90	92	207	※	※
8	5	三原　正美	70	75	63	208	※	※
9	6	久保　康志	30	98	88	216	※	※

=IF(F4>=200,IF(C4<30,C$3,IF(D4<30,D$3,IF(E4<30,E$3,""))),"")

問4．次の表は，ある企業の社員所属名簿である。この企業では，「管理部」を新しく「情報部」に変更することになった。D4に設定する次の式の空欄をうめなさい。

	A	B	C	D
1				
2	社員所属名簿			
3	社員コード	社員名	部署	新部署
4	1001	嘉村　卓郎	営業	営業
5	1002	吉川　邦治	管理	情報
6	1003	桑田　秀樹	営業	営業
7	1005	谷村　進	管理	情報
8	1006	村西　永治	総務	総務
9	1007	野口　次郎	人事	人事

= 　　　　　　　　 (C4,"管理","情報")

問5．次の表は，ボウリング大会の成績表である。参加回数集計表のF5～J5は，各選手が大会に参加した回数を求める。F5に設定する式として適切なものを選び，記号で答えなさい。

	A	B	C	D	E	F	G	H	I	J
1										
2	ボウリング大会成績表					参加回数集計表				
3	番号	大会	スコア	順位		番号	番号	番号	番号	番号
4	A101	第1回	201	2		A101	A102	B101	B102	B103
5	A102	第1回	棄権			8	9	10	10	7
6	B101	第1回	165	4						
～	～	～	～	～						
51	A101	第10回	棄権							
52	B103	第10回	187	2						
53	A102	第10回	210	1						

ア． =DCOUNTA($A$3:$D$53,1,F3:F4)

イ． =DCOUNT($A$3:$D$53,3,F3:F4)

ウ． =DCOUNTA($A$3:$D$53,3,F3:F4)

【7】　次の表は，あるオーダーメイドスーツ店における料金計算表である。作成条件および作成手順にしたがって，各問いに答えなさい。

シート名「料金計算表」

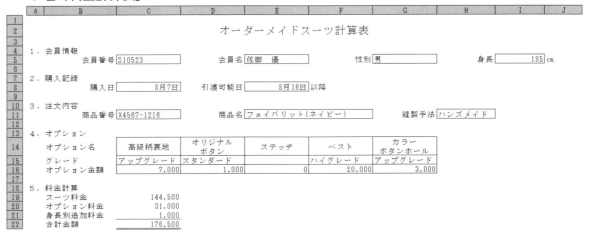

シート名「会員表」

	A	B	C	D
1				
2	会員表			
3	会員番号	会員名	性別	身長
4	S10501	平沢　拓哉	男	186
〜	〜	〜	〜	〜
23	N10520	遠山　勇人	男	198
24	S10521	遠山　千穂	女	171
25	N10522	佐郷　順一	男	195
26	S10523	佐郷　優	男	185
27	N10524	野方　雅弘	男	175
〜	〜	〜	〜	〜
33	N10530	弓削　毅	男	174

シート名「オプション表」

	A	B	C	D	E	F
1						
2	オプション表					
3	グレード	高級柄裏地	オリジナルボタン	ステッチ	ベスト	カラーボタンホール
4	スタンダード	5,000	1,000	3,000	15,000	2,000
5	アップグレード	7,000	1,500	4,000	17,000	3,000
6	ハイグレード	10,000	2,000	5,000	20,000	4,000

シート名「スーツ料金表」

	A	B	C	D	E	F
1						
2	スーツ料金表					
3	商品番号	商品名	会員区分	パターンオーダー	マシンメイド	ハンズメイド
4	Z2728-2204	トラベラー（ダークネイビー）	N	80,000	90,000	130,000
5			S	76,000	81,000	110,500
6	Z6228-8109	トラベラー（ライトグレー）	N	80,000	90,000	130,000
7			S	76,000	81,000	110,500
8	Z9514-5007	トラベラー（ブラック）	N	80,000	90,000	130,000
9			S	76,000	81,000	110,500
10	Z6197-1117	トラベラー（ネイビー）	N	80,000	90,000	130,000
11			S	76,000	81,000	110,500
12	W2002-9547	オルフェオン（ダークネイビー）	N	100,000	110,000	150,000
13			S	95,000	99,000	127,500
14	W4857-3990	オルフェオン（ライトグレー）	N	100,000	110,000	150,000
15			S	95,000	99,000	127,500
16	W3588-4733	オルフェオン（ブラック）	N	100,000	110,000	150,000
17			S	95,000	99,000	127,500
18	W3966-8236	オルフェオン（ネイビー）	N	100,000	110,000	150,000
19			S	95,000	99,000	127,500
20	X6832-1788	フェイバリット（ダークネイビー）	N	120,000	130,000	170,000
21			S	114,000	117,000	144,500
22	X7522-8924	フェイバリット（ライトグレー）	N	120,000	130,000	170,000
23			S	114,000	117,000	144,500
24	X5894-5656	フェイバリット（ブラック）	N	120,000	130,000	170,000
25			S	114,000	117,000	144,500
26	X4567-1216	フェイバリット（ネイビー）	N	120,000	130,000	170,000
27			S	114,000	117,000	144,500

作成条件

1．シート名「料金計算表」のC5，C8，C11，H11，C15〜G15に適切なデータを順に入力すると結果が表示される。

   ① C5が未入力の場合は，E5，G5，I5，C19，C21，C22は何も表示しない。

   ② C8が未入力の場合は，E8は何も表示しない。

   ③ C11が未入力の場合は，E11，C19は何も表示しない。

   ④ H11が未入力の場合は，C19は何も表示しない。

   ⑤ C5が参照する表にない場合は，E5，G5，I5，C21に 入力エラー を表示する。

   ⑥ C11が参照する表にない場合は，E11，C19に 入力エラー を表示する。

2．「会員番号」の左から1文字目は「会員区分」を表し，Sは「スペシャル会員」，Nは「ノーマル会員」を表している。

作成手順

1．シート名「料金計算表」は，次のように作成されている。

 (1)　「1．会員情報」は，シート名「会員表」を参照して，次のように表示する。

   ① C5は，会員番号を入力する。

   ② E5は，C5をもとにシート名「会員表」を参照して表示する。

   ③ G5は，C5をもとにシート名「会員表」を参照して表示する。

   ④ I5は，C5をもとにシート名「会員表」を参照して表示する。

 (2)　「2．購入記録」は，次のように作成されている。

   ① C8は，商品を購入した月日を入力する。

   ② E8は，商品の引き渡しをできる月日を次のように求める。オプションの個数が0の場合は7日後，1〜2の場合は8日後，3〜4の場合は9日後，5の場合は10日後とする。

 (3)　「3．注文内容」は，次のように作成されている。

   ① C11は，注文した商品の商品番号を入力する。

   ② E11は，C11をもとにシート名「スーツ料金表」を参照して表示する。

   ③ H11は，パターンオーダー，マシンメイド，ハンズメイド の中から入力する。

 (4)　「4．オプション」は，次のように作成されている。

   ① C15〜G15は，C14〜G14の「オプション名」で希望するオプションごとに スタンダード，アップグレード，ハイグレード の中から入力する。ただし，オプションの希望がない欄は，空白のままとする。

   ② C16〜G16は，C14〜G14の「オプション名」とC15〜G15の「グレード」をもとにシート名「オプション表」を参照して表示する。ただし，C15〜G15の「グレード」が空白の場合は， 0 を表示する。

 (5)　「5．料金計算」は，次のように作成されている。

   ① C19は，C11の「商品番号」とC5の「会員番号」で示される「会員区分」とH11の「縫製手法」をもとに，シート名「スーツ料金表」を参照して表示する。

   ② C20は，C16〜G16を合計する。

   ③ C21は，G5の「性別」が 男 の場合は身長170cmを基準値として基準値と身長との差が10cmごとに1,000円の追加料金を求め， 女 の場合は身長160cmを基準値として基準値と身長との差が10cmごとに1,000円の追加料金を求める。

   ④ C22は，C19〜C21を合計する。

第
7
回

「問題を読みやすくするために，
このページは空白にしてあります。」

問1．シート名「料金計算表」のE8に設定する次の式の空欄にあてはまる適切なものを選び，記号で答えなさい。

=IF(C8="","",IFERROR(C8+7+□□□□□□(COUNTA(C15:G15)/2,1),"入力エラー"))

ア．ROUNDUP　　　　　　　　**イ**．CEILING　　　　　　　　**ウ**．FLOOR

問2．シート名「料金計算表」のC16に設定する次の式の空欄(a)，(b)，(c)にあてはまる適切なものを選び，記号で答えなさい。ただし，C16の式をD16〜G16までコピーする。

=IF(C15="",0,INDEX(□□(a)□□,
　　MATCH(料金計算表!C15,□□(b)□□,0),MATCH(料金計算表!C14,□□(c)□□,0)))

ア．オプション表!$A$4:$A$6　　　　**イ**．オプション表!$B$3:$F$3
ウ．オプション表!$B$3:$F$6　　　　**エ**．オプション表!$B$4:$F$6

問3．シート名「料金計算表」のC19に設定する次の式の空欄にあてはまる適切なものを選び，記号で答えなさい。

=IF(OR(C5="",C11="",H11=""),"",
　　IFERROR(INDEX(スーツ料金表!D4:F27,IF(LEFT(料金計算表!C5,1)="S",
　　□□□□□□□□□□□□□□□□□□□□□□□□,
　　　　MATCH(料金計算表!C11,スーツ料金表!A4:A27,0)),
　　　　MATCH(料金計算表!H11,スーツ料金表!D3:F3,0)),"入力エラー"))

ア．MATCH(料金計算表!C11,スーツ料金表!A4:A27,0)
イ．MATCH(料金計算表!C11,スーツ料金表!A4:A27,0)+1
ウ．MATCH(料金計算表!C11,スーツ料金表!A4:A27,0)+2

問4．シート名「料金計算表」のC21に設定する次の式の空欄(a)，(b)にあてはまるものを答えなさい。

=IF(C5="","",
　　IF(G5="男",INT(□(a)□(□(b)□(170-I5),10)/10)*1000,
　　　　IF(G5="女",INT(□(a)□(□(b)□(160-I5),10)/10)*1000,"入力エラー")))

問5．シート名「料金計算表」が次のように表示されているとき，C22に表示される適切な金額を答えなさい。

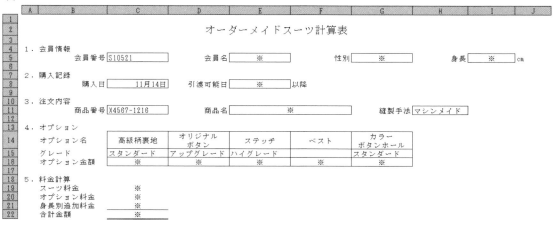

（注）　※印は，値の表記を省略している。

第8回 模擬問題　　制限時間：60分　解答 ➡ P.33

【1】　次の説明文に最も適した答えを解答群から選び，記号で答えなさい。

　1．利用者が，攻撃者が用意したWebサイトから別のWebサイトに移動する際，不正なプログラムを含むリクエストを送信することで，情報資産の流出などの被害をもたらす攻撃。

　2．全てのモジュールを組み合わせてシステム全体が正しく動作することを確認するテスト。システム開発の最終テストに位置づけられる。

　3．複数のハードディスクを仮想的に1台のハードディスクとして扱い，データを分割して読み書きすることで処理速度の高速化を図る技術。

　4．IPアドレスのうち，ネットワークに接続されている個々の通信機器を特定するための部分。サブネットマスクの値で0が連続している範囲で表される。

　5．IPv4において，1ビット単位でネットワークアドレス部とホストアドレス部を柔軟に設定するための技術。

┌─ 解答群 ──────────────────────────────┐
ア．ミラーリング　　　　**イ**．ポート番号　　　　**ウ**．ネットワークアドレス
エ．結合テスト　　　　　**オ**．ゲートウェイ　　　**カ**．クロスサイトスクリプティング
キ．ホストアドレス　　　**ク**．CIDR　　　　　　 **ケ**．ストライピング
コ．SQLインジェクション　**サ**．システムテスト　　**シ**．スループット
└──────────────────────────────────┘

【2】　次のA群の語句に最も関係の深い説明文をB群から選び，記号で答えなさい。

＜A群＞　1．内部設計　　　　　2．SMTP　　　　　3．TCP/IP
　　　　　4．ハブ　　　　　　5．コミット

＜B群＞
　ア．システム開発において，プログラム設計の前の工程であり，入力データに対する処理方法を検討するなど，顧客の目に触れない部分の設計を行う開発工程。
　イ．インターネットを7つの階層に定義し，各階層で利用される通信機器やプロトコルなどについて，構造を標準化したもの。
　ウ．同じプロトコルで通信を行うネットワーク同士を相互に接続し，通信を行うための通信機器。
　エ．電子メールを送信したり，メールサーバ間でデータを転送したりするために利用するプロトコル。
　オ．システム開発において，要件定義の次の工程であり，ユーザ目線で画面設計や帳票設計を行うなど，顧客の目に触れる部分の設計を行う開発工程。
　カ．データベースなどにおいて，システムが1つの処理として実行すべきすべての命令が完了し，結果を確定させること。
　キ．メールサーバから電子メールのデータを受信するために利用するプロトコル。メールデータはダウンロードして端末に保存するため，メールサーバに残らない。
　ク．システムが1つの処理として実行すべき命令をまとめた処理単位。データに矛盾が生じないようにするため，すべての命令が完了して初めて1つの処理が実行できたとみなす。
　ケ．インターネットで通信を行うために標準的に利用されているプロトコル。OSなどが異なる端末同士の通信が可能になる。
　コ．ネットワークを構築するためにコンピュータに接続したLANケーブルなどをまとめるための集線装置。

【3】　次の説明文に最も適した答えをア，イ，ウの中から選び，記号で答えなさい。なお，5．については数値を答えなさい。

1．話しやすい雰囲気を作り，自由な発想で，新しい斬新なアイデアを出すことが期待できる会議手法で，「批判禁止」「自由奔放」「質より量」「便乗歓迎」の4つのルールがある。

　　　　ア．KJ法　　　　　　　　**イ．**ブレーンストーミング　　**ウ．**PPM分析

2．要件定義からテストまでの開発工程を上から順に進め，原則として開発工程を後戻りしない開発モデル。大規模なシステムを開発するのに適している。

　　　　ア．ウォータフォールモデル　**イ．**プロトタイピングモデル　**ウ．**スパイラルモデル

3．E-R図などを使い，データベース化する対象や対象が持つ属性情報，関係性などについて分析する作業。

　　　　ア．概念設計　　　　　　　　**イ．**論理設計　　　　　　　**ウ．**物理設計

4．縦8.75㎝，横12.5㎝の画像を解像度400dpi，24ビットカラーで1GBのUSBメモリに保存する場合，何枚記憶できるか求めなさい。ただし，1GB=10^9B，1インチ=2.5㎝とする。

　　　　ア．14枚　　　　　　　　**イ．**119枚　　　　　　　　**ウ．**3,048枚

5．装置A，装置Bが次のように接続されているシステム全体の稼働率を求めなさい。ただし，それぞれの稼働率は，装置Aが0.9，装置Bが0.8とする。ただし，小数第2位未満を四捨五入して，小数第2位まで求めるものとする。

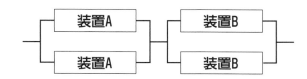

【4】 次の各問いに答えなさい。

問1．次の表は，商品別に売上高を集計したものである。これをもとにABC分析を行い，商品「F」
が属するグループとして適切なものを選び，記号で答えなさい。ただし，Aグループは売上高
合計の70%以下，Bグループは70%を超え90%以下を基準とし，Cグループはそれ以外の商品と
する。

商品名	商品A	商品B	商品C	商品D	商品E	商品F	商品G	商品H	商品I	合計
売上高	180	140	120	100	80	70	50	40	20	800

ア． Aグループ **イ．** Bグループ **ウ．** Cグループ

問2．次のコンピュータAと同じネットワークに属するようにコンピュータBにIPアドレスを設定す
る場合，適切なものを選び，記号で答えなさい。

コンピュータAのネットワーク設定

コンピュータ	IPアドレス	サブネットマスク
コンピュータA	172.16.13.128	255.255.255.0

ア． 172.16.13.0 **イ．** 172.16.13.255 **ウ．** 172.16.13.1 **エ．** 172.16.3.1

問3．PPM分析において，市場成長率と市場占有率の関係から，各分類の(a)~(d)にあてはまる適切
なものを選び，記号で答えなさい。

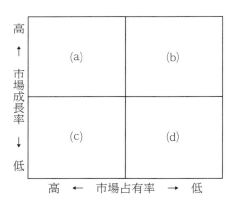

ア． (a) 金のなる木 (b) 花形 (c) 負け犬 (d) 問題児

イ． (a) 金のなる木 (b) 花形 (c) 問題児 (d) 負け犬

ウ． (a) 花形 (b) 金のなる木 (c) 問題児 (d) 負け犬

エ． (a) 花形 (b) 問題児 (c) 金のなる木 (d) 負け犬

問4．ある時点のデータを基準として，複数の項目の変動を基準値に対する割合で表したもので，初期値が異なる項目でもその後の変化を比較しやすいという特徴がある図の名称と，図として適切なものを選び，記号で答えなさい。

(1) **名称**　**ア**．散布図
　　　　　　イ．ヒストグラム
　　　　　　ウ．ファンチャート

(2) **図**　**ア**.

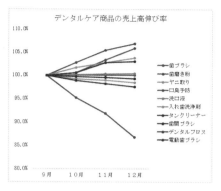

イ.

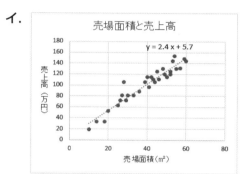

ウ.

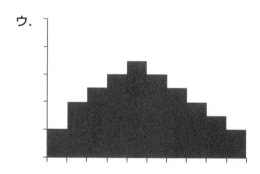

問5．BPRを説明している次の文章のうち適切なものを選び，記号で答えなさい。

　ア．顧客や市場からさまざまな情報を取り込み，その情報を多様な目的で迅速に活用することで顧客との密接な関係を維持し，企業収益の拡大を図る経営手法のこと。

　イ．企業活動に関するある目標（売上高，収益率など）を設定し，それを達成するために業務内容や業務の流れ，組織構造を再構築すること。

　ウ．システム間のデータの流れを示す図のこと。データについて，発生・吸収・処理・蓄積するシステムの間をデータの流れを示す矢印でつないで作成する。

【5】　あるキャンプ場では，キャンプ用品の貸し出し状況について，次のようなリレーショナル型データベースを利用して管理している。次の各問いに答えなさい。

処理の流れ

① 注文を受けると，店員が貸出表にデータを入力する。

② 貸出表の「貸出コード」は20001から連番で割り振られている。

③ 初めて利用する客には，新規に会員コードを付与する。会員表の「会員コード」は，10001から連番で割り振られている。

④ 貸出表の「返却」は，物品を貸し出したときは 0 を入力し，返却されたときは 1 に更新する。

物品表

物品コード	物品名	料金
LOD1	宿泊セットa	2,500
LOD2	宿泊セットb	3,500
BBQ4	バーベキューセットa	2,000
BBQ8	バーベキューセットb	3,000
TBL16	食器セット	1,500
CLN32	掃除セット	1,000
BASE5	基本セットa	4,000
BASE10	基本セットb	6,000
BASE48	基本セットc	2,000

貸出表

貸出コード	会員コード	貸出日	物品コード	貸出数	返却
20001	10018	2010/04/01	LOD2	1	1
?	?	?	?	?	?
24743	10094	2020/08/01	LOD1	3	1
24743	10094	2020/08/01	BBQ8	1	1
24743	10094	2020/08/01	TBL16	2	1
24744	10063	2020/08/01	BASE10	2	1
24744	10063	2020/08/01	BASE48	2	1
24745	10037	2020/08/02	BASE5	1	1
24745	10037	2020/08/02	BASE48	1	1
24746	10086	2020/08/02	BBQ4	1	1
24746	10086	2020/08/02	TBL16	1	1
24747	10030	2020/08/03	BBQ8	2	1
24748	10047	2020/08/03	BASE10	2	1
24748	10047	2020/08/03	BASE48	1	1
24749	10005	2020/08/03	BASE5	1	1
24749	10005	2020/08/03	CLN32	1	1
24750	10100	2020/08/03	LOD2	4	1
24750	10100	2020/08/03	BBQ4	2	1
24750	10100	2020/08/03	BASE48	2	1
24751	10016	2020/08/03	BASE10	1	1
24752	10047	2020/08/03	BASE5	1	1
24753	10061	2020/08/03	BBQ4	1	1
24754	10062	2020/08/03	BASE5	1	1
?	?	?	?	?	?
24908	10113	2020/08/30	BASE10	1	1
24908	10113	2020/08/30	CLN32	1	1
24909	10908	2020/08/30	BASE5	2	1
24909	10908	2020/08/30	BASE48	1	1
24910	10747	2020/08/31	LOD1	6	0
24911	10002	2020/08/31	LOD2	3	0
24912	10959	2020/08/31	BASE10	1	0
24912	10959	2020/08/31	CLN32	1	0
24913	10724	2020/08/31	BASE5	1	0
24913	10724	2020/08/31	BASE48	1	0
24914	10014	2020/08/31	BASE10	1	0
24914	10014	2020/08/31	TBL16	1	0
24915	10097	2020/08/31	LOD2	2	0

会員表

会員コード	会員名
10001	石川　○○
10002	宮内　○○
10003	出口　○○
10004	東　○○
10005	北原　○○
10006	山際　○○
10007	福井　○○
10008	塩川　○○
10009	野島　○○
10010	熊堂　○○
10011	野池　○○
10012	原口　○○
10013	中居　○○
10014	丸原　○○
10015	平出　○○
10016	熊上　○○
10017	木下　○○
10018	尾曽　○○
10019	北澤　○○
10020	山方　○○
10021	木本　○○
10022	宮坂　○○
10023	松本　○○
10024	木沢　○○
10025	元寺　○○
?	?

(注)　貸出表の「貸出日」のデータ型は日付型であり，年/月/日であらわす。

問1. 次のSQL文を実行したところ，エラーが発生し，完了できなかった。**ア〜ウ**のSQL文のうち，同じ理由でエラーが発生するものをすべて選び，記号で答えなさい。

```
DELETE  FROM  会員表  WHERE  会員コード = 10019
```

ア. INSERT INTO 貸出表 VALUES (24916, 10000, '2020/09/09', 'BBQ4', 1, 0)

イ. UPDATE 貸出表 SET 物品コード = 'BASE9' WHERE 物品コード = 'BASE5'

ウ. DELETE FROM 貸出表 WHERE 貸出コード = 24912

問2．会員登録をしたものの，一度もレンタルを利用したことのない会員の会員コードと会員名を抽出したい。次のSQL文の空欄をうめなさい。

会員コード	会員名
10004	東　○○
10006	山際　○○
10007	福井　○○
10011	野池　○○

SELECT　　会員コード，会員名
　　FROM　　会員表
　　WHERE　　(a)　(SELECT　＊　FROM　貸出表
　　　　　　　　　WHERE　会員コード＝会員表.会員コード)

問3．2020年8月1日～2020年8月31日に，基本セット を貸し出した会員コードと会員名を重複なく抽出する。次のSQL文の空欄(a)，(b)をうめなさい。

会員コード	会員名
10003	出口　○○
10005	北原　○○
10010	熊堂　○○
10012	原口　○○
10013	中居　○○
10014	丸原　○○
10015	平出　○○
10016	熊上　○○
10017	木下　○○
10020	山方　○○
10022	宮坂　○○

SELECT　　(a)　　会員表.会員コード，会員名
　　FROM　　物品表，貸出表，会員表
　　WHERE　　物品表.物品コード＝貸出表.物品コード
　　AND　　会員表.会員コード＝貸出表.会員コード
　　AND　　貸出日　BETWEEN　'2020/08/01'　AND　'2020/08/31'
　　AND　　貸出表.物品コード　LIKE　(b)

問4．貸出表について改善すべき点が見つかったため，正規化をおこなった。

(1)　正規化した後の貸出表と貸出明細表について，正しいものを選び，記号で答えなさい。

ア．貸出表

貸出コード	物品コード	貸出日

　　　貸出明細表

貸出コード	会員コード	貸出数	返却

イ．貸出表

貸出コード	会員コード	貸出日

　　　貸出明細表

物品コード	貸出数	返却

ウ．貸出表

貸出コード	会員コード	物品コード

　　　貸出明細表

貸出コード	物品コード	貸出数	貸出日	返却

エ．貸出表

貸出コード	会員コード	貸出日

　　　貸出明細表

貸出コード	物品コード	貸出数	返却

(2)　次の図は，正規化後の4つの表のE-R図である。空欄(a)にあてはまる表として適切なものを答えなさい。

| ※ | 1 ―― 多 | ※ | 多 ―― 1 | (a) | 多 ―― 1 | ※ |

(注)　※印は，表記を省略している。

ア．物品表　　　　**イ．**貸出表　　　　**ウ．**貸出明細表　　　　**エ．**会員表

【6】　次の各問いに答えなさい。

問１．次の表は，ある会社の支店別の店舗面積と売上高を表したものである。この表から店舗面積に対する売上高を予測したい。E4に店舗面積を入力すると，F4に予測される売上高を求める。F4に設定する次の式の空欄(a)～(c)にあてはまる適切なものを選び，記号で答えなさい。

	A	B	C	D	E	F
1						
2	支店別売上高					
3	支店名	店舗面積（m²）	売上高（万円）		店舗面積（m²）	売上高（万円）
4	A	150	1,000		300	2,192
5	B	170	1,200			
6	C	250	1,800			
7	D	80	500			
8	E	120	700			

=FORECAST(　(a)　,　(b)　,　(c)　)

ア． E4　　　**イ．** F4　　　**ウ．** B4:B8　　　**エ．** C4:C8

問２．次の表は，あるボウリング大会のスコア表である。条件表に設定した条件の集計結果を結果表に求める。G10に次の式が設定されているとき，表示される数値を答えなさい。

	A	B	C	D	E	F	G	H	I
1									
2	ボウリングスコア表								
3	氏名	1ゲーム	2ゲーム	合計					
4	秋田　○○	104	81	185		条件表			
5	山形　○○	132	96	228		氏名	1ゲーム	2ゲーム	合計
6	福島　○○	182	185	367			>=150		
7	富山　○○	187	136	323				>=150	
8	千葉　○○	170	184	354					
9	岡山　○○	105	169	274		結果表			
10	長野　○○	169	151	320		集計結果	※		
11	山口　○○	139	107	246					
12	高知　○○	74	104	178					
13	長崎　○○	152	128	280					

=DMIN(A3:D13,4,F5:I7)

問３．次の表は，ある店の会員データである。新しい会員のデータは表の下に新しい行が追加されていく。入会期間が長い，F3に入力した人数分の「今期購入額」の合計をE5に表示する。E5に設定する次の式として**適切でないもの**を選び，記号で答えなさい。

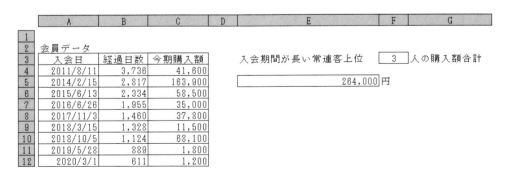

	A	B	C	D	E	F	G
1							
2	会員データ						
3	入会日	経過日数	今期購入額		入会期間が長い常連客上位	3	人の購入額合計
4	2011/8/11	3,736	41,800				
5	2014/2/15	2,817	163,900		264,000 円		
6	2015/6/13	2,334	58,500				
7	2016/6/26	1,955	35,000				
8	2017/11/3	1,460	37,800				
9	2018/3/15	1,328	11,500				
10	2018/10/5	1,124	68,100				
11	2019/5/28	889	1,800				
12	2020/3/1	611	1,200				

ア． =SUM(OFFSET(C3,1,0,F3,1))

イ． =SUM(OFFSET(C3,0,0,F3,1))

ウ． =SUM(OFFSET(C4,0,0,F3,1))

問4．ある会社では，商品の在庫管理のために次の表を用いている。各商品は基準在庫数が決められており，在庫数が基準を下回ると，注文をするしくみである。ただし，注文は10個単位で行う。E4に設定する式として適切なものを選び，記号で答えなさい。ただし，この式をE10までコピーする。

	A	B	C	D	E
1					
2	在庫管理表				
3	品　　名	基準在庫数	在庫数	過不足数	注文数
4	鉛筆	60	10	-50	50
5	消しゴム	60	70	10	
6	ボールペン	80	91	11	
7	シャープペンシル	80	68	-12	20
8	マーカー	50	91	41	
9	直定規	50	35	-15	20
10	ノート	100	62	-38	40

　ア． =IF(D4<0,FLOOR(ABS(D4),10),"")

　イ． =IF(D4<0,ROUNDUP(ABS(D4),10),"")

　ウ． =IF(D4<0,CEILING(ABS(D4),10),"")

問5．次の表は，レンタサイクル店のレンタル料金を計算する表である。C4に次の式が設定されている。C5に表示される数値を選び，記号で答えなさい。ただし，C4の式をC6までコピーする。

	A	B	C
1			
2	レンタサイクル料金計算表		
3	貸出時間	返却時間	料金
4	8時45分	11時20分	200
5	13時25分	17時35分	※
6	16時50分	18時10分	0

=IF(B4-A4<=TIME(2,0,0),0,ROUNDUP((B4-A4-TIME(2,0,0))/TIME(0,30,0),0)*100)

ア． 400　　　　　　　　**イ．** 500　　　　　　　　**ウ．** 600

【7】 次の表は，ある特撮ヒーローに関するグッズ販売店の料金計算表である。作成条件および作成手順にしたがって，各問いに答えなさい。

シート名「料金計算表」

グッズ販売　料金計算表

１．基本情報

販売日	2018/7/8	顧客コード	1002	
		顧客名	柳瀬　○○	様
		ポイント残高	602	ポイント

２．売上明細

	商品コード	数量	商品名	単価	合わせ買いコード	金額
1	S04	3	文具セット	300	a	900
2	S13	1	シール	100	a	100
3	S01	2	マグカップ	500	d	1,000
4	S02	3	タンブラー	250	d	750
5						
6						
7						
8						
9						
10						

３．料金計算

合計金額	2,750
合わせ買い値引	137
ゴールド会員値引	82
ポイント値引	500
請求金額	2,031
獲得ポイント	60

シート名「顧客表」

顧客表

顧客コード	顧客名	ポイント残高	ゴールド会員
1001	熊谷　○○	10	
1002	柳瀬　○○	602	*
1003	丸山　○○	24	*
1004	塩澤　○○	9	
1005	中嶋　○○	512	*
1006	中塚　○○	84	
1007	加門　○○	3	
1008	出崎　○○	404	*
1009	元島　○○	57	
1010	福与　○○	102	
～	～	～	～
1098	矢澤　○○	103	*
1099	藤田　○○	66	*
1100	青山　○○	137	*
～	～	～	～
1499			
1500			

シート名「商品表」

商品表

商品コード	商品名	単価	合わせ買いコード
S01	マグカップ	500	d
S02	タンブラー	250	d
S03	ストラップ	200	
S04	文具セット	300	a
S05	タオル	300	b
S06	巾着	300	b
S07	時計	300	
S08	帽子	100	b
S09	Tシャツ	500	b
S10	CD	500	c
S11	フォトブック	500	c
S12	折り紙	100	a
S13	シール	100	a
S14	ジグソーパズル	500	

シート名「値引率表」

値引率表

合わせ買いコード		種類数		
		2	3	4
	a	1%	2%	3%
	b	2%	3%	4%
	c	3%	4%	5%
	d	4%	5%	6%

作成条件

1. シート名「料金計算表」のF6，B13〜C22に適切なデータを入力すると，販売したグッズの請求金額を求めることができる。

2. シート名「顧客表」のC列は，その顧客の保有するポイント残高が記録されており，会計ごとに「ポイント残高」を更新している。また，ポイントが500ポイント以上たまると，次回の買い物で自動的に500円分値引きし，500ポイント差し引いている。なお，D列の＊は，ゴールド会員を示している。

3. 1回に販売できる商品は10種類以下とする。

4. 商品は全部で14種類ある。商品の中には，合わせ買い（同時購入）することで値引きとなる組み合わせがある。合わせ買い対象商品は，シート名「商品表」のD列に同じアルファベットが記入されている。

5. 合わせ買いによる値引率は，合わせ買いコードごとに決まっている。なお，同じ合わせ買いコードの商品の種類数に応じて値引率が変化する。

作成手順

1. シート名「料金計算表」は，次のように作成されている。

(1) C6は，本日の日付を表示する関数が設定されている。

(2) F6は，「顧客コード」を入力する。

(3) F7とF8は，「顧客コード」をもとに，シート名「顧客表」を参照して表示する。ただし，入力した「顧客コード」がシート名「顧客表」にない場合は「顧客コードエラー」と表示し，未入力の場合は何も表示しない。

(4) B13〜B22は「商品コード」，C13〜C22は「数量」を入力する。

(5) D列の「商品名」，E列の「単価」，F列の「合わせ買いコード」は，B列の「商品コード」をもとに，シート名「商品表」を参照して表示する。D13に入力した式はF22までコピーする。

(6) G列の「金額」は，C列の「数量」とE列の「単価」を掛けて求める。

(7) G26は，G列の「金額」の合計を求める。

(8) G27は，F列の「合わせ買いコード」をもとに，シート名「値引率表」を参照して求めた値引率に，「合計金額」を掛けて求める。ただし，円未満を切り捨てる。なお，合わせ買いコードが複数ある場合は，値引率を合計する。

(9) G28は，顧客がゴールド会員の場合，「合計金額」の3％を求める。ただし，円未満を切り捨てる。

(10) G29は，「ポイント残高」が500ポイント以上の場合，「500」と表示し，それ以外の場合は何も表示しない。

(11) G30は，「合計金額」から，G27〜G29の3種類の値引額の合計を引いて求める。

(12) G31は，「請求金額」の100円を1ポイントとして求める。ただし，C6の販売日が土曜日か日曜日の場合，ポイントが3倍になる。

第8回

第8回

「問題を読みやすくするために，
このページは空白にしてあります。」

問１．シート名「料金計算表」のD13に設定する次の式の空欄(a), (b)をうめなさい。

=IFERROR(　　(a)　　($B13,商品表!$A$4:$D$17,
　　(b)　　(D$12,商品表!$A$3:$D$3,0),FALSE),"")

問２．シート名「料金計算表」のG27に設定する次の式の空欄をうめなさい。ただし，空欄には同じものが入る。

=INT((IF(COUNTIFS(F13:F22,"a")>=2,
　INDEX(値引率表!C5:E8,MATCH("a",値引率表!B5:B8,0),COUNTIFS(F13:F22,"a")□),0)
　　+IF(COUNTIFS(F13:F22,"b")>=2,
　　　INDEX(値引率表!C5:E8,MATCH("b",値引率表!B5:B8,0),COUNTIFS(F13:F22,"b")□),0)
　　　+IF(COUNTIFS(F13:F22,"c")>=2,
　　　　INDEX(値引率表!C5:E8,MATCH("c",値引率表!B5:B8,0),COUNTIFS(F13:F22,"c")□),0)
　　　　+IF(COUNTIFS(F13:F22,"d")>=2,
　　　　　INDEX(値引率表!C5:E8,MATCH("d",値引率表!B5:B8,0),COUNTIFS(F13:F22,"d")□),0))
　　　　　*G26)

問３．シート名「料金計算表」のG28に設定する次の式の空欄をうめなさい。

=IFERROR(INT(IF(VLOOKUP(F6,顧客表!A4:D503,4,FALSE)=(a),(b),(c))*G26),"")

問４．シート名「料金計算表」のG31に設定する次の式の空欄(a),(b)にあてはまる適切なものを選び，記号で答えなさい。

=INT(G30/100)*IF(MOD(WEEKDAY(C6,1),(a))=(b),3,1)

（注）　WEEKDAY関数の第2引数が　1　の場合，戻り値として，１（日曜日）〜 ７（土曜日）を返す。

ア．１　　　　**イ．**２　　　　**ウ．**６　　　　**エ．**７

問５．シート名「料金計算表」が次のように表示されているとき，G30に表示される適切なデータを答えなさい。なお，2018/12/10は月曜日である。

（注）※印は，値の表記を省略している。

第9回 模擬問題

制限時間：60分　解答 ➡ P.38

【1】　次の説明文に最も適した答えを解答群から選び，記号で答えなさい。

1. 要件定義から運用・保守までの開発工程を原則として後戻りせず，開発計画を順番通りに進めていく開発手法。開発の見通しを立てやすく，進捗管理がしやすいため，大規模なシステム開発に向いている。

2. Webサーバとブラウザの間でHTMLファイルを暗号化せずにやり取りするためのプロトコル。

3. プログラムの内部構造には着目せずに，入力データに対する出力結果が正しいかを確認するテスト。

4. インターネットに接続するコンピュータに割り当てられるIPアドレスで，世界中で一意となるように設定されるもの。

5. すべてのコードを検証できるテストケースを用意してテストしたり，冗長的なコードを見直すなどモジュールを対象に行うテスト。

```
─ 解答群 ─
ア. プロトタイピングモデル      イ. HTTPS          ウ. ホワイトボックステスト
エ. ブラックボックステスト      オ. 単体テスト      カ. システムテスト
キ. スパイラルモデル            ク. 結合テスト      ケ. ウォータフォールモデル
コ. グローバルIPアドレス        サ. HTTP           シ. プライベートIPアドレス
```

【2】　次のA群の語句に最も関係の深い説明文をB群から選び，記号で答えなさい。

＜A群＞　1. FTP　　　　　　　　2. 保守性　　　　　　　3. VPN
　　　　　4. ホスティングサービス　　5. セキュリティポリシー

＜B群＞
ア. 法令や社会規範を遵守するという考え方のこと。利害関係者からの信頼を集め，安定した企業経営につながる。

イ. 暗号化技術などを利用することでインターネットなどの公衆回線をあたかも専用回線のように利用する技術。

ウ. TCP/IPを利用したネットワークにおいて，Webサーバとブラウザの間でファイルをやり取りするためのプロトコル。

エ. RASISの示す指標の一つであり，正常にシステムが利用できる割合を表すもの。稼働率で評価する。

オ. 経営活動における情報資産の取り扱いに関する基本方針をまとめたもの。情報資産を適切に扱うことを企業内外に周知することで，利害関係者からの信頼を得ることにつながる。

カ. インターネットなどの外部ネットワークとLANなどの内部ネットワークの間にファイアウォールを設定して作られる，双方のネットワークからの不正な操作や侵入を防ぐ領域。

キ. 通信事業者が運用するサーバの機能をインターネット経由で利用者に提供するサービス。

ク. 通信事業者が管理する通信回線や運用設備が整った施設に顧客が保有するサーバを設置し，運用するサービス。

ケ. 特定の文字コードしか扱えなかった電子メールで，音声データや画像ファイルなどのマルチメディアデータなどをやり取りするための技術。

コ. RASISの示す指標の一つであり，異常を検知して運用停止したシステムの修復のしやすさを表すもの。平均修復時間で評価する。

【3】 次の説明文に最も適した答えをア，イ，ウの中から選び，記号で答えなさい。なお，5．については数値を答えなさい。

1．将来，悪影響を与える事象が発生する可能性がある場合に，影響の度合いや影響範囲などを評価して，事前に具体的な対応策を検討し，実施する一連の活動のこと。

ア．リスクマネジメント　　**イ．**リスクアセスメント　　**ウ．**インシデント

2．ネットワークに接続されている全てのコンピュータにデータを転送する際に利用するアドレス。

ア．ホストアドレス　　　**イ．**ネットワークアドレス　　**ウ．**ブロードキャストアドレス

3．公開鍵暗号方式に利用する公開鍵と秘密鍵の作成者が正当な人物であることを保証する機関。

ア．認証局　　　　　　　**イ．**デジタル署名　　　　　**ウ．**SSL/TLS

4．転送効率が80％の通信回線を使って3.6GBのデータをダウンロードしたところ3分かかった。この通信回線の通信速度を求めなさい。ただし，1GB=10^9Bとする。

ア．25Mbps　　　　　　　**イ．**200Mbps　　　　　　　**ウ．**1.5Gbps

5．MTBFが298時間，MTTRが120分のシステムの稼働率を求めなさい。ただし，小数第2位未満を四捨五入して小数第2位まで求めるものとする。

【4】 次の各問いに答えなさい。

問1．PPM分析において，花形に関する説明として正しいものを選び，記号で答えなさい。

ア．新規市場に参入するために新たな事業を立ち上げ，競合他社との市場シェアを争っている。

イ．市場での競争に勝ち残り，更に拡大する市場で市場シェアを維持するために更に事業に投資を行う。

ウ．市場での競争に勝ち残り，市場の拡大も落ち着いたため，安定的な収益を得る事業になった。

エ．事業の成長が見込めず，競合他社との競争も敗れたため，事業からの撤退を考えている。

問2．次の図は，あるプロジェクトのアローダイアグラムである。このプロジェクトが完了するまでの最短の所要日数を答えなさい。

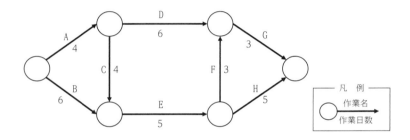

問3．ある企業は事業の成功要因を分析するため特性要因図による分析を行った。空欄(a)〜(c)にあてはまる組み合わせとして適切なものを選び，記号で答えなさい。

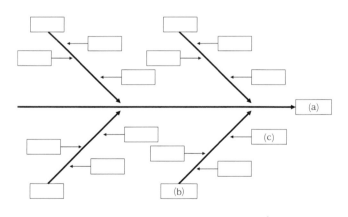

ア．(a) 従業員の成長 (b) 顧客満足度の向上 (c) 売上高の増加
イ．(a) 売上高の増加 (b) 製品の品質向上 (c) 原材料の適切な管理
ウ．(a) 業務プロセスの改善 (b) 従業員の成長 (c) 売上高の増加

問4．次のZグラフから分析できる事柄として正しいものを解答群から選び，記号で答えなさい。

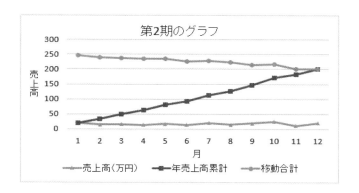

ア．年売上高累計が右肩上がりなので事業が順調に成長しており，売上高が増加傾向にある。

イ．売上高がほぼ横ばいであり，停滞傾向である。

ウ．移動合計が右肩下がりなので事業が衰退しており，売上高が減少傾向にある。

問5．アウトソーシングを説明している次の文章のうち，正しいものを選び，記号で答えなさい。

ア．自社の競争優位を確立するための中核的な技術や経営資源のこと。他社に模倣されにくく，市場での競争に勝ち残るための重要なもの。

イ．業務の一部，あるいは全部を他社に委託すること。自社が苦手とする業務を外部委託することで，ほかの業務に集中できる。

ウ．他社と業務で協力できる分野について業務提携を結ぶこと。特許権の使用をお互いに許諾しあったり，特定の技能を持つ人材を派遣しあったりすることがあげられる。

第9回

【5】 あるレンタルビデオ会社では，商品の貸出状況を次のようなリレーショナル型データベースを利用し管理している。次の各問いに答えなさい。

処理の流れ

① 商品管理表は保有している商品を記録してあり，商品を貸し出すと会員番号と返却予定日を入力する。商品が返却されたら，会員番号を消去し，返却予定日を 1900/01/01 にする。

② 商品を貸し出すと貸出明細表にレコードを追加し，商品が返却されたら返却日を入力する。

会員表

会員番号	氏名	住所	電話番号	入会日	退会日
C0001	杉山　春樹	千葉県千葉市美浜区○○	043-207-XXXX	2012/09/19	
C0002	高橋　和夫	千葉県千葉市美浜区△△	043-208-XXXX	2012/09/19	
〜	〜	〜	〜	〜	〜
M0001	橋本　加名	宮城県仙台市青葉区○○	022-211-XXXX	2014/07/03	
M0002	佐藤　信一	宮城県仙台市青葉区△△	022-212-XXXX	2014/07/03	
〜	〜	〜	〜	〜	〜
T0001	柏原　華子	東京都渋谷区○○	03-3463-XXXX	2013/10/11	2016/10/12
T0002	田中　秀明	東京都渋谷区△△	03-3464-XXXX	2013/10/11	
〜	〜	〜	〜	〜	〜

店舗表

店舗番号	店舗名
101	渋谷店
102	幕張店
103	仙台店
〜	〜

商品管理表

管理番号	作品名	店舗番号	会員番号	返却予定日
100101	迷探偵コンナンVol.1	101		1900/01/01
100102	迷探偵コンナンVol.1	102	C0002	2018/08/08
100103	迷探偵コンナンVol.1	103		1900/01/01
100201	劇場版迷探偵コンナン	101		1900/01/01
100202	劇場版迷探偵コンナン	101	T0001	2018/08/09
100203	劇場版迷探偵コンナン	102		1900/01/01
100204	劇場版迷探偵コンナン	102		1900/01/01
102401	ドラゴンしんちゃん劇場版	101		1900/01/01
102402	ドラゴンしんちゃん劇場版	102	C0002	2018/08/08
102403	ドラゴンしんちゃん劇場版	103		1900/01/01
201901	MOZUKUVol.1	101		1900/01/01
201902	MOZUKUVol.1	102	T0002	2018/08/09
202001	劇場版MOZUKU	101		1900/01/01
202002	劇場版MOZUKU	102		1900/01/01
〜	〜	〜	〜	〜

貸出明細表

貸出番号	会員番号	管理番号	貸出日	返却日
〜	〜	〜	〜	〜
180701001	C0001	100203	2018/07/01	2018/07/07
180701002	T0002	202001	2018/07/01	2018/07/04
180701003	T0001	201901	2018/07/01	2018/07/02
〜	〜	〜	〜	〜
180801001	C0002	102402	2018/08/01	
180801002	C0002	100102	2018/08/01	
180801003	T0001	202001	2018/08/01	2018/08/02
〜	〜	〜	〜	〜
180802001	T0001	100202	2018/08/02	
180802002	T0002	201902	2018/08/02	
〜	〜	〜	〜	〜

問1．会員番号C0001の住所を変更する。変更するSQL文の空欄にあてはまる適切なものを選び，記号で答えなさい。

| (a) | 会員表 | (b) | 住所 = '千葉県千葉市中央区□□' WHERE 会員番号 = 'C0001'

　　ア．UPDATE　　イ．INSERT　　ウ．DELETE　　エ．FROM　　オ．SET　　カ．INTO

問2．作品名に 劇場版 という文字が含まれる商品で貸出可能な作品名と店舗名を重複なく抽出する。次のSQL文の空欄にあてはまる適切なものを答えなさい。

```
SELECT   DISTINCT  作品名, 店舗名
   FROM   商品管理表 A, 店舗表 B
   WHERE  A.店舗番号 = B.店舗番号
     AND  返却予定日 = '1900/01/01'
     AND  作品名  LIKE '            '
```

作品名	店舗名
ドラゴンしんちゃん劇場版	渋谷店
ドラゴンしんちゃん劇場版	仙台店
劇場版MOZUKU	渋谷店
劇場版MOZUKU	幕張店
劇場版迷探偵コンナン	渋谷店
劇場版迷探偵コンナン	幕張店
～	～

問3．2018年7月中の貸出数が10,000回を超えている店舗名を抽出する。次のSQL文の空欄にあてはまる適切なものを選び，記号で答えなさい。

```
SELECT   店舗名
   FROM   貸出明細表 A, 商品管理表 B, 店舗表 C
   WHERE  A.管理番号 = B.管理番号
     AND  B.店舗番号 = C.店舗番号
     AND  貸出日  BETWEEN  '2018/07/01'  AND  '2018/07/31'
   [                                          ]
```

店舗名
渋谷店
幕張店
～

　　ア．ORDER BY 店舗名 HAVING COUNT(*) > 10000
　　イ．GROUP BY 店舗名 WHERE   COUNT(*) > 10000
　　ウ．GROUP BY 店舗名 HAVING COUNT(*) > 10000

問4．2018年8月9日に返却予定日を過ぎている作品名と会員番号を抽出する。次のSQL文の空欄にあてはまる適切なものを答えなさい。

```
SELECT   作品名, 会員番号
   FROM   商品管理表
   WHERE  返却予定日 < '2018/08/09'
     AND  返却予定日 [            ] ('1900/01/01')
```

作品名	会員番号
ドラゴンしんちゃん劇場版	M0002
迷探偵コンナン Vol. 1	C0002
～	～

問5．次のSQL文のうち，参照整合性に反することなく実行できるものを選び，記号で答えなさい。

　　ア．DELETE FROM 会員表 WHERE 会員番号 = 'C0002'
　　イ．DELETE FROM 商品管理表 WHERE 管理番号 = 100102
　　ウ．DELETE FROM 貸出明細表 WHERE 貸出番号 = 180801003

【6】 次の各問いに答えなさい。

問1. 次の和風月名表において，D4の「分類1」には，次の式が設定してあり，「分類1」に ○ が2つ表示されている。E4の「分類2」には，次の式が設定してある。「分類2」の欄に表示される ○ の数を答えなさい。ただし，D4とE4に設定した式はそれぞれD15，E15までコピーする。

	A	B	C	D	E
1					
2	和風月名表				
3	月	和風月名	よみがな	分類1	分類2
4	1月	睦月	むつき		※
5	2月	如月	きさらぎ		※
6	3月	弥生	やよい	○	※
7	4月	卯月	うづき		※
8	5月	皐月	さつき		※
9	6月	水無月	みなづき		※
10	7月	文月	ふみづき		※
11	8月	葉月	はづき		※
12	9月	長月	ながつき		※
13	10月	神無月	かんなづき		※
14	11月	霜月	しもつき		※
15	12月	師走	しわす	○	※

(注) ※は，値の表記を省略している。

D4： =IF(IFERROR(SEARCH("月",B4),"")="","○","")

E4： =IF(IFERROR(SEARCH("つき",C4),"")="",
　　　　IF(IFERROR(SEARCH("づき",C4),"")="","○",""),"")

問2. 次の表は，A列の「勘定科目名」にある空白を削除するための表である。B4に設定する次の式の空欄をうめなさい。

　　　=▢▢▢▢▢▢▢▢(A4," ","")

	A	B
1		
2	勘定科目表	
3	勘定科目名	空白削除後
4	現　　　金	現金
5	小　口　現　金	小口現金
6	当　座　預　金	当座預金
7	普　通　預　金	普通預金
8	売　　掛　　金	売掛金
9	商　　　品	商品
10	前　払　費　用	前払費用
11	前　　払　　金	前払金
12	短　期　貸付金	短期貸付金

問3. 次の表は，B列の「数値」を小数第1位で四捨五入する表である。C4には，ROUND関数のかわりに次の式が設定されている。C4に設定する式の空欄(a)，(b)にあてはまる組み合わせとして適切なものを選び，記号で答えなさい。ただし，C4の式をC8までコピーする。

	A	B	C
1			
2		四捨五入表	
3		数値	四捨五入
4		4.5	5
5		3.4	3
6		2.9	3
7		5.3	5
8		6.7	7

= IF(B4-INT(B4)>=0.5,▢▢(a)▢▢(B4,1),▢▢(b)▢▢(B4,1))

ア. (a) CEILING 　　(b) FLOOR

イ. (a) ROUNDUP 　　(b) ROUNDDOWN

ウ. (a) FLOOR 　　(b) CEILING

問4．次の表は，あるコーヒーショップのドリンク販売一覧表である。「タイプ」が ホット で，「品名」が コーヒー か ティ の「販売数」の合計を求めるため，次の式が設定されている。ワークシートの(a)と式の空欄(b)にあてはまる適切なものを選び，記号で答えなさい。

=DSUM($A$3:$D$15,4, [　(b)　])

	A	B	C	D	E	F	G	H
1								
2	ドリンク販売一覧表					条件		
3	店名	タイプ	品名	販売数				
4	東口店	ホット	コーヒー	92			(a)	
5	東口店	アイス	コーヒー	107				
6	東口店	ホット	ティ	69				
7	東口店	アイス	ティ	53				
8	東口店	ホット	ココア	33		集計結果		
9	東口店	アイス	ココア	32			333	
10	西口店	ホット	コーヒー	103				
11	西口店	アイス	コーヒー	93				
12	西口店	ホット	ティ	69				
13	西口店	アイス	ティ	59				
14	西口店	ホット	ココア	30				
15	西口店	アイス	ココア	27				

ア．(a)

	～	F	G	H
～	～	～	～	～
3	～	タイプ	品名	
4	～	ホット		
5	～		コーヒー	
6	～		ティ	

(b)　F3:G6

イ．(a)

	～	F	G	H
～	～	～	～	～
3	～	タイプ	品名	
4	～	ホット	コーヒー	
5	～	ホット	ティ	
6	～			

(b)　F3:G5

ウ．(a)

	～	F	G	H
～	～	～	～	～
3	～	タイプ	品名	品名
4	～	ホット	コーヒー	ティ
5	～			
6	～			

(b)　F3:H4

問5．次の表は，コーヒー飲料を生産しているある企業の生産シミュレーション表である。表計算ソフトのデータ分析機能を利用して，次の条件にしたがって利益の合計が最大となるαブレンドとβブレンドの生産数を求めた。この結果から，さらに利益を大きくするためにとる戦略として正しいものを選び，記号で答えなさい。

条件

・B16には次の式を入力し，C17までコピーする。
　　=B$15*B4

・D15には次の式を入力し，D17までコピーする。
　　=SUM(B15:C15)

・αブレンド，βブレンドは1つ以上生産する。

・焙煎時間，抽出時間の合計は作業可能時間を超えないようにする。

↓ **実行後の例**

	αブレンド	βブレンド	合計
生産数	82	100	182
売上高	65,600	70,000	135,600
利益	36,900	40,000	76,900

ア．αブレンドの生産ラインを増強して，B6の「生産上限」を200にする。

イ．焙煎機械をもう1台導入して，D10の「作業可能時間」を13,600にする。

ウ．抽出機械をもう1台導入して，D11の「作業可能時間」を10,000にする。

【7】　次の表は，ある市の水道料金計算表である。作成条件にしたがって，各問いに答えなさい。

シート名「水道料金計算表」

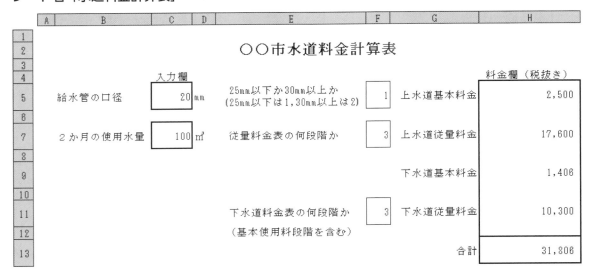

シート名「基本料金表」

	A	B
1		
2	基本料金表	
3	給水管の口径（mm）	1か月の料金（円）
4	13	580
5	20	1,250
6	25	1,900
7	30	2,800
8	40	5,300
9	50	11,200
10	75	24,600
11	100	48,000
12	150	130,000
13	200	260,000

シート名「下水道料金表」

	A	B	C	D	E	F	G
1							
2		下水道料金表（2か月につき）					
3			使用水量			料金	各段階までの累計金額
4	基本使用料 0～20m³について月額	1	0 ～		20	1,406	
5		2	21 ～		40	104	0
6		3	41 ～		100	137	2,080
7		4	101 ～		200	225	10,300
8	使用水量（m³）	5	201 ～		400	274	32,800
9		6	401 ～		1,000	351	87,600
10		7	1,001 ～		2,000	378	298,200
11		8	2,001 ～		20,000	406	676,200
12		9	20,001	以上		840	7,984,200

シート名「従量料金表」

	A	B	C	D	E	F	G	H
1								
2		従量料金表（2か月につき）						
3					1m³あたりの料金		各段階までの累計金額	
4	使用水量（m³）				給水管の口径 25mm以下（円）	給水管の口径 30mm以上（円）	給水管の口径 25mm以下（円）	給水管の口径 30mm以上（円）
5	1	1 ～		20	80	205	0	0
6	2	21 ～		40	185	205	1,600	4,100
7	3	41 ～		100	205	205	5,300	8,200
8	4	101 ～		200	240	240	17,600	20,500
9	5	201 ～		400	275	275	41,600	44,500
10	6	401	以上		310	310	96,600	99,500

作成条件

1．シート名「水道料金計算表」のC列の入力欄に適切なデータを入力すると，H列に上水道と下水道の水道料金を求めることができる。

2．シート名「水道料金計算表」は次のように作成されている。

(1) C5は，給水管の口径を数値で入力する。単位は㎜。

(2) C7は，2か月の使用水量を数値で入力する。単位は㎥。

(3) F5は，C5の値が25㎜以下の場合は1，30㎜以上は2を表示する。ただし，25㎜を超え，かつ30㎜未満の口径の給水管はない。

(4) F7は，C7の「2か月の使用水量」が，シート名「従量料金表」の5行目から10行目までの中で，何行目に該当するかを数値で求める。

(5) F11は，C7の「2か月の使用水量」が，シート名「下水道料金表」の4行目から12行目までの中で，何行目に該当するかを数値で求める。

(6) H5の「上水道基本料金」は，C5が未入力でなく，かつ0でない場合，C5の数値をもとにシート名「基本料金表」を参照した値を2倍して求める。

(7) H7の「上水道従量料金」は，C7をもとにシート名「従量料金表」を参照して求める。ただし，C7が未入力の場合は何も表示しない。

　従量料金表の1㎥あたりの料金は使用水量を6段階に分け，段階が上がれば段階ごとの1㎥あたりの料金は基本的に上がるような仕組みになっている。各段階までの累計金額は，各段階の前の上限水量まで使用した場合の料金を累計金額として表に示している。

　次の式で「上水道従量料金」を求める。

その段階の1㎥あたりの料金×（使用水量－その段階の下限水量＋1）＋その段階の各段階までの累計金額

（例：給水管の口径20㎜，2か月の使用水量30㎥の場合）

$$185 \times (30 - 21 + 1) + 1,600 = 3,450$$

(8) H9の「下水道基本料金」は，C7が未入力でなく，かつC7が0でない場合はシート名「下水道料金表」の基本使用料を表示し，それ以外の場合は何も表示しない。

(9) H11の「下水道従量料金」は，C7が20㎥以下の場合は0円とし，それ以外の場合は，C7をもとにシート名「下水道料金表」を参照して求める。

　下水道料金表は，基本使用料段階を除けば，使用水量を8段階に分け，上水道従量料金と同様の仕組みになっている。

　次の式で「下水道従量料金」を求める。

その段階の1㎥あたりの料金×（使用水量－その段階の下限水量＋1）＋その段階の各段階までの累計金額

第9回

「問題を読みやすくするために，
このページは空白にしてあります。」

問1．シート名「水道料金計算表」のF7に設定する次の式の空欄にあてはまる適切なものを選び，記号で答えなさい。

　　　=☐☐☐☐☐☐(C7,従量料金表!B5:B10,1)

　　ア．VLOOKUP　　　　　　　　イ．MATCH　　　　　　　　ウ．SEARCH

問2．シート名「水道料金計算表」のH5に設定する次の式の空欄をうめなさい。

　　　=IF(AND(C5<>"",C5<>0),VLOOKUP(C5,基本料金表!A4:B13,2,TRUE)*☐☐,"")

問3．シート名「水道料金計算表」のH7に設定する次の式の空欄をうめなさい。

　　　=IF(C7="","",INDEX(従量料金表!E5:F10,F7,F5)
　　　　*(C7-INDEX(従量料金表!B5:B10,F7,1)+1)+INDEX(従量料金表!☐☐☐☐☐☐,F7,F5))

問4．シート名「水道料金計算表」のH11に設定する次の式の空欄をうめなさい。ただし，空欄には同じものが入る。

　　　=IF(C7<=20,0,INDEX(下水道料金表!F5:F12,☐☐☐☐☐☐,1)
　　　　*(C7-INDEX(下水道料金表!C5:C12,☐☐☐☐☐☐,1)+1)+INDEX(下水道料金表!G5:G12,☐☐☐☐☐☐,1))

問5．シート名「水道料金計算表」に，次のようなデータを入力したとき，H13の合計に表示される適切な数値を答えなさい。

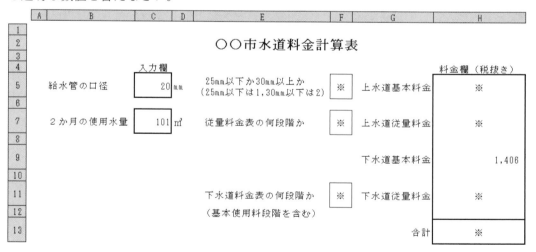

(注)　※印は，値の表記を省略している。

第10回 模擬問題

制限時間：60分　解答 ➡ P.42

【1】　次の説明文に最も適した答えを解答群から選び，記号で答えなさい。

1．LANなどの限られた範囲のネットワークに参加する通信機器に割り当てるIPアドレス。異なる
ネットワークであれば同じIPアドレスを設定することができる。

2．システムの評価指標をまとめたもので，信頼性，可用性，保守性，完全性，安全性の5つの評
価指標を表す。

3．公開鍵暗号方式の性質を利用して，通信相手が想定している相手本人であることを確認するし
くみ。

4．電子メールを利用者の端末ではなく，メールサーバ上で管理することで異なる端末から電子
メールを一元的に管理するためのプロトコル。

5．プライベートIPアドレスとグローバルIPアドレスを相互に変換する技術。

```
┌─ 解答群 ──────────────────────────────────────┐
│  ア．POP            イ．認証局           ウ．RASIS            │
│  エ．スループット      オ．SMTP            カ．プライベートIPアドレス │
│  キ．NAT            ク．RAID            ケ．NAS             │
│  コ．グローバルIPアドレス サ．IMAP            シ．デジタル署名        │
└──────────────────────────────────────────┘
```

【2】　次のA群の語句に最も関係の深い説明文をB群から選び，記号で答えなさい。

＜A群＞　1．DNS　　　　　2．フォールトトレラント　　　3．MTBF
　　　　　4．パケットフィルタリング　　5．VoIP

＜B群＞
　ア．コンピュータに対して自動的にIPアドレスを割り当てるしくみ。新しい機器にIPアドレスを設
定する手間を省いたり，IPアドレスを効率的に運用できたりする。

　イ．パケットに付加されているIPヘッダ情報にある宛先IPアドレスや送信元IPアドレスなどをもと
にパケットを通過させるかどうかを判断するセキュリティ機能。

　ウ．システムが正常に稼働し始めてから，次に故障するまでの平均稼働時間のこと。この値が高い
ほど，システムの信頼性が高いと言える。

　エ．電子メールで様々な文字コードの文字列やマルチメディアデータなどを送受信するための技術。

　オ．正常な状態のときに処理を担当する主系と障害が発生したときに処理を担当する従系のシステ
ムを用意して，障害が発生してもシステムの性能を落とさずに運用を続ける障害対策。

　カ．システムに障害が発生した場合，障害が発生した部分を切り離し，性能を落としてでも正常に
稼働する部分のみでシステムを稼働し続ける障害対策。

　キ．ドメイン名とIPアドレスを相互に変換するしくみ。人間でも理解しやすいドメイン名とコン
ピュータが扱えるIPアドレスとを橋渡しする役割を担う。

　ク．システムに障害が発生してから，正常に稼働し始めるまでの平均修復時間のこと。この値が低
いほど，システムの保守性が高いと言える。

　ケ．Webサーバとブラウザの間でやり取りされるデータを暗号化して送受信するためのプロトコル。

　コ．インターネットを介して音声データをリアルタイムにやり取りすることでIP電話を実現するた
めの技術。

【3】　次の説明文に最も適した答えをア，イ，ウの中から選び，記号で答えなさい。なお，5．については数値を答えなさい。

1．インターネットを介してソフトウェアの機能を提供するサービス。サービスの利用者は，コンピュータにアプリケーションをインストールすることなく，必要な機能を利用することができる。

　　　ア．SaaS　　　　　　　　　　**イ**．PaaS　　　　　　　　　　**ウ**．IaaS

2．Webサイトの検索フォームにデータベースを操作する言語を含む文字列を入力して送信することで，データを不正に改ざんしたり，取得したりする攻撃。

　　　ア．クロスサイトスクリプティング　**イ**．ソーシャルエンジニアリング　**ウ**．SQLインジェクション

3．E-R図において，データベース化する対象である実態がもつ属性情報のこと。

　　　ア．エンティティ　　　　　　　**イ**．リレーションシップ　　　**ウ**．アトリビュート

4．次の表の仕様である磁気ディスク装置の記憶容量は何GBか。ただし，1GB=10^9Bとする。

1セクタあたりの記憶容量	1,000B
1トラックあたりのセクタ数	右の表のとおり
1面あたりのトラック数	3,000
1シリンダあたりのトラック数	8

トラック番号	セクタ数
0～699	300
700～1,499	250
1,500～2,999	200

　　　ア．5.68GB　　　　　　　　　**イ**．18GB　　　　　　　　　**ウ**．72GB

5．あるシステムの開発工数を見積もると100人月であった。このシステム開発を10か月間で完了する計画を立て，10人の作業員で作業を開始したが5か月が経過した時点で40人月の作業しか進んでいない。予定通りに作業を完了するためには，人員をあと何人増員する必要があるか。ただし，追加作業員の作業効率は最初から作業に参加している作業員の作業効率と同じであるものとする。

【4】　次の各問いに答えなさい。

問1．SWOT分析に関する図の空欄(a)～(d)にあてはまる語句として適切な組み合わせを選び，記号で答えなさい。

	内的要因	外的要因
好影響	(a)	(b)
悪影響	(c)	(d)

ア．(a)　強み　　　　(b)　機会　　　　(c)　脅威　　　　(d)　弱み
イ．(a)　強み　　　　(b)　機会　　　　(c)　弱み　　　　(d)　脅威
ウ．(a)　機会　　　　(b)　強み　　　　(c)　弱み　　　　(d)　脅威
エ．(a)　機会　　　　(b)　強み　　　　(c)　脅威　　　　(d)　弱み

問2．次のようにネットワーク設定がされているコンピュータAとコンピュータBが同じネットワークに属しているとき，サブネットマスクの値として適切なものを選び，記号で答えなさい。

コンピュータのIPアドレスの設定

コンピュータ	IPアドレス
コンピュータA	192.24.0.15
コンピュータB	192.31.0.15

ア．255.248.0.0　　　　イ．255.255.248.0　　　　ウ．255.255.255.248

問3．次のグラフは，ある企業の商品の売上について表している。このグラフにより分析できる事柄として適切なものを選び，記号で答えなさい。

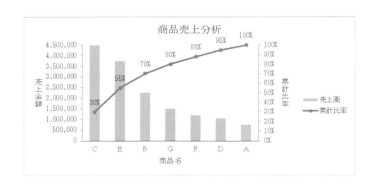

ア．売上高が右下がりであり，商品の売上が減少しているため，在庫を減らすようにする。
イ．売上高累計比率は右上がりであり，商品の売上が順調に推移しているため，在庫を追加で発注するようにする。
ウ．売上高累計比率の構成に応じて商品の在庫管理を行い，在庫切れや過剰在庫を抱えないように適切に管理する。

問4．次のアローダイアグラムにおけるクリティカルパスとして適切なものを選び，記号で答えな
　　さい。

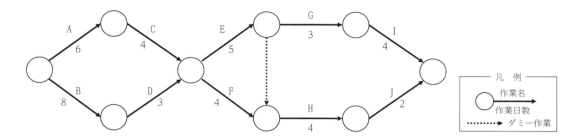

　ア．A　→　C　→　F　→　H　→　J
　イ．A　→　C　→　E　→　G　→　I
　ウ．B　→　D　→　F　→　H　→　J
　エ．B　→　D　→　E　→　G　→　I

問5．ホスティングサービスを説明している次の文章のうち適切なものを選び，記号で答えなさい。

　ア．電源設備や通信回線設備，温度管理システム，防災設備などが整った施設を提供し，顧
　　　客が保有するサーバを運用する環境を提供するサービス。
　イ．通信事業者が保有するサーバの機能をインターネットを介して提供するサービス。顧客は，
　　　サーバを用意したり，運用する必要がなく，必要な機能を提供してもらえる。
　ウ．インターネットを介してアプリケーションの機能を提供する事業者のこと。事業者が提
　　　供するサービスを利用することで，顧客は個々のコンピュータにソフトウェアをインストー
　　　ルすることなく，機能を利用することができるようになる。

【5】　ある自動車販売会社は，自動車販売に関するデータを次のようなリレーショナル型データベースを利用して管理している。次の各問いに答えなさい。

処理の流れ
① 新規顧客は登録手続きを行い，顧客表にデータを入力する。
② 顧客から受注が入ると受注表にデータを入力する。
③ 受注表の受注番号は，R0001からの連番で管理されている。
④ 新しい自動車が発売された場合，車種表にデータを入力する。

受注表

受注番号	顧客番号	車種番号	引渡し日	販売員番号
R0001	M009	C008	2022/11/13	J003
R0002	M006	C018	2022/11/29	J009
〜	〜	〜	〜	〜
R0015	M019	C009	2023/03/07	J004
〜	〜	〜	〜	〜
R0029	M009	C001	2022/11/26	J010
〜	〜	〜	〜	〜

車種表

車種番号	車種名	種別	販売価格
C001	フリーダム	SUV	3400000
C002	ルージュ	SUV	4400000
〜	〜	〜	〜
C008	セイバー	軽オープンカー	2900000
C009	デュエル	軽自動車	2000000
〜	〜	〜	〜
C020	レジェンド	ワンボックスワゴン	6100000

顧客表

顧客番号	氏　名	住　所
M001	大橋　清吉	大阪府三島郡島本町青葉2-13-16
M002	大畑　日和	鳥取県鳥取市賀露町西3-1-4
〜	〜	〜
M010	前原　達雄	大阪府河内長野市中片添町1-20-5
〜	〜	〜
M020	日下部　公誠	石川県能美市徳久町4-3-17
〜	〜	〜

販売員表

販売員番号	販売員名
J001	高坂　結芽
J002	川井　和香
〜	〜
J005	岡本　柚季
〜	〜
J009	小高　博嗣
J010	内海　真佳奈

問1．次の図は，4つの表のE-R図である。空欄(a)〜(f)にあてはまるものとして適切なものを選び，記号で答えなさい。

ア．(a) 多　(b) 1　(c) 1　(d) 多　(e) 1　(f) 多
イ．(a) 1　(b) 多　(c) 多　(d) 1　(e) 多　(f) 1
ウ．(a) 1　(b) 多　(c) 1　(d) 多　(e) 多　(f) 1

問2．車種番号ごとに販売台数が3台以上の車種番号と販売台数を抽出する。次のSQL文の空欄をうめなさい。

```
SELECT A.車種番号, COUNT(*) AS 販売台数
   FROM 受注表 A, 車種表 B
   WHERE A.車種番号 = B.車種番号
   GROUP BY A.車種番号 [          ]
```

車種番号	販売台数
C007	4
C016	3
C017	3

問３．販売価格が4,000,000円以上の車を受注している顧客の顧客番号を重複なく顧客番号の昇順に抽出する。次のSQL文の空欄にあてはまる適切なものを選び，記号で答えなさい。

```
SELECT DISTINCT A.顧客番号
  FROM 受注表 A
  WHERE    (a)    (SELECT * FROM 車種表 B
      WHERE A.車種番号 = B.車種番号
      AND 販売価格 >= 4000000)
      (b)      A.顧客番号
```

顧客番号
M002
M004
〜

ア．(a) EXISTS 　　　　(b) ORDER BY
イ．(a) IN 　　　　　　(b) ORDER BY
ウ．(a) EXISTS 　　　　(b) GROUP BY

問４．2022年11月中に受注した自動車のうち，種別が 軽オープンカー または 軽自動車 の車種名，販売価格を抽出する。次のSQL文の空欄にあてはまる適切なものを選び，記号で答えなさい。

```
SELECT 車種名, 販売価格 FROM 受注表 A, 車種表 B
  WHERE A.車種番号 = B.車種番号
  AND 引渡し日 BETWEEN '2022/11/01' AND '2022/11/30'
  AND
```

車種名	販売価格
セイバー	2900000
デュエル	2000000

ア．種別 = '軽自動車' AND 種別 = '軽オープンカー'
イ．種別 = '軽自動車' OR 種別 = '軽オープンカー'
ウ．種別 IN('軽自動車','軽オープンカー')

問５．受注表に新たなレコードを追加しようと次のSQL文を実行としたところ，エラーが発生して追加できなかった。追加できなかった理由として正しいものを選び，記号で答えなさい。

```
INSERT INTO 受注表 VALUES('R0001','M005','C001','2023/02/17','J001')
```

ア．参照整合性制約に反しているから。
イ．主キー制約に反しているから。
ウ．受注表が第3正規形にまで正規化されていないから。

【6】 次の各問いに答えなさい。

問1. 次の表は，年号がうるう年の場合は ○ ，そうでない場合は × を表示する，うるう年判定表である。B4に設定する次の式の空欄(a)～(c)にあてはまる適切なものを選び，記号で答えなさい。ただし，この式をR4までコピーする。なお，うるう年とは，原則として年号が 4 で割れる年である。100で割れる年はうるう年ではなくなるが，400で割れる年はうるう年となる。

	A	B	C	D	E	F	G	H	I	J	K	L	M	N	O	P	Q	R
1																		
2	うるう年判定表																	
3	年号	1500	1600	1700	1800	1900	2000	2010	2011	2012	2013	2014	2015	2016	2017	2018	2019	2020
4	判定	×	○	×	×	×	○	×	×	○	×	×	×	○	×	×	×	○

=IF(OR(MOD(B3,____(a)____)=0,AND(MOD(B3,____(b)____)=0,MOD(B3,____(c)____)<>0)),"○","×")

ア. 4 　　　　　　　　イ. 100 　　　　　　　　ウ. 400

問2. 次の表は，ある弁当店の売上データである。売上分析表のJ列の「数量が2以上の売上金額合計」は，まとめ買いされる商品（数量が2以上の商品）の売上金額の合計を求めたものである。J5に設定する式として適切なものを選び，記号で答えなさい。

	A	B	C	D
1				
2	弁当売上データ			
3				
4	連番	商品名	数量	売上金額
5	110101	幕の内弁当A	1	380
6	110102	のり弁当	3	720
7	110103	のり弁当	2	480
8	110104	シャケ弁当	1	300
9	110105	ハンバーグ弁当	1	350
10	110106	幕の内弁当A	1	380
11	110107	幕の内弁当B	2	960
12	110108	カレー弁当	2	700
13	110109	シャケ弁当	3	900
14	110110	ハンバーグ弁当	1	350
15	110111	のり弁当	3	720
16	110112	シャケ弁当	1	300
17	110113	幕の内弁当B	1	480
18	110114	シャケ弁当	2	600
19	110115	ハンバーグ弁当	2	700
20	110116	ハンバーグ弁当	4	1,400
21	110117	シャケ弁当	1	300

商品名	単価	売上件数	売上金額合計	数量が2以上の売上金額合計
カレー弁当	350	1	700	700
シャケ弁当	300	5	2,400	1,500
のり弁当	240	3	1,920	1,920
ハンバーグ弁当	350	4	2,800	2,100
幕の内弁当A	380	2	760	-
幕の内弁当B	480	2	1,440	960

売上分析表（まとめ買いされる商品）

ア. =SUMIFS($D$5:$D$21,$B$5:$B$21,F5,$C$5:$C$21,">=2")

イ. =SUMIFS($B$5:$B$21,F5,$C$5:$C$21,">=2",$D$5:$D$21)

ウ. =COUNTIFS($D$5:$D$21,$B$5:$B$21,F5,$C$5:$C$21,">=2")

問3. 次の表は，あるクラスで好きな色を調べたアンケート結果である。D26は，好きな色のアンケート結果の中で一番多かった色を求める。D26に設定する次の式の空欄(a)，(b)をうめなさい。

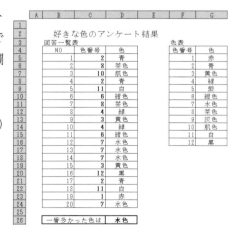

=____(a)____(____(b)____(C5:C24),$F$5:$G$16,2,FALSE)

	A	B	C	D
1				
2	好きな色のアンケート結果			
3	回答一覧表			
4	NO	色番号	色	
5	1	2	青	
6	2	8	茶色	
7	3	10	肌色	
8	4	2	青	
9	5	11	白	
10	6	6	紺色	
11	7	8	茶色	
12	8	4	緑	
13	9	3	黄色	
14	10	4	緑	
15	11	6	紺色	
16	12	7	水色	
17	13	7	水色	
18	14	7	水色	
19	15	3	黄色	
20	16	12	黒	
21	17	2	青	
22	18	11	白	
23	19	1	赤	
24	20	7	水色	
25				
26	一番多かった色は		水色	

色表	
色番号	色
1	赤
2	青
3	黄色
4	緑
5	紫
6	紺色
7	水色
8	茶色
9	灰色
10	肌色
11	白
12	黒

第10回

問４．次の表は，掛け算九九の表である。C5に設定する式として適切なものを選び，記号で答えなさい。ただし，この式をK13までコピーする。

掛け算九九の表

	1	2	3	4	5	6	7	8	9
1	1	2	3	4	5	6	7	8	9
2	2	4	6	8	10	12	14	16	18
3	3	6	9	12	15	18	21	24	27
4	4	8	12	16	20	24	28	32	36
5	5	10	15	20	25	30	35	40	45
6	6	12	18	24	30	36	42	48	54
7	7	14	21	28	35	42	49	56	63
8	8	16	24	32	40	48	56	64	72
9	9	18	27	36	45	54	63	72	81

ア． =(ROW()-2)*(COLUMN()-4)

イ． =(ROW()-4)*(COLUMN()-2)

ウ． =(ROW()-5)*(COLUMN()-3)

問５．表計算ソフトなどで同じキーやマウスの操作を繰り返し行う場合，その操作を登録しておいて，それを呼び出して実行することによって手続きの自動化を行うことができる。マクロの概要の説明として適切なものを選び，記号で答えなさい。

マクロの概要

マクロの記録と実行

プログラム編集画面

マクロの手順

1．マクロの記録を開始する「マクロの記録」を選ぶ。
2．マクロの名前を付ける。
3．　　　　　　　　　　
4．マクロの記録を終了する「記録の終了」を選ぶ。
5．登録されたマクロを呼び出し実行する。

ア． マクロの手順において空欄に入るのは，「プログラムを編集するソフトを起動する」である。

イ． キーやマウスの操作をマクロとして記録した場合，プログラムが自動で作られるので，そのプログラムを呼び出して編集することはできない。

ウ． マクロの手順において空欄に入るのは，「登録したい操作を実行する」である。

【7】 次の表は，あるスキー場の料金計算表である。作成条件にしたがって，各問いに答えなさい。

シート名「料金計算表」

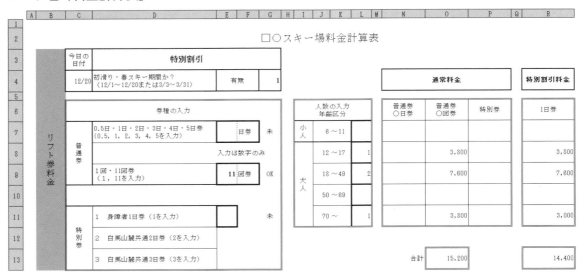

シート名「リフト券料金表」

	年齢区分	1回券	11回券	0.5日券（半日）	1日券	2日券	3日券	4日券	5日券	身障者1日券	白馬山麓共通2日券	白馬山麓共通3日券	初滑り・春スキー期間
小人	6～11	200	2,000	2,000	2,500	4,500	6,500	8,500	10,500	2,000	4,900	7,200	2,000
大人	12～17	380	3,800	3,800	3,800	7,300	10,600	13,600	16,500	3,500	8,700	12,500	3,800
	18～49	380	3,800	3,800	4,800	8,500	12,000	13,601	16,500	3,500	8,700	12,500	3,800
	50～69	380	3,800	3,800	3,800	7,300	10,600	13,602	16,500	3,500	8,700	12,500	3,800
	70～	380	3,800	3,800	3,000	5,800	8,800	13,603	16,500	3,500	8,700	12,500	3,000

リフト券料金表

作成条件

1．シート名「料金計算表」のE列とL列の入力欄に適切なデータを入力すると，リフト券の料金を求めることができる。

2．シート名「料金計算表」は，次のように作成されている。

(1) G4は，初滑り・春スキー期間（12月1日～12月20日または3月3日～3月31日）の場合は 1 を表示し，それ以外の場合は何も表示しない。

(2) E7は，リフト券の日数（0.5，1，2，3，4，5）を入力する。

(3) G7は，E7が未入力の場合は 未 ，0.5以上5以下の場合は OK ，それ以外の場合は 再入力 を表示する。

(4) E9は，リフト券の回数（1または11）を入力する。

(5) G9は，E9が未入力の場合は 未 ，1か11の場合は OK ，それ以外の場合は 再入力 を表示する。

(6) E11は，該当する特別券の種類（1，2，3）を入力する。

(7) G11は，E11が未入力の場合は 未 ，1か2か3の場合は OK ，それ以外の場合は 再入力 を表示する。

(8) L7～L11は，年齢区分別に人数を入力する。

(9) N7は，G7が OK ，かつL7からL11に入力があり，かつL7が未入力でない場合は年齢区分別の該当するリフト券の料金をリフト券料金表から参照したものに人数を掛けて求め，それ以外は何も表示しない。なお，N8～N11も同様に求める。

(10) O7は，G9が OK ，かつL7からL11に入力があり，かつL7が未入力でない場合は年齢区分別の該当するリフト券の料金をリフト券料金表から参照したものに人数を掛けて求め，それ以外は何も表示しない。なお，O8～O11も同様に求める。

(11) P7は，G11が OK ，かつL7からL11に入力があり，かつL7が未入力でない場合は年齢区分別の該当するリフト券の料金をリフト券料金表から参照したものに人数を掛けて求め，それ以外は何も表示しない。なお，P8～P11も同様に求める。

(12) R7は，G4が 1 ，かつL7からL11に入力があり，かつL7が未入力でない場合は年齢区分別の該当するリフト券の料金をリフト券料金表から参照したものに人数を掛けて求め，それ以外は何も表示しない。なお，R8～R11も同様に求める。

(13) O13は，N7からP11の合計を求める。

(14) R13は，R7からR11の合計を求める。

「問題を読みやすくするために，
このページは空白にしてあります。」

問1．シート名「料金計算表」のG4に設定する次の式の空欄(a), (b)をうめなさい。

=IF(OR(AND(MONTH(C4)=12,　　(a)　　),AND(MONTH(C4)=3,　　(b)　　)),1,"")

問2．シート名「料金計算表」のG7に設定する次の式の空欄にあてはまる適切なものを選び，記号で答えなさい。

=IF(E7="","未",IF(　　　　　　　　　,"OK","再入力"))

ア． AND(E7<=0.5,E7>=5)　　　**イ．** OR(E7>=0.5,E7<=5)　　　**ウ．** AND(E7>=0.5,E7<=5)

問3．シート名「料金計算表」のN7に設定する次の式の空欄をうめなさい。

=IF(AND($G$7="OK",COUNT($L$7:$L$11)>0,L7<>""),
　　INDEX(リフト券料金表!$G$5:$L$9,　　　　　　　,ROUND($E$7+0.5,0))*L7,"")

問4．シート名「料金計算表」の07に設定する次の式の空欄をうめなさい。

=IF(AND($G$9="OK",COUNT($L$7:$L$11)>0,L7<>""),
　　INDEX(リフト券料金表!$E$5:$F$9,　**解答不要**　,　　　　　　　($E$9/10,0))*L7,"")

問5．シート名「料金計算表」に，次のようなデータを入力したとき，013に表示される適切な数値を答えなさい。

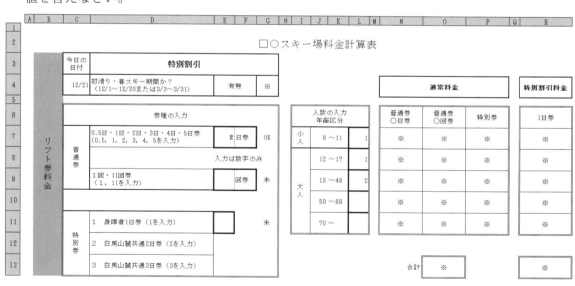

（注）　※印は，値の表記を省略している。

第11回 **模擬問題**　　制限時間：60分　解答 ➡ P.46

【1】　次の説明文に最も適した答えを解答群から選び，記号で答えなさい。

1．廃棄物から機密情報を不正に取得したり，正当な人物になりすまして電話で機密情報を聞き出そうとしたりするなど，人間の心理的な隙や油断を狙って機密情報を取得すること。

2．暗号化と復号に同じ鍵を使用する暗号方式。暗号化や復号の処理が比較的高速であるという特徴がある。

3．暗号化技術を使い，公衆回線をあたかも専用回線のようにセキュリティを確保した状態で利用する技術。

4．ネットワークに参加するコンピュータ同士をLANケーブルで接続するために利用する集線装置。

5．顧客がシステムに対して求める機能や性能を明確にする開発工程。システム化する業務対象や範囲を適切に把握して，より良いシステム開発につなげる。

```
─ 解答群 ─
ア．インシデント        イ．外部設計        ウ．共通鍵暗号方式
エ．ルータ             オ．VPN            カ．ハブ
キ．公開鍵暗号方式      ク．要件定義        ケ．ゲートウェイ
コ．DMZ               サ．内部設計        シ．ソーシャルエンジニアリング
```

【2】　次のＡ群の語句に最も関係の深い説明文をＢ群から選び，記号で答えなさい。

＜Ａ群＞　1．プロトタイピングモデル　　2．信頼性　　　3．ブラックボックステスト
　　　　　4．フールプルーフ　　　　　5．IPv4

＜Ｂ群＞

ア．フライパンを加熱しすぎたときに自動で火を消すなど，誤操作や危険な状態になったときに安全を確保するように制御する設計思想。

イ．顧客に試作品を使用してもらい，要求や仕様を明確にしたうえでシステム開発を進める開発手法。

ウ．RASISが表す指標の一つで，システムが継続して稼働し続けることを表す評価指標。稼働率によって表される。

エ．内部構造や動作を確認することなく，入力データと出力結果の関係を確認するテスト。

オ．電子レンジのふたを開けたままでは温めを開始できないなど，利用者が誤った操作をしても危険な状態にならないように制御する設計思想。

カ．RASISが表す指標の一つで，システムが持つ故障に対する耐性の度合いを表す評価指標。MTBFによって表される。

キ．開発するシステムを機能単位に分割し，設計，プログラミング，テストという一連の工程を繰り返しながらシステム開発を進める開発手法。

ク．ネットワークに接続する機器に割り当てるIPアドレスのうち，128ビットで構成されているもの。IPアドレスの枯渇問題を解消し，普及が進められている。

ケ．ネットワークに接続する機器に割り当てるIPアドレスのうち，32ビットで構成されているもの。通信機器の普及によりIPアドレスの数が枯渇する問題が発生している。

コ．内部構造や動作を確認したうえで，入力データと出力結果の関係を確認するテスト。

【3】　次の説明文に最も適した答えをア，イ，ウの中から選び，記号で答えなさい。なお，5．については数値を答えなさい。

1．データベースに障害が発生した際，バックアップファイルと更新前ジャーナルファイルを利用して障害発生前の時点までデータを復元すること。

　　　　　ア．チェックポイント　　　**イ**．ロールフォワード　　　　**ウ**．ロールバック

2．クライアントの端末には必要最小限の機能のみを持たせ，データの保存やアプリケーションの機能などはサーバが提供するシステム形態。

　　　　　ア．Cookie　　　　　　**イ**．シンクライアント　　　　**ウ**．MIME

3．システムなどが単位時間あたりに処理できる仕事量。システムの処理能力を表す評価指標の一つ。

　　　　　ア．スループット　　　**イ**．レスポンスタイム　　　　**ウ**．ターンアラウンドタイム

4．ある装置の稼働率が0.7のとき，システム全体の稼働率を0.99以上にするためには，この装置を何台並列に接続する必要があるか。

　　　　　ア．2台　　　　　　　**イ**．3台　　　　　　　　**ウ**．4台

5．640Mbpsの通信回線を利用して512MBのデータをダウンロードする時間が10秒であった。この通信回線の伝送効率（％）を求めなさい。

【4】　次の各問いに答えなさい。

問1．ある企業は，顧客から依頼されたシステムを開発して提供し，運用・保守のサポートを行っている。従業員に支給しているパソコンにシステムを開発するための開発環境を導入しているが，開発環境のバージョン変更が頻繁におこなわれるため，アップデートなどの管理に手間がかかっている。この問題を解決するために，企業が導入すべきサービスとして適切なものを選び，記号で答えなさい。

ア．SaaS　　　　　　　**イ**．PaaS　　　　　　　**ウ**．IaaS

問2．ある企業では，販売記録を管理するため，リレーショナル型データベースを利用することにした。次の販売表は，データベースにおける正規形のうちどの段階か。最も適切なものを選び，記号で答えなさい。

販売表

伝票番号	顧客番号	顧客名	商品番号	商品名	単価	数量
1001	101	小室商事	1001	エアコン	200000	2
1001	101	小室商事	1002	扇風機	3000	3
1002	102	城金商事	1001	エアコン	200000	5
1003	103	翔破商店	1003	空気清浄機	45000	4
1004	104	平和産業	1002	扇風機	3000	3
1004	104	平和産業	1004	洗濯機	70000	5
〜	〜	〜	〜	〜	〜	〜

ア．非正規形　　　　**イ**．第1正規形　　　　**ウ**．第2正規形　　　　**エ**．第3正規形

問3．ある企業では，製品Xと製品Yを製造している。表1は，製品X，Yを製造するのに使用する材料A，Bの数と各製品1つあたりの利益を表している。また，表2は，企業が保有する材料A，Bの在庫を表している。この条件において，利益が最大となる製品X，Y生産量を求めなさい。

表1

	材料Aの使用量	材料Bの使用量	利益
製品X	4kg	9kg	2万円
製品Y	8kg	6kg	3万円

表2

	材料A	材料B
材料の使用可能数	400kg	540kg

問4．全体の中で大きな影響を占めるものが何かを明確にし，重要な問題を特定するためのグラフの名称とグラフとして適切なものを選び，記号で答えなさい。

(1) **名称**

　　ア．ファンチャート
　　イ．パレート図
　　ウ．ヒストグラム

(2) **グラフ**

ア．
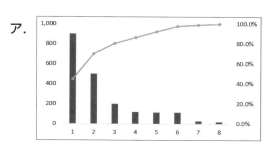

イ．
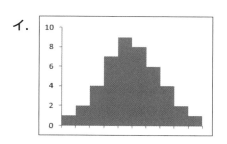

ウ．
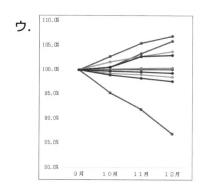

問5．コンプライアンスを説明している次の文章のうち適切なものを選び，記号で答えなさい。

　　ア．企業同士がお互いの不得意分野を補完したり，事業投資によるリスクを軽減するためにおこなう業務提携のこと。
　　イ．企業における情報資産を保護するための基本方針をまとめたもの。従業員や取引先企業などの利害関係者に周知することで，情報資産を脅威から守り，企業に対する社会的な信頼性を向上させる。
　　ウ．法令や社会規範などを遵守したうえで企業活動を行うという基本方針。法令や社会規範を守ることが企業に対する社会的な信頼を向上させ，ひいては企業の利益につながる。

【5】　ある役所では，集団予防接種に関するデータを次のようなリレーショナル型データベースを利用
して管理している。次の各問いに答えなさい。

処理の流れ

① 　予防接種が可能な会場を会場表に登録する。接種可能人数は会場ごとの1日あたりに接種可能な人
数を表す。

② 　会場番号は，会場の種類ごとに，アリーナはAL，クリニックはCL，病院はHP，ショッピングモー
ルはSM，スタジアムはSTで始まるよう設定している。

③ 　役所が管理する地域住民の情報を住民表に登録する。

④ 　住民が予防接種希望届を提出した場合，予約表にデータを追加する。

会場表

会場番号	会場名	接種可能人数
AL001	Bアリーナ	300
AL002	Oアリーナ	200
〜	〜	〜
SM001	Aショッピングモール	700
SM002	Fショッピングモール	650
〜	〜	〜
ST002	Gスタジアム	300
〜	〜	〜

予約表

住民番号	予約日	会場番号
J009	2023/09/06	ST002
J011	2023/09/09	HP002
〜	〜	〜
J012	2023/10/30	HP005
J022	2023/11/07	HP004
〜	〜	〜
J003	2023/11/30	ST001
〜	〜	〜

住民表

住民番号	氏名	住所	生年月日
J001	河崎 憲二	東京都港区三田4-6	1982/12/18
J002	竹田 貴美	東京都豊島区南池袋1-7-12	1971/10/19
〜			〜
J011	谷村 華音	東京都大田区東馬込4-13-14	1963/12/05
J012	宮城 小梅	東京都新宿区二十騎町2-9-20	1975/03/07
〜			〜
J015	堀井 咲良	東京都八丈島八丈町末吉3-18-5	1974/09/15
〜			〜

問1．次の図は，3つの表のE-R図である。空欄(a)にあてはまる適切なものを選び，記号で答えなさ
い。

| ※ | 1　多 | (a) | 多　1 | ※ |

　ア．予約表　　　　　　　　**イ**．住民表　　　　　　　　**ウ**．会場表

問2．生年月日が2005年9月1日以降に生まれた住民の氏名，住所，生年月日を生年月日の降順に並べて抽出するためのSQL文の空欄にあてはまる適切なものを選び，記号で答えなさい。

SELECT 氏名，住所，生年月日 FROM 住民表
　　WHERE 生年月日 >= '2005/09/01'
　　　　(a)　　生年月日　　(b)

氏名	住所	生年月日
坂口　徳一	東京都八王子市緑町4-11-6	2006/07/15
市原　咲季	東京都新宿区愛住町1-3-3	2005/10/04

ア． (a)　ORDER BY　　(b)　ASC
イ． (a)　ORDER BY　　(b)　DESC
ウ． (a)　GROUP BY　　(b)　ASC

問3．2023年9月30日に予約が入っているワクチン接種会場の会場番号と予約日，予約者数を抽出する。次のSQL文の空欄をうめなさい。

SELECT 会場番号，予約日，COUNT(*) AS 予約者数
　　FROM 予約表
　　WHERE 予約日　(a)　('2023/09/30')
　　　(b)　会場番号，予約日

会場番号	予約日	予約者数
SM001	2023/09/30	1
ST002	2023/09/30	1

問4．会場番号がSMで始まる接種会場の接種可能人数を200人減らすためのSQL文の空欄にあてはまる適切なものを選び，記号で答えなさい。

UPDATE 会場表 SET 接種可能人数 = (接種可能人数 - 200)
　　　　　　　　　WHERE 会場番号　(a)　　(b)

ア． (a)　LIKE　　(b)　'SM_'
イ． (a)　LIKE　　(b)　'SM%'
ウ． (a)　IN　　(b)　'SM%'

問5．予約表に新たなデータを追加するためにデータベースにアクセスしたが，更新中に他の人が同一のデータにアクセスすることによってデータの完全性が失われることを防ぐために設定すべき事項として適切なものを選び，記号で答えなさい。

ア． 正規化　　　**イ．** デッドロック　　　**ウ．** 排他制御

【6】 次の各問いに答えなさい。

問1. 次の表は，クラスの男子21名で身長順に2列縦隊に整列するために，身長がちょうど真ん中の生徒を見つけるための表である。D5に設定する式として適切なものを選び，記号で答えなさい。ただし，同じ身長の生徒はいないものとする。

	A	B	C	D
1				
2		クラス身長一覧		
3				
4	出席番号	氏　名	身長	中央値
5	2201	赤沢 ○○	172.5	
6	2202	井口 ○○	165.3	
7	2203	馬淵 ○○	182.8	
8	2204	江口 ○○	162.2	
9	2205	小野 ○○	169.9	○
10	2206	堅田 ○○	159.1	
11	2207	木口 ○○	164.5	
12	2208	久保 ○○	168.8	
13	2209	監物 ○○	172.2	
14	2210	小林 ○○	170.9	
15	2211	﨑田 ○○	167.4	
16	2212	塩田 ○○	173.7	
17	2213	角田 ○○	175.2	
18	2214	瀬川 ○○	161.6	
19	2215	其輪 ○○	163.3	
20	2216	田口 ○○	171.9	
21	2217	筑波 ○○	185.4	
22	2218	佃 ○○	168.5	
23	2219	寺尾 ○○	166.1	
24	2220	友田 ○○	181.4	
25	2221	難波 ○○	177.5	

ア． =IF(C5=MEDIAN($C$5:$C$25),"○","")

イ． =IF(C5=MODE($C$5:$C$25),"○","")

ウ． =IF(C5=MEDIAN($C$5:$C$25),"","○")

問2. 次の表は，高校名の略称を作る表である。C5に設定する次の式の空欄をうめなさい。
　なお，D5には =SUBSTITUTE(C5,"高校","高") が設定されている。

	A	B	C	D
1				
2		高校名の略称		
3				
4	番号	高校名称	編集1	編集2
5	1	山川東商業高校	山川東商高	山川東商高
6	2	山川工業高校	山川工高	山川工高
7	3	松田農業高校	松田農高	松田農高
8	4	倉田商業高校	倉田商高	倉田商高
9	5	東山川工業高校	東山川工高	東山川工高
10	6	鴨川高校	鴨川高校	鴨川高
11	7	香南高校	香南高校	香南高
12	8	甲陽高校	甲陽高校	甲陽高
13	9	五島商業高校	五島商高	五島商高
14	10	倉田工業高校	倉田工高	倉田工高

=SUBSTITUTE(SUBSTITUTE(　　　　　　　　　,"商高"),"工業高校","工高"),"農業高校","農高")

問3. 次の表は，ある地域の運転代行会社の料金を比較した早見表である。料金は，基本料金（3kmまでの料金）と，距離料金に距離（3km減じたもの）を乗じたものとの和を求める。D5に設定する次の式の空欄(a)，(b)をうめなさい。ただし，この式をH8までコピーする。

	A	B	C	D	E	F	G	H
1								
2	運転代行料金早見表							
3	会社名	基本料金	距離料金			距離（km）		
4		（3kmまで）	（円/km）	3	5	10	20	30
5	おくりや	3,000	300	3,000	3,600	5,100	8,100	11,100
6	ひかり	2,000	450	2,000	2,800	5,150	9,650	14,150
7	リリーフ	2,500	400	2,500	3,300	5,300	9,300	13,300
8	赤とんぼ	4,000	250	4,000	4,500	5,750	8,250	10,750

=$B5+　(a)　*(　(b)　-3)

問4．次の表は，ある県の商業実技大会情報処理部門の成績表である。I列の「平均得点」は，高校ごとに2学年の得点の平均を求める。I15に設定する式として適切なものを選び，記号で答えなさい。

	A	B	C	D	E	F	G	H	I	J
1										
2			○○県情報処理競技大会成績表							
3										
4	選手番号	選手名	高校名	学年	得点		団体順位			
5	103	阿部　○○	O商業高校	2	95		高校名		合計得点	順位
6	304	江口　○○	T商業高校	2	94		O商業高校		262	3
7	301	内田　○○	T商業高校	1	93		K商業高校		231	4
8	201	横田　○○	K商業高校	2	92		T商業高校		318	1
9	401	磯崎　○○	M高校	2	92		M高校		311	2
10	403	川本　○○	M高校	2	92		Y商業高校		194	5
11	102	小林　○○	O商業高校	2	91					
12	303	高山　○○	T商業高校	2	80					
13	402	加藤　○○	M高校	2	71		2年生の平均点			
14	503	三島　○○	Y商業高校	2	57		高校名	学年	平均得点	順位
15	404	安藤　○○	M高校	1	56		O商業高校	2	73.7	3
16	504	井口　○○	Y商業高校	2	54		K商業高校	2	57.8	4
17	204	天野　○○	K商業高校	2	51		T商業高校	2	87.0	1
18	302	赤沢　○○	T商業高校	1	51		M高校	2	85.0	2
19	203	松田　○○	K商業高校	2	49		Y商業高校	2	55.5	5
20	502	木下　○○	Y商業高校	1	45					
21	101	佐藤　○○	O商業高校	1	41					
22	202	広井　○○	K商業高校	2	39					
23	501	中井　○○	Y商業高校	1	38					
24	104	立花　○○	O商業高校	2	35					

ア．=AVERAGEIFS($C$5:$C$24,G15,$E$5:$E$24,$D$5:$D$24,H15)

イ．=AVERAGEIFS($C$5:$C$24,G15,$D$5:$D$24,H15,$E$5:$E$24)

ウ．=AVERAGEIFS($E$5:$E$24,$C$5:$C$24,G15,$D$5:$D$24,H15)

問5．次の表は，ある洋菓子店の製造計画を示した表である。次の条件から利益が最大となるプレミアム箱詰とゴールド箱詰の製造数を求めるために，表計算ソフトのデータ分析機能を使って最適な解を求めた。また，その解を連立不等式を作って解き，それをグラフ化した。この内容の説明として適切なものを選び，記号で答えなさい。

条件　1．C6には次の式を入力し，E6までコピーする。　　=$B4*C4+$B5*C5
　　　　2．プレミアム箱詰とゴールド箱詰は1箱以上製造する。
　　　　3．ゼリーとケーキはそれぞれ1日の最大製造能力を超えないようにする。

・データ分析機能実行前

・データ分析機能実行後

	A	B	C	D	E
1					
2	洋菓子　アンダンテ　製造計画				
3		何箱作るか	ゼリー	ケーキ	利益
4	プレミアム箱詰	40	6	2	¥600
5	ゴールド箱詰	40	3	4	¥400
6	合計	80	360	240	¥40,000
7					
8	1日の最大製造能力		360	240	

・パラメータの設定

・連立不等式のグラフ（線形計画法）

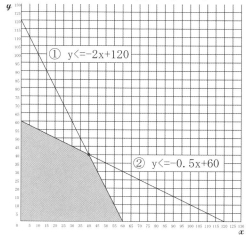

①　y<=-2x+120

②　y<=-0.5x+60

・連立不等式

$$\begin{cases} 6x+3y<=360 \\ 2x+4y<=240 \\ 600x+400y=K \end{cases}$$

→　y<=-2x+120
→　y<=-0.5x+60

これを解くと　x<=40, y<=40　となり，利益は600×40+400×40=40000が最大。

ア．②　y<=-0.5x+60はゼリーの製造数を表す式である。

イ．パラメータの設定における変化させるセルの$B$5がxで$B$4がyである。

ウ．制約条件の$C$6<=$C$8は，6x+3y<=360を表している。

【7】 次の表は，あるカラオケ店の料金計算表である。作成条件および作成手順にしたがって，各問い
に答えなさい。

シート名「利用料金計算表」

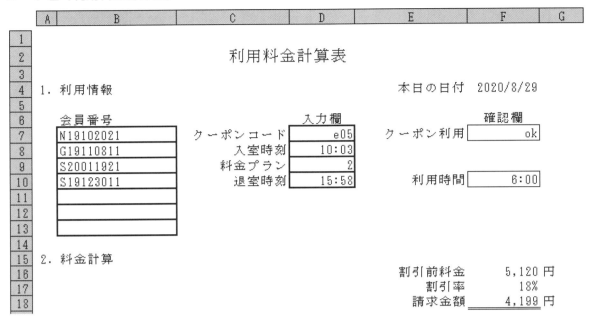

シート名「料金表」

	A	B	C	D
1				
2	料金表			
3				
4	通常プラン		30分あたり	
5	入室時刻		月～木	金～日
6	10:00 ～		120	220
7	18:00 ～		370	480
8				
9	フリープラン			
10	入室時刻		月～木	金～日
11	10:00 ～		920	1,280
12	18:00 ～		1,280	1,680

シート名「割引率表」

	A	B
1		
2	メンバーズ割引の割引率表	
3	会員ポイント	割引率
4	3	3%
5	4	5%
6	5	7%
7	6	9%
8	7	11%
9	8	13%
10	9	15%
11	10	17%
12	11	19%
13	12	21%
14	13	23%
15	14	25%
16	15	27%
17	16	29%
18	17	31%
19	18	33%
20	19	35%
21	20	37%
22	21	39%

作成条件

1．シート名「利用料金計算表」の入力欄に適切なデータを順に入力すると，請求金額を求めることができる。

2．一度に入店できる人数は7人以下とする。

3．グループで来店した場合，1人でも会員がいれば入店できる。

4．会員番号は9文字で構成されており，先頭の1文字は会員区分を示す。

5．会員区分は N　S　G　Z　の4種類である。

6．来店者の会員ポイントの合計が3以上の場合，そのポイントに応じた割引率によってメンバーズ割引を受けることができる。ただし，N会員1人は1ポイント，S会員1人は2ポイント，G会員1人は3ポイントとして計算する。

7．クーポンコードは次のように3文字で構成されている。クーポン種別は，月曜日～木曜日に使用できる f と，金曜日～日曜日に使用できる e の2種類であり，末尾の2文字が割引率（％）を示す。

　　　例　f 20　→　　　f　　　　　　20
　　　　　　　　　クーポン種別　　割引率（％）

8．料金プランは，30分ごとに課金される通常プラン（料金プラン:1）と，最大8時間まで利用できるフリープラン（料金プラン:2）がある。

9．D8，D10，F10の表示形式は"hh:mm"に設定してある。

10．F17の表示形式は ％ に設定してある。

作成手順

1．「利用料金計算表」は次のように作成する。

(1)　F4は，本日の日付を表示する関数が設定されている。

(2)　B7～B13は，「会員番号」を入力する。会員登録していない客は Z00000000 と入力する。

(3)　D7は，客が提示した「クーポンコード」を入力する。クーポンを利用しない場合は空欄にする。

(4)　F7は，D7のクーポンコードをもとに，本日の日付がそのクーポンを利用できる場合は ok を，それ以外は ng を表示する。

(5)　D8は，「入室時刻」を入力する。

(6)　D9は，「料金プラン」を入力する。

(7)　D10は，「退室時刻」を入力する。

(8)　F10は，D10からD8を引いて求める。ただし，30分単位で切り上げる。

(9)　F16は，D8，D9，「本日の日付」から求めた曜日をもとにシート名「料金表」を参照して単価を求め，人数と30分単位の利用時間をかけて求める。

(10)　F17は，D7のクーポンコードの割引率と，会員ポイントの合計によるメンバーズ割引の割引率を足して求める。

(11)　F18は，F16とF17を用いて，割引後の金額を求める。ただし，割引料の円未満は切り捨てる。

「問題を読みやすくするために，
このページは空白にしてあります。」

第11回

問1．シート名「利用料金計算表」のF10に設定する次の式の空欄(a)，(b)をうめなさい。

$\boxed{\text{(a)}}$ (D10-D8, $\boxed{\text{(b)}}$ (0,30,0))

問2．シート名「利用料金計算表」のF16に設定する式として適切なものを選び，記号で答えなさい。

ア．=COUNTA(B7:B13)*IF(D9=2,1,F10/"00:30:00")*INDEX((料金表!C6:D7,料金表!C11:D12),
MATCH(利用料金計算表!D8,料金表!A6:A7,0),ROUNDUP(WEEKDAY(利用料金計算表!F4,3)/7,0)+1,D9)

イ．=COUNTA(B7:B13)*IF(D9=2,1,F10/"00:30:00")*INDEX((料金表!C11:D12,料金表!C6:D7),
MATCH(利用料金計算表!D8,料金表!A6:A7,1),ROUNDUP(WEEKDAY(利用料金計算表!F4,3)/7,0)+1,D9)

ウ．=COUNTA(B7:B13)*IF(D9=2,1,F10/"00:30:00")*INDEX((料金表!C11:D12,料金表!C6:D7),
MATCH(利用料金計算表!D8,料金表!A6:A7,0),ROUND(WEEKDAY(利用料金計算表!F4,3)/7,0)+1,D9)

エ．=COUNTA(B7:B13)*IF(D9=2,1,F10/"00:30:00")*INDEX((料金表!C6:D7,料金表!C11:D12),
MATCH(利用料金計算表!D8,料金表!A6:A7,1),ROUND(WEEKDAY(利用料金計算表!F4,3)/7,0)+1,D9)

（注）　WEEKDAY関数の第2引数が3の場合，戻り値として0（月曜日）～6（日曜日）を返す。

問3．シート名「利用料金計算表」のF17に設定する次の式の空欄をうめなさい。

=IF(F7="ok",VALUE(RIGHT(D7,2))/100,0)
　+IFERROR(VLOOKUP(COUNTIFS(B7:B13,$\boxed{\text{解答不要}}$)+COUNTIFS(B7:B13,$\boxed{\text{解答不要}}$)*2
　+COUNTIFS(B7:B13,$\boxed{}$)*3,割引率表!A4:B22,2,0),0)

問4．次の式①と式②は，シート名「利用料金計算表」のF18に設定する式である。この2つの式が同等の結果になるように，式の空欄(a)，(b)にそれぞれ当てはまる適切なものを選び，記号で答えなさい。

式①：= $\boxed{\text{(a)}}$ (F16*(1-F17),0)
式②：=F16- $\boxed{\text{(b)}}$ (F16*F17)

ア．ROUND　　　　　　**イ**．ROUNDUP　　　　　　**ウ**．ROUNDDOWN
エ．CEILING　　　　　**オ**．FLOOR　　　　　　　**カ**．INT

問5．シート名「利用料金計算表」が次のように表示されているとき，F18に表示される適切な数値を答えなさい。なお，2020年8月29日におけるF7が「ok」であったことから，2020年9月2日の曜日の範囲を推測する。

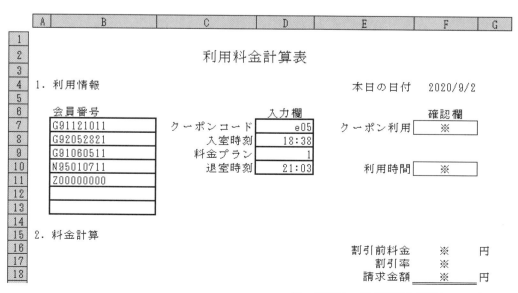

（注）　※印は，値の表記を省略している。

【1】　次の説明文に最も適した答えを解答群から選び，記号で答えなさい。

1．流れ図を作成したり，コーディングシートにプログラムを書き起こしたりして，プログラムの動作や処理の流れを詳細に定義する工程。

2．RASISが示す評価指標の一つで，不正操作による情報漏洩（ろうえい）が起きにくかったり，不正アクセスを受けにくかったりなど，システムの保護性を表す指標。

3．RAID1において，複数のハードディスクに同一のデータを書き込むことで信頼性を高める技術。保存できるデータは記憶容量の半分となる。

4．プロトコルが異なるネットワーク同士を接続し，相互に通信を可能にする通信機器やソフトウェア。

5．コンピュータに割り当てられたIPアドレスと人間が理解しやすいように文字列で構成されたドメイン名を相互に変換するための技術。

```
─ 解答群 ─
ア．DNS          イ．ゲートウェイ     ウ．安全性
エ．ストライピング  オ．ハブ           カ．プログラム設計
キ．保守性        ク．ルータ         ケ．プログラミング
コ．DHCP         サ．完全性         シ．ミラーリング
```

【2】　次のA群の語句に最も関係の深い文をB群から選び，記号で答えなさい。

＜A群＞　1．ブロードキャストアドレス　　2．SSL/TLS　　　3．ポート番号
　　　　　4．フォールトアボイダンス　　　5．FTP

＜B群＞
　ア．IPアドレスのうち，そのネットワーク自身を表すアドレス。ホストアドレス部の値が全て0になる。

　イ．インターネットの標準的なプロトコル群の総称。インターネット上でデータを送信する役割や，受信したデータを順番通りに並び替えて1つのファイルとして構成する役割を果たす。

　ウ．システムに障害は発生するものという前提に立ち，障害が発生しても予備のシステムに切り替えるなどして性能を落とすことなく運転を継続させる考え方。

　エ．システムを構成する装置の品質を高めたり，予防保守を行うなどして，障害発生の要因を極力排除し，システム障害が発生しないようにする考え方。

　オ．インターネットでやり取りするデータを暗号化して送受信するためのプロトコル。HTTPに暗号化機能として付加したHTTPSとして利用されることがある。

　カ．電子メールで画像や動画などのマルチメディアデータや様々な文字コードのデータを送受信するための技術。

　キ．IPアドレスのうち，ネットワークに接続された全ての通信機器にデータを一斉に送信するためのアドレス。ホストアドレス部の値が全て1になる。

　ク．宛先IPアドレスや送信元IPアドレスなどの情報をもとにデータを通過させるか，拒否するかを判断するセキュリティ機能。

　ケ．インターネットでファイルを送受信するためのプロトコル。

　コ．TCP/IPにおいて，コンピュータ内で動作する複数のソフトウェアを識別するための数値。

【3】　次の説明文に最も適した答えをア，イ，ウの中から選び，記号で答えなさい。なお，5．については数値を答えなさい。

1．情報資産を守るために企業が定める組織の方針や行動指針をまとめたもの。社内に対しては情報資産を守る具体的な行動につながり，社外に対しては，情報資産を守る姿勢を示して信用を得ることができる。

ア．DMZ　　　　　　　イ．セキュリティポリシー　　　　　　　ウ．VPN

2．複数のトランザクションが資源を専有した状態において，互いに相手が専有している資源の解放を待って待機状態から動かなくなる現象。

ア．排他制御　　　　　　イ．デッドロック　　　　　　　ウ．コミット

3．メールサーバから電子メールを受信するためのプロトコル。電子メールのデータは，クライアントのコンピュータに保存され，メールサーバからは削除される。

ア．POP　　　　　　　イ．IMAP　　　　　　　ウ．SMTP

4．次のような稼働状況のサーバの稼働率として適切なものを選び，記号で答えなさい。ただし，小数第3位未満を四捨五入し，小数第3位まで求めること。

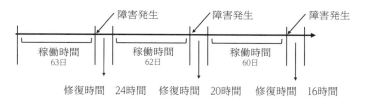

ア．0.755　　　　　　　イ．0.984　　　　　　　ウ．0.987

5．デジタルカメラで，解像度1,600×1,200ピクセル，1ピクセルあたり24ビットのカラー情報を持つ画像を撮影する場合，1枚のDVDに何枚の画像を保存することができるか。ただし，DVDの記憶容量は4.7GBとする。なお，1GB=10⁹Bとする。

【4】　次の各問いに答えなさい。

問1．次の表は，ある店の1か月の売上高を売上高の降順に並べ替えたものである。ABC分析を用いて分析した場合，A群に属する商品の数として適切なものを選び，記号で答えなさい。ただし，累計売上比率が70％以下はA群，70％を超え90％以下はB群，それ以外はC群とする。

商品名	商品U	商品W	商品Z	商品V	商品X	商品Y	合計
売上高	130	97	80	71	44	30	452

ア．2つ　　　　　　　　　イ．3つ　　　　　　　　　ウ．4つ

問2．ある企業では，今後の経営方針を策定するために，現在行っている事業に関する分析を行うことにした。この企業が行った分析として適切なものを選び，記号で答えなさい。

番号	事業分析の結果
1	市場シェアを拡大する新商品を開発しようと，社員が社内外の研修に積極的に参加している。
2	新規市場に参入しようと育てていた技術の研究が行き詰まっている。
3	外国為替の状況から，輸出が今後も伸びることが予想され，海外市場での市場シェア拡大が見込まれる。
4	消費者の環境保全に関する意識が急速に高まり，既存製品の売り上げが低下しているため，省エネ機能や環境にやさしい商品開発に着手しなければならない。

ア．PPM分析
イ．回帰分析
ウ．SWOT分析

問3．あるネットワークのサブネットマスクは次のように設定されている。このネットワークで使用できるホスト数はいくつか。適切なものを選び，記号で答えなさい。

サブネットマスク
255.255.254.0

ア．508台　　　　　　　　イ．510台　　　　　　　　ウ．512台

問4．システム内外の要素の間でやり取りされるデータの流れを表すための図の名称と，図として適切なものを選び，記号で答えなさい。

(1) **名称** ア．DFD
イ．アローダイアグラム
ウ．特性要因図

(2) **図**

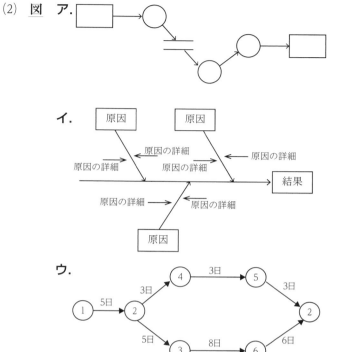

問5．CRMを説明している次の文章のうち，適切なものを選び，記号で答えなさい。

ア．顧客の情報を収集・分析して，適切な広告を提供したり，問い合わせやトラブルを社内で共有するなどして顧客の愛顧を高めることで，サービスの質を高め，競争力の強化を図る経営手法。

イ．業務プロセスを抜本的に改革することで，社内の無駄や不合理を解消するとともに，コスト削減や経営の効率化を図る経営手法。

ウ．経営資源を一元的に管理することで最適な配分を行い，経営資源を無駄なく効率的に有効活用することで経営の効率化や競争力の強化を図る経営手法。

【5】　ある自治体では，公営のスポーツ施設の予約管理に関するデータを次のようなリレーショナル型
データベースを利用して管理している。次の各問いに答えなさい。

処理の流れ

① 施設番号について，第1体育館はGM1，第2体育館はGM2，メイングラウンドはGL1，サブグラウンド
はGL2で始まり，前面，後面，全面など利用する範囲に応じて連番を付加している。

② 施設の予約について，利用区分＝0は午前の利用を，利用区分＝1は午後の利用を表している。

③ 同じ団体が同じ日に同じ施設を午前，午後ともに予約することができる。

④ 各施設は1つの団体のみが利用することができる。複数の団体が共同で予約して使用することはな
い。

⑤ 施設の予約は，予約届に記入して申請する。また，施設の予約取消しは，予約取消届に記入して
申請する。

⑥ 予約届が提出された場合，予約届に基づいて予約表にデータを追加する。

⑦ 予約取消届が提出された場合，予約取消しの履歴が分かるように予約取消届に基づいて予約取消
表にデータを追加した後，予約取消表にあるデータと同一のデータを予約表から削除する。

施設表

施設番号	施設名	利用料金
GM11	第1体育館（前面）	1000
GM12	第1体育館（後面）	1000
GM21	第2体育館（前面）	1000
GM22	第2体育館（後面）	1000
GL11	メイングラウンド（前面）	1500
GL12	メイングラウンド（後面）	1500
GL21	サブグラウンド（前面）	1000
GL22	サブグラウンド（後面）	1000

団体表

団体番号	団体名
T0001	□□高校バレーボール部
T0002	□□高校卓球部
T0003	□□高校バドミントン部
〜	〜
T0008	○○高校バレーボール部
T0009	○○高校卓球部
〜	〜
T0011	○○高校バスケットボール部
〜	〜

予約表

予約日	施設番号	利用区分	団体番号
2024/04/01	GM21	0	T0016
2024/04/01	GM21	1	T0016
2024/04/05	GM23	0	T0008
〜	〜	〜	〜
2024/04/12	GM11	1	T0015
2024/04/13	GM13	1	T0011
〜	〜	〜	〜
2024/04/19	GM13	1	T0015
〜	〜	〜	〜

予約取消表

予約日	施設番号	利用区分	団体番号
2024/04/01	GM21	0	T0016

問1．予約表の主キーとして適切なものを選び，記号で答えなさい。

　　ア．予約日
　　イ．予約日と施設番号
　　ウ．予約日と施設番号と利用区分
　　エ．予約日と施設番号と利用区分と団体番号

問2．2024年4月10日から2024年4月17日までの間に第1体育館を予約している団体の団体番号と団体名と予約日を抽出する。SQL文の空欄にあてはまる適切なものを選び，記号で答えなさい。

SELECT B.団体番号，団体名，予約日
　　FROM 団体表 A，予約表 B
　　WHERE A.団体番号 = B.団体番号
　　　AND 予約日 ＿＿＿＿＿＿＿＿＿＿＿
　　　AND B.施設番号 LIKE 'GM1_'

団体番号	団体名	予約日
T0021	△△高校野球部	2024/04/11

　ア． BETWEEN '2024/04/10' AND '2024/04/17'
　イ． < '2024/04/09' AND 予約日 >'2024/04/18'
　ウ． > '2024/04/09' AND 予約日 <'2024/04/17'

問3．ある団体が予約取消届の通りに予約の削除を申請してきたため，予約取消表にデータを追加する。次のSQL文の空欄をうめなさい。

　　＿＿(a)＿＿　＿＿(b)＿＿　予約取消表
　　SELECT * FROM 予約表
　　　WHERE 予約日 = '2024/04/01'
　　　　AND 施設番号 = 'GM21'
　　　　AND 利用区分 = 1
　　　　AND 団体番号 = 'T0016'

予約取消届　　記入日 2024年3月1日
　　　　　　　　記入者　吉良　大和
予約を取消す内容を記入してください。
予約日時 2024年4月1日（午後）　施設名 第2体育館（前面）
団体番号 T0016　　団体名 △△高校卓球部

問4．予約取消表にあるデータと同一のデータを予約表から削除する。次のSQL文の空欄をうめなさい。

　　＿＿(a)＿＿　FROM 予約表 A
　　WHERE ＿＿(b)＿＿ (SELECT * FROM 予約取消表 B
　　　　　　　　　WHERE A.予約日 = B.予約日
　　　　　　　　　　AND A.施設番号 = B.施設番号 AND A.利用区分 = B.利用区分)

問5．施設番号，施設名，施設ごとの予約回数を予約回数の降順に表示するためのSQL文の空欄にあてはまる適切なものを選び，記号で答えなさい。

SELECT B.施設番号，施設名，COUNT(*) AS 予約回数
　　FROM 施設表 A，予約表 B
　　WHERE A.施設番号 = B.施設番号
　　GROUP BY B.施設番号，施設名
　　＿＿＿＿＿＿＿＿＿＿＿＿＿＿

施設番号	施設名	予約回数
GM21	第2体育館（前面）	35
GL22	サブグラウンド（後面）	29
～	～	～

　ア． ORDER BY COUNT(*) DESC
　イ． ORDER BY COUNT(*) ASC
　ウ． ORDER BY 施設番号 DESC

【6】 次の各問いに答えなさい。

問1. ある飲料品販売店では，商品の仕入れにあたり卸売店に箱単位で発注している。次の表は，必要な本数と1箱内の本数から発注箱数を求めるものである。D4に設定する式として適切なものを選び，記号で答えなさい。

	A	B	C	D	E
1					
2	発注計算表				
3	商品名	必要な本数	1箱内の本数	発注本数	発注箱数
4	シュワっとオレンジ	50	15	60	4
5	しぼりたてリンゴ	14	8	16	2
6	奇跡の天然水	50	12	60	5
7	夜明けの缶コーヒー	65	20	80	4

ア. =FLOOR(B4,C4)　　　**イ.** =CEILING(B4,C4)　　　**ウ.** =MOD(B4,C4)

問2. 次の表は，最高気温と，あるスーパーにおけるおでんセットの売上数である。C18は最高気温とおでんセットの売上数の関係をもとにして，売上数予測を求める。C18に設定する式として適切なものを選び，記号で答えなさい。

	A	B	C
1			
2	おでんセット売上数		
3	日付	最高気温(℃)	売上数
4	12/1	12.2	35
5	12/2	15.4	28
6	12/3	18.1	20
～	～	～	～
15	12/12	9.1	48
16	12/13	9.6	45
17	12/14	8.8	50
18	12/15	8.3	

ア. =FORECAST(B18,C4:C17,B4:B17)

イ. =FORECAST(B18,B4:B17,C4:C17)

ウ. =SUBSTITUTE(B18,C4:C17,B4:B17)

問3. 乱数を発生させるRANDBETWEEN関数を用いて，次のような式を設定した。この式の結果，表示される数値について適切なものを選び，記号で答えなさい。

=RANDBETWEEN(1,5)*2

ア. 2～10の実数　　　**イ.** 2～10の整数　　　**ウ.** 2～10の2の倍数

問4．次の表は，ある学校の修学旅行先の希望投票
を集計するものである。組別集計表は組ごとに
希望番号を集計する。E11に設定する次の式の
空欄(a)，(b)をうめなさい。ただし，この式を
G15までコピーする。

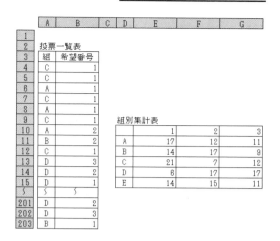

投票一覧表

組	希望番号
C	1
C	1
A	1
C	1
A	1
C	1
A	2
B	2
C	1
D	3
D	2
D	1
〜	〜
D	2
D	3
B	1

組別集計表

	1	2	3
A	17	12	11
B	14	17	9
C	21	7	12
D	6	17	17
E	14	15	11

=COUNTIFS($A$4:$A$203, (a) ,$B$4:$B$203, (b))

問5．次の表は，あるアマチュアゴルファーのスコア記録表である。条件表に設定した条件の集計
結果を結果表に求める。H10に次の式が設定されているとき，表示される数値を答えなさい。

ゴルフスコア記録表

プレー日	コース名	OUT	IN	合計
3月10日	福岡カントリークラブ	52	53	105
4月20日	石川ゴルフクラブ	46	49	95
5月7日	福岡カントリークラブ	44	49	93
6月18日	石川ゴルフクラブ	54	48	102
7月1日	福岡カントリークラブ	53	50	103
8月2日	福岡カントリークラブ	55	49	104
9月12日	石川ゴルフクラブ	47	52	99
9月20日	石川ゴルフクラブ	45	47	92
10月25日	福岡カントリークラブ	48	49	97
11月27日	石川ゴルフクラブ	50	53	103

条件表

コース名	OUT	IN	合計
石川ゴルフクラブ	<50		
石川ゴルフクラブ		<50	

結果表

集計結果	※

(注) ※印は，値の表記を省略している。

=DMAX(B3:E13,4,G5:J7)

【7】　次の表は，オリジナルシャツの受注販売をおこなっている店の料金計算表である。作成条件およ
び作成手順にしたがって，各問いに答えなさい。

シート名「料金計算表」

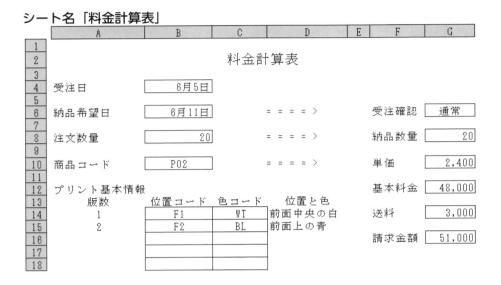

	A	B	C	D	E	F	G
1							
2			料金計算表				
3							
4	受注日	6月5日					
5							
6	納品希望日	6月11日		====>	受注確認	通常	
7							
8	注文数量	20		====>	納品数量	20	
9							
10	商品コード	P02		====>	単価	2,400	
11							
12	プリント基本情報				基本料金	48,000	
13	版数	位置コード	色コード	位置と色	送料	3,000	
14	1	F1	WT	前面中央の白			
15	2	F2	BL	前面上の青	請求金額	51,000	
16							
17							
18							

シート名「単価表」

	A	B	C	D	E	F	G	H	I	J	K	L	M	N	O
1															
2	単価表														
3	P01（Tシャツ）		1版	2版	3版	4版	5版		P03（スウェット）		1版	2版	3版	4版	5版
4		1〜19	1,700	2,700	3,600	4,600	5,600			1〜19	3,000	4,100	5,100	6,100	7,200
5		20〜29	1,300	2,000	2,600	3,300	3,900			20〜29	2,700	3,400	4,100	4,800	5,500
6		30〜49	1,200	1,700	2,200	2,700	3,200			30〜49	2,600	3,100	3,700	4,200	4,800
7		50〜99	1,000	1,400	1,700	2,000	2,300			50〜99	2,400	2,800	3,200	3,600	4,000
8		100〜	920	1,100	1,300	1,600	1,800			100〜	2,300	2,600	2,800	3,100	3,400
9															
10	P02（ポロシャツ）		1版	2版	3版	4版	5版		P04（パーカー）		1版	2版	3版	4版	5版
11		1〜19	2,000	3,100	4,100	5,100	6,200			1〜19	3,600	4,600	5,600	6,600	7,700
12		20〜29	1,700	2,400	3,100	3,800	4,500			20〜29	3,200	3,900	4,600	5,300	6,000
13		30〜49	1,600	2,100	2,700	2,300	3,800			30〜49	3,100	3,600	4,200	4,700	5,300
14		50〜99	1,400	1,800	2,200	2,600	3,000			50〜99	2,900	3,300	3,700	4,100	4,500
15		100〜	1,300	1,500	1,800	2,100	2,400			100〜	2,800	3,100	3,300	3,600	3,900

シート名「位置表」

	A	B
1		
2	位置表	
3	位置コード	プリント位置
4	F1	前面中央
5	F2	前面上
6	F3	前面下
7	F4	胸ポケット
8	B1	背面中央
9	B2	背面上
10	B3	背面下
11	S1	右肩
12	S2	右脇
13	S3	左肩
14	S4	左脇

シート名「色表」

	A	B
1		
2	色表	
3	色コード	色名
4	WT	白
5	BK	黒
6	BL	青
7	YE	黄
8	RD	赤
9	OR	橙
10	GR	緑
11	PU	紫
12	PI	桃

作成条件

1．シート名「料金計算表」のB列，C列に適切なデータを入力すると，請求金額を求めることができる。

2．この店は日曜日を定休日とし，営業は行っていない。

3．受注日から納品希望日までの日数が，日曜日を除いて20日以上ある場合は，早割として基本料金が3％値引きされる。ただし，端数は50円単位で切り捨てて表示する。なお，日数の計算は片落としとする。

4．柄は最大5か所までプリントできる。

5．色は最大5色まで指定できる。なお，1か所1色につき1版と数える。

6．オリジナルシャツの単価は，注文数量と版数によって決定する。

7．一度に30枚以上の注文を受けた場合，1枚を無料サービス分として追加納品する。

8．送料は一律3,000円である。ただし，基本料金が50,000円以上の場合は無料とする。

作成手順

1．シート名「料金計算表」は，次のように作成されている。

(1)　B4は，注文を受けた日付を入力する。

(2)　B6は，顧客が希望する納品日を入力する。

(3)　B8は，注文を受けた数量を入力する。

(4)　B10は，注文を受けた商品のコードを入力する。

(5)　B14～B18は，柄をプリントする位置のコードを入力する。

(6)　C14～C18は，柄をプリントする色のコードを入力する。

(7)　A14は，B14とC14に適切なデータが入力されている場合，版数を表示する。なお，A15～A18も同様とする。

(8)　D14は，B14の「位置コード」をもとに「位置表」を参照した「プリント位置」とC14の「色コード」をもとに「色表」を参照した「色名」を結合して表示する。なお，D15～D18も同様とする。

(9)　G6は，納品希望日が日曜日の場合，「納品希望日が日曜日です」を表示し，受注日から納品希望日までの日数が日曜日を除いて20日以上ある場合，「早割」を表示し，5日未満の場合，「受付不可」を表示し，それ以外の場合，「通常」を表示する。

(10)　G8は，B8の「注文数量」が30以上の場合，無料サービス分を追加して表示する。

(11)　G10は，B10の「商品コード」，A14～A18の「版数」，G8の「納品数量」をもとにシート名「単価表」を参照して表示する。

(12)　G12は，B8の「注文数量」にG10の「単価」を掛けて求める。ただし，G6が「納品希望日が日曜日です」または「受付不可」の場合，「納品希望日を確認してください」を表示する。

(13)　G14は，G12の「基本料金」をもとに送料を表示する。

(14)　G16は，G12とG14の合計を求める。ただし，G6が「早割」の場合，G12の「基本料金」から値引きした後の金額にG14の「送料」を加えて求める。

「問題を読みやすくするために，
このページは空白にしてあります。」

問1．シート名「料金計算表」のA14に設定する次の式の空欄をうめなさい。ただし，この式をA18
　　 までコピーする。

=IF(D14="","",　　　　 -13)

問2．シート名「料金計算表」のG6に設定する次の式の空欄をうめなさい。ただし，空欄には同じ
　　 ものが入る。

=IF(WEEKDAY(B6,2)=7,"納品希望日が日曜日です",
　 IF(B6-B4>=20+INT((B6-B4)/　　)+IF(WEEKDAY(B4,2)+MOD(B6-B4,　　)<　 ,0,1),"早割",
　　 IF(B6-B4-INT((B6-B4)/　　)-IF(WEEKDAY(B4,2)+MOD(B6-B4,　　)<　 ,0,1)<5,"受付不可",
　　 "通常")))

㊟ WEEKDAY関数の第2引数が 2 の場合，戻り値として， 1 （月曜日）〜 7 （日曜日）を返す。

問3．シート名「料金計算表」のG10に設定する次の式の空欄(a)〜(c)にあてはまる適切なものを選
　　 び，記号で答えなさい。

=INDEX((単価表!C4:G8,単価表!C11:G15,単価表!K4:08,単価表!K11:015),　(a)　,　(b)　,　(c)　)

ア． MAX(料金計算表!A14:A18)
イ． VALUE(RIGHT(料金計算表!B10,2))
ウ． MATCH(料金計算表!B8,単価表!A4:A8,1)

問4．シート名「料金計算表」のG16に設定する次の式の空欄(a), (b)をうめなさい。

=IFERROR(IF(G6="早割",　(a)　(G12*0.97,(b)),G12)+G14,"納品希望日を確認してください")

問5．シート名「料金計算表」が次のように表示されているとき，G16に表示される適切なデータを答え
　　 なさい。なお，2019年7月18日は木曜日，8月10日は土曜日である。

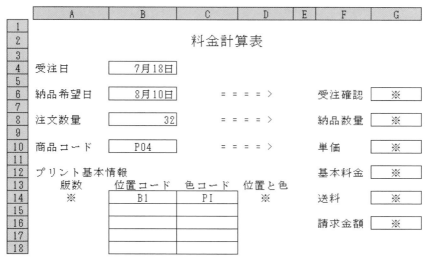

㊟ ※印は，値の表記を省略している。

主催　公益財団法人　全国商業高等学校協会

情報処理検定試験＜ビジネス情報部門＞
第1級　試験問題

||||| **令和5年度（第69回）** 制限時間：60分 解答 ➡ P.55 |||||

【1】 次の説明文に最も適した答えを解答群から選び，記号で答えなさい。

1．システムを独立性の高い機能ごとに分割し，設計，プログラミング，テストという工程を繰り返し，らせん状に徐々に開発範囲を広げながら，完成へと向かう開発手法。

2．複数のハードディスクに分散して記録することで，読み込みや書き込み速度を向上させる技術。複数のハードディスクのうち，1台でも障害が発生すると，すべてのデータの使用ができなくなるため，1台のハードディスクに記録するより，信頼性は低下する。

3．ネットワーク通信において，受信したデータに含まれるIPアドレスやポート番号などを検査し，データ通過の可否を判定するセキュリティ機能。

4．データを暗号化する際，暗号化と復号に同一の鍵を使用する方式。

5．データベースにおいて，複数の処理が排他制御をおこない，お互いにロックの解除待ち状態になり，処理が進行しない状態。

```
─ 解答群 ─
ア．チェックポイント        イ．共有ロック          ウ．共通鍵暗号方式
エ．パケットフィルタリング    オ．デッドロック        カ．プロトタイピングモデル
キ．ミラーリング           ク．スループット        ケ．公開鍵暗号方式
コ．スパイラルモデル         サ．Cookie             シ．ストライピング
```

【2】 次のA群の語句に最も関係の深い説明文をB群から選び，記号で答えなさい。

＜A群＞　1．フォールトアボイダンス　　2．グローバルIPアドレス　　3．保守性
　　　　　4．ロールバック　　　　　　5．HTTP

＜B群＞

ア．データベースのトランザクション実行中に障害が発生した際，ジャーナルファイルを用いてトランザクション実行前の状態に戻す処理。

イ．システムを構築する際，構成する個々の部品の品質を高めたり，従業員の研修を徹底したりするなど，障害の原因を極力取り除き，障害がおきないようにする考え方。

ウ．インターネット上のサーバに保存された電子メールを，ブラウザを用いて端末にダウンロードすることなく，閲覧や操作を行うことができるプロトコル。

エ．RASISの示す指標の一つで，システムが要求された機能を継続して実行できることを表したもの。稼働率が用いられる。

オ．データベースを保存しているハードディスクなどで障害が発生した際，データベースをバックアップ時の状態に復旧させた後，ジャーナルファイルを用いて，障害発生前の状態に戻す処理。

カ．インターネットに接続するコンピュータやルータなどに，一意に割り振られているIPアドレス。

キ．Webサーバとブラウザとの間で，HTMLデータや画像などのデータを送受信する際に使用されるプロトコル。

ク．システムを構築する際，装置や部品などで障害が発生することを考慮し，障害が発生しても安全な方向にシステムを動作させようとする考え方。

ケ．RASISの示す指標の一つで，障害復旧のしやすさやメンテナンスのしやすさなどを表したもの。平均修復時間が用いられる。

コ．コンピュータやプリンタなどに，ネットワーク管理者が任意に割り振ることができるIPアドレス。

【３】　次の説明文に最も適した答えをア，イ，ウの中から選び，記号で答えなさい。なお，5．については数値を答えなさい。

１．個人や組織に及ぼす悪影響や被害，危険などに対して，予想損失や発生確率などを分析し，損失の発生を最小限に抑えようとする活動。

　　　　　ア．ソーシャルエンジニアリング　　**イ**．インシデント　　　　　　　　**ウ**．リスクマネジメント

２．斬新なアイディアや多くの意見などを集めたい場合に用いる集団発想法。「批判禁止」，「自由奔放」，「質より量」，「便乗歓迎」という四つのルールがある。

　　　　　ア．PPM分析　　　　　　　　　　**イ**．ブレーンストーミング　　　　**ウ**．KJ法

３．インターネット上で，情報システムの稼働に必要なハードウェアやネットワークの基盤などを提供するサービス。

　　　　　ア．IaaS　　　　　　　　　　　　**イ**．SaaS　　　　　　　　　　　　**ウ**．ASP

４．160Mbpsの通信回線を使用して480MBのデータを転送した際にかかった時間が48秒であった。この通信回線の伝送効率を求めなさい。なお，その他の外部要因は考えないものとする。ただし，1MB=10^6Bとする。

　　　　　ア．6.25%　　　　　　　　　　**イ**．50.0%　　　　　　　　　　　**ウ**．62.5%

５．イメージスキャナで写真を読み込み，圧縮せずに保存したところ，記憶容量が21.6MBであった。写真のサイズは，縦10.0cm，横12.5cmであり，24ビットカラーを指定している。画像を読み込んだ際の解像度（dpi）を求めなさい。ただし，1MB=10^6Bとし，1インチ＝2.5cmとする。

【4】 次の各問いに答えなさい。

問1. Zグラフの説明として適切なものを選び，記号で答えなさい。

　ア．商品を重視する項目や指標に沿って優先順位を付け，重要度によって，商品群をA，B，Cに分類し，売れ筋商品の把握や商品の入れ替えの検討など，効率的な商品管理を実現するために用いられる。

　イ．各月の売上高，売上高の累計額，移動合計の三つの要素を折れ線グラフとして表現する。長期間の売上推移を，視覚的にとらえることができるため，発注数や在庫数の検討などに用いられる。

　ウ．企業の販売や生産において，複数の制約条件のなかで，費用を最小に抑えるためや，利益を最大に得るためなど，最適な解を求めるために用いられる。

問2. 次のようにネットワークの設定がされているコンピュータAと，同じネットワークグループとなるIPアドレスとして適切なものを選び，記号で答えなさい。

　コンピュータAのネットワーク設定
　IPアドレス　　　：192.168.8.1
　サブネットマスク：255.255.255.0

　ア．192.168.8.8　　　　　　　イ．192.168.12.124　　　　　　ウ．172.16.7.2

問3. 次の図でWebサーバとDNSサーバを設置する場所として適切なものを選び，記号で答えなさい。ただし，Webサイトで，自社の情報をインターネットに公開し，外部からの不正なアクセスを制御できる場所に設置する。また，DNSサーバは，インターネット公開用としてのみ使用する。なお，ファイアウォールは，インターネットから社内ネットワークへのアクセスは許可しない。

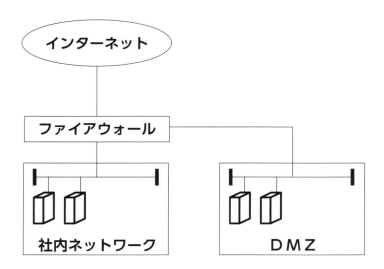

　ア．WebサーバをDMZに設置し，DNSサーバを社内ネットワークに設置する。
　イ．WebサーバとDNSサーバを社内ネットワークに設置する。
　ウ．WebサーバとDNSサーバをDMZに設置する。

問4．課題や結果に対して，影響を与えている原因を整理して体系的にまとめ，課題や結果に対してどのような
　　　原因が関連しているかを明確にするために用いる魚の骨のような形態をしている図の名称と，図として
　　　適切なものを選び，記号で答えなさい。

名称　**ア**．ヒストグラム
　　　イ．散布図
　　　ウ．特性要因図

図　**ア**．

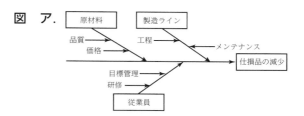

イ．

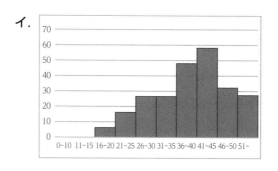

ウ．

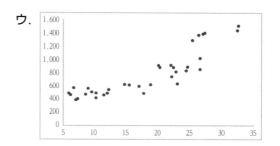

問5．CRMを説明している次の文章のうち適切なものを選び，記号で答えなさい。

　ア．企業が既存の組織や業務，ルールなどを抜本的に見直し，組織全体を再構築すること。業務の効率や
　　　生産性の向上，コスト削減などを目指す。

　イ．企業が持つ資金，設備，情報などの経営資源を有効に活用するため，組織全体で一元的に管理する
　　　しくみ。非効率な部分を排除したり，業務の連携を図ったりするなど，効率的な経営活動を目指す。

　ウ．企業が顧客と良好な関係を築くことを目的に，顧客情報を組織全体で一元的に管理すること。共有
　　　されたデータを営業戦略に活用し，きめ細かい対応を行う体制を整え，顧客満足度の向上を目指す。

【5】 ある運動公園では，施設の貸し出し状況を次のようなリレーショナル型データベースを利用し管理している。次の各問いに答えなさい。

処理の流れ
① 新規の利用希望者の登録を受け付けると，利用者表にデータを入力する。
② 施設の利用申し込みがあった場合，貸し出し状況を調べ，空きがあれば施設利用表に入力する。貸し出し時間は8時から20時の間で，1時間単位で貸し出す。
③ 施設表の基本料金は，施設利用1時間分の料金である。

利用者表

利用者コード	利用者名	住所	電話番号
R00001	尾崎 ○○	○○市◎◎1-3-10	XXX-XXXX-XXXX
R00002	平山 ○○	○○市△△1-3-15	XXX-XXX-XXXX
R00003	遠藤 ○○○	○○市□×2-3-38	XXX-XXX-XXXX
R00004	森田 ○○	○○市□3-2-1204	XXX-XXXX-XXXX
～	～	～	～
R02001	千葉 ○○	○○市△×2-5-10	XXX-XXXX-XXXX
R02002	川部 ○○	○○市○○2-5-1108	XXX-XXX-XXXX
R02003	稲垣 ○	△△市◎区○2-2-7	XXX-XXXX-XXXX
R02004	加藤 ○○	○○市○-22	XXX-XXX-XXXX
～	～	～	～

施設表

施設コード	施設名	基本料金
AR1	アリーナ1	3600
AR2	アリーナ2	1200
BA	野球場	6800
FR	サッカー・ラグビー場	1600
TN1	テニスコート1	800
TN2	テニスコート2	800
TN3	テニスコート3	800
TN4	テニスコート4	800
TT1	卓球台1	150
TT2	卓球台2	150
TT3	卓球台3	150
TT4	卓球台4	150
TT5	卓球台5	150
TT6	卓球台6	150

施設利用表

利用日	施設コード	利用者コード	開始時刻	利用時間
2023/04/01	TN3	R00211	15	3
2023/04/01	TN2	R01523	10	2
～	～	～	～	～
2023/08/23	AR2	R01164	9	6
2023/08/23	FR	R01478	12	8
～	～	～	～	～
2023/09/01	AR2	R01164	12	1
2023/09/01	BA	R01131	8	12
～	～	～	～	～

問1．次の図は，三つの表のリレーションシップを表したE-R図である。(a)～(d)は，データの多重度を表すため，1 または 多 を示す。(a)～(d)にあてはまる適切なものを選び，記号で答えなさい。

ア．(a) 1　　　(b) 多　　　(c) 多　　　(d) 1
イ．(a) 多　　　(b) 1　　　(c) 多　　　(d) 1
ウ．(a) 1　　　(b) 多　　　(c) 1　　　(d) 多

問2．新規の利用希望者のデータを利用者表に追加する。実行するSQL文の空欄(a), (b)をうめなさい。

［新規利用希望者］　利用者コード：R02145　利用者名：宮原 ○○
　　　　　　　　　　住所：□□市△△6-24　電話番号：XXX-XXX-XXXX

　　____(a)____ ____(b)____ 利用者表　VALUES（'R02145', '宮原 ○○', '□□市△△6-24', 'XXX-XXX-XXXX'）

問3．2023年7月中における，野球場を利用した利用者名，住所，電話番号を抽出する。次のSQL文の空欄にあてはまる適切なものを選び，記号で答えなさい。

```
SELECT    利用者名，住所，電話番号
FROM      利用者表
WHERE     利用者コード  _____  (SELECT    利用者コード
                                  FROM      施設利用表
                                  WHERE     施設コード = 'BA'
                                  AND       利用日  BETWEEN  '2023/07/01'  AND  '2023/07/31')
```

利用者名	住所	電話番号
前田 ○○	○○市○1-3-4	XXX-XXX-XXXX
高橋 ○○	○○市□2-2-22×-×6	XXX-XXXX-XXXX
永井 ○○	○○市◎○3-14-6	XXX-XXX-XXXX
〜	〜	〜

ア. EXISTS　　　　　　　　**イ.** IN　　　　　　　　**ウ.** OR

問4．2023年8月23日のアリーナの利用申し込みがあり，利用日，施設名，開始時刻，終了時刻を抽出する。次のSQL文の空欄をうめなさい。

```
SELECT    利用日，施設名，開始時刻，開始時刻 + 利用時間    AS    終了時刻
FROM      施設表 A，施設利用表 B
WHERE     A.施設コード = B.施設コード
AND       利用日 = '2023/08/23'
AND       B.施設コード  _____  'AR%'
```

利用日	施設名	開始時刻	終了時刻
2023/08/23	アリーナ1	9	12
2023/08/23	アリーナ1	13	18
2023/08/23	アリーナ2	9	15
2023/08/23	アリーナ2	16	20

問5．2023年8月中における，利用者コードと施設コードごとの利用件数を集計し，利用件数が5件以上の利用者コードと施設コードを利用件数の降順に並べ替えた。次のSQL文の空欄(a)～(c)にあてはまる適切なものを選び，記号で答えなさい。

```
SELECT    利用者コード，施設コード，COUNT(*)    AS    利用件数
FROM      施設利用表
WHERE     利用日  BETWEEN  '2023/08/01'  AND  '2023/08/31'
          _____(a)_____
          _____(b)_____
          _____(c)_____
```

利用者コード	施設コード	利用件数
R01783	TN1	8
R00881	AR1	7
〜	〜	〜
R00919	BA	6
R01467	TT1	5

ア. HAVING　COUNT(*) >= 5
イ. GROUP BY　利用者コード，施設コード
ウ. ORDER BY　COUNT(*)　DESC

【6】 次の各問いに答えなさい。

問1. 次の表は，あるフィットネスクラブの1か月における利用回数一覧表である。F列には，「平均値」「中央値」「最頻値」を求める。F5に設定する次の式の空欄にあてはまる適切なものを選び，記号で答えなさい。

	A	B	C	D	E	F
1						
2	利用回数一覧表					
3	会員番号	名前	利用回数			
4	1	青山○○	10		平均値	11.9
5	2	上野○	15		中央値	9.5
6	3	上川○○	20		最頻値	9
7	4	木村○○	5			
8	5	児島○○	9			
9	6	佐々木○○	9			
10	7	鈴村○○	7			
11	8	瀬尾○○	9			
12	9	立花○○○	15			
13	10	津川○○	20			

=[ ](C4:C13)

ア. SUMIFS **イ**. MODE **ウ**. MEDIAN

問2. 次の表は，スマートフォン利用時間と平均利用時間である。平均利用時間（分）は，利用時間調査表の「利用時間（分）」の平均を，「性別」，「区分」ごとに求め，整数未満を四捨五入して表示する。G4に設定する次の式の空欄(a)，(b)をうめなさい。ただし，この式をI5までコピーする。

	A	B	C	D	E	F	G	H	I
1									
2	利用時間調査表					平均利用時間（分）			
3	番号	性別	区分	利用時間（分）		性別＼区分	小学生	中学生	高校生
4	1	女	小学生	70		男	83	117	120
5	2	男	中学生	120		女	73	127	144
6	3	女	中学生	110					
7	4	女	小学生	50					
8	5	女	小学生	50					
9	6	男	高校生	100					
10	7	男	高校生	150					
11	8	女	高校生	100					
12	9	男	小学生	70					
13	10	女	高校生	110					
14	11	男	中学生	110					
15	12	男	小学生	70					
16	13	女	高校生	220					
17	14	女	中学生	170					
≀	≀	≀	≀	≀					
219	216	男	高校生	100					
220	217	女	高校生	110					
221	218	女	小学生	120					
222	219	男	高校生	70					
223	220	女	高校生	130					
224	221	男	小学生	60					
225	222	男	中学生	120					

=ROUND(AVERAGEIFS($D$4:$D$225,$B$4:$B$225,[(a)],$C$4:$C$225,[(b)]),0)

問3. 次の表は，所属名称変更表である。「旧所属名」を「新所属名」のように変換して設定する。C4に設定する式として適切なものを選び，記号で答えなさい。ただし，この式をC9までコピーする。

	A	B	C
1			
2	所属名称変更表		
3	所属番号	旧所属名	新所属名
4	1	営業課営業一係	営業部営業一課
5	2	営業課営業二係	営業部営業二課
6	3	情報課システム係	情報部システム課
7	4	情報課セキュリティ係	情報部セキュリティ課
8	5	人事課人事係	人事部人事課
9	6	経理課経理係	経理部経理課

ア. =SUBSTITUTE(SUBSTITUTE(B4,"課","部"),"係","課")

イ. =SUBSTITUTE(SUBSTITUTE(B4,"部","課"),"課","係")

ウ. =SUBSTITUTE(SUBSTITUTE(B4,"係","部"),"部","課")

問4．次の表は，名簿を利用した班分け表である。表のように名簿の「名前」を図のように左側から4班構成で並べて表示する。D4に設定する次の式の空欄(a)，(b)をうめなさい。ただし，この式をG11までコピーする。

	A	B
1		
2	名簿	
3	番号	名前
4	1	安達〇〇
5	2	池山〇〇
6	3	石居〇〇
7	4	石里〇〇
8	5	内山〇〇〇
9	6	大垣〇〇
10	7	大沢〇〇
11	8	大竹〇〇〇
12	9	落合〇
13	10	亀山〇〇
14	11	川俣〇
15	12	川村〇〇
16	13	小海〇〇〇
17	14	香田〇〇
18	15	小島〇〇
19	16	小平〇〇
20	17	小和田〇〇
21	18	齋藤〇〇
22	19	篠﨑〇〇
23	20	鈴木〇〇
24	21	高島〇〇
25	22	滝川〇〇
26	23	巽〇〇
27	24	冨島〇〇
28	25	藤田〇
29	26	星川〇〇
30	27	本田〇〇
31	28	前田〇〇
32	29	間下〇〇
33	30	松木〇〇
34	31	三田〇〇
35	32	渡辺〇

	D	E	F	G
1				
2	班分け表			
3	第1班	第2班	第3班	第4班
4	安達〇〇	池山〇〇	石居〇〇	石里〇〇
5	内山〇〇〇	大垣〇〇	大沢〇〇	大竹〇〇〇
6	落合〇	亀山〇〇	川俣〇〇	川村〇〇
7	小海〇〇〇	香田〇〇	小島〇〇	小平〇〇
8	小和田〇〇	齋藤〇〇	篠﨑〇〇	鈴木〇〇
9	高島〇〇	滝川〇〇	巽〇〇	冨島〇〇
10	藤田〇	星川〇〇	本田〇〇	前田〇〇
11	間下〇〇	松木〇〇	三田〇〇	渡辺〇

=VLOOKUP((COLUMN()-3)+(____(a)____()-4)*____(b)____,\$A\$4:\$B\$35,2,FALSE)

問5．次の表は，シェアサイクルの利用料金一覧表である。「利用時間」は「返却時刻」から「利用開始時刻」を引いて，15分単位で切り上げて求め，「利用料金」は「利用時間」に「15分単価」を掛けて求める。F4に設定する式として適切なものを選び，記号で答えなさい。

	A	B	C	D	E	F	G
1							
2	利用料金一覧表						
3	車両番号	種別	15分単価	利用開始時刻	返却時刻	利用時間	利用料金
4	1	電動	50	11:51	15:20	3:30	700
5	2	電動S	100	10:12	13:55	3:45	1,500
6	3	電動	50	10:59	13:25	2:30	500
7	4	電動S	100	9:05	9:15	0:15	100
8	5	電動	50	13:22	16:47	3:30	700
9	6	電動	50	14:36	17:41	3:15	650
10	7	電動S	100	10:12	13:41	3:30	1,400

ア．=FLOOR(E4-D4,TIME(0,15,0))

イ．=CEILING(E4-D4,TIME(0,15,0))

ウ．=CEILING(E4-D4,15)

【7】　次の表は，あるビジネスホテルの宿泊料金計算書である。作成条件および作成手順にしたがって，各問いに答えなさい。

シート名「宿泊料金計算書」

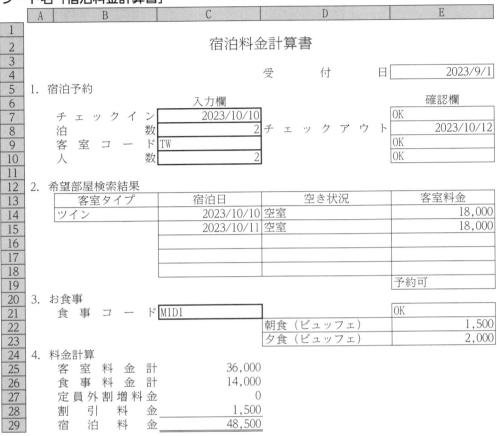

	A	B	C	D	E
1					
2			宿泊料金計算書		
3					
4			受　付　日		2023/9/1
5		1．宿泊予約			
6			入力欄		確認欄
7		チェックイン	2023/10/10		OK
8		泊　　　数	2	チェックアウト	2023/10/12
9		客室コード	TW		OK
10		人　　　数	2		OK
11					
12		2．希望部屋検索結果			
13		客室タイプ	宿泊日	空き状況	客室料金
14		ツイン	2023/10/10	空室	18,000
15			2023/10/11	空室	18,000
16					
17					
18					
19				予約可	
20		3．お食事			
21		食事コード	M1D1		OK
22				朝食（ビュッフェ）	1,500
23				夕食（ビュッフェ）	2,000
24		4．料金計算			
25		客室料金計	36,000		
26		食事料金計	14,000		
27		定員外割増料金	0		
28		割引料金	1,500		
29		宿泊料金	48,500		

シート名「客室料金表」

	A	B	C	D	E
1					
2	通常料金表				
3	客室コード	客室タイプ	定員	客室料金	客室数
4	SI	シングル	1	8,000	18
5	DO	ダブル	2	12,000	6
6	TW	ツイン	2	18,000	12
7	FA	ファミリー	4	30,000	4
8					
9	週末料金表				
10	客室コード	客室タイプ	定員	客室料金	客室数
11	SI	シングル	1	10,000	18
12	DO	ダブル	2	14,000	6
13	TW	ツイン	2	22,000	12
14	FA	ファミリー	4	40,000	4

シート名「予約表」

	A	B
1		
2	予約表	
3	宿泊日	客室コード
4	2023/9/1	SI
～	～	～
214	2023/9/24	SI
215	2023/9/24	TW
216	2023/9/24	FA
217	2023/9/24	TW
～	～	～
970	2023/10/10	FA
971	2023/10/10	SI
972	2023/10/10	SI
973	2023/10/11	DO
974	2023/10/11	FA
～	～	～
1002		

シート名「食事表」

	A	B	C
1			
2	食事表		
3	食事コード	お食事	単価
4	M0	朝食なし	0
5	M1	朝食（ビュッフェ）	1,500
6	D0	夕食なし	0
7	D1	夕食（ビュッフェ）	2,000
8	D2	夕食（ルームサービス）	2,500

作成条件

1．シート名「宿泊料金計算書」の入力欄に適切なデータを順に入力すると，宿泊料金を求めることができる。なお，入力欄は，太罫線で囲われており，確認欄は，関数や数式が設定されたセルである。

2．入力欄に入力された値が適切でない場合や，コードが参照する表にない場合，確認欄に NG を表示し，入力欄が未入力の場合，確認欄に何も表示しない。また，確認欄が空欄または NG の場合，その次の入力項目以降の確認欄に何も表示しない。

3．「泊数」は，1泊から5泊までとする。

4．「人数」は，シート名「客室料金表」の「定員」に1名を加えた値まで予約することができる。

5．「空き状況」は，シート名「客室料金表」の「客室数」と，シート名「予約表」の予約状況から，空室 または 満室 のいずれかを表示する。なお，「空き状況」に 満室 が1件もない場合，予約することができる。

6．「客室料金」は，1泊1室の料金であり，「宿泊日」の曜日が 金，土，日 の場合，「週末料金」，それ以外の曜日は「通常料金」とする。

7．「食事コード」は，シート名「食事表」の食事コードを，朝食コード，夕食コードの順で組み合わせて，次のように入力する。

　　　例　　M1D1　→　　M1　　　　D1
　　　　　　　　　　　朝食コード　夕食コード

8．「定員外割増料金」は，補助ベッド等を利用して客室の「定員」に1名を加えた値で利用する場合，「客室料金計」に0.3を掛けた料金とする。

9．「割引料金」は，「チェックイン」の日が「受付日」の30日以降の場合，1,500円とし，それ以外は0円とする。

10．シート名「予約表」は，予約を受け付けた後，滞在する日数分のデータが作成される。例えば，2023/10/10からツインで2泊する場合，「宿泊日」に2023/10/10，2023/10/11が，「客室コード」に TW がそれぞれ作成される。なお，宿泊者の記録は別途行っている。

作成手順

1．シート名「宿泊料金計算書」は，次のように作成されている。

　(1)　E4は，本日の日付を自動表示するための関数が設定されている。

　(2)　C7は，「チェックイン」の日を入力する。また，E7は，「チェックイン」の日が「受付日」以降である場合，OK を表示し，それ以外の場合，NG を表示する。

　(3)　C8は，「泊数」を入力する。また，E8は，「チェックイン」の日に「泊数」を加えた日を表示する。

　(4)　C9は，「客室コード」を入力する。また，E9は，入力された「客室コード」がシート名「客室料金表」にある場合，OK を表示し，それ以外の場合，NG を表示する。

　(5)　C10は，「人数」を入力する。また，E10は，作成条件4を満たしていない場合，NG を表示する。

　(6)　B14は，C9をもとに，シート名「客室料金表」を参照し，「客室タイプ」を表示する。

　(7)　C14～C18は，「チェックイン」の日と「泊数」から，「宿泊日」を表示する。

　(8)　D14～D18は，C9に入力された「客室コード」をもとに，作成条件5にしたがって，空室 または 満室 を表示する。

　(9)　E14～E18は，対応するD列が 空室 の場合，C14～C18の「宿泊日」をもとに，シート名「客室料金表」を参照し，作成条件6にしたがって，「客室料金」を表示する。ただし，D列が 満室 の場合，何も表示しない。

　(10)　E19は，「空き状況」がすべて 空室 の場合，予約可 と表示し，それ以外の場合，予約不可 と表示する。

　(11)　C21は，作成条件7にしたがって，「食事コード」を入力する。また，E21は，「食事コード」が作成条件7にしたがって入力されている場合，OK を表示し，それ以外の場合，NG を表示する。

　(12)　D22は，C21に入力された「食事コード」の左端から2文字分をもとに，シート名「食事表」を参照し，「お食事」を表示する。また，E22も同様に，シート名「食事表」を参照し，「単価」を表示する。

　(13)　D23は，C21に入力された「食事コード」の右端から2文字分をもとに，シート名「食事表」を参照し，「お食事」を表示する。また，E23も同様に，シート名「食事表」を参照し，「単価」を表示する。

　(14)　C25は，E14～E18を合計して「客室料金計」を求める。

　(15)　C26は，E22とE23を合計したものに，C8とC10を掛けて「食事料金計」を求める。

　(16)　C27は，作成条件8にしたがって，「定員外割増料金」を求める。

　(17)　C28は，作成条件9にしたがって，「割引料金」を求める。

　(18)　C29は，C25からC27の合計から，C28を引いて求める。

「問題を読みやすくするために，
このページは空白にしてあります。」

問1. シート名「宿泊料金計算書」のE8に設定する次の式の空欄にあてはまる適切なものを選び，記号で答えなさい。

=IF(OR(E7="",E7="NG",C8=""),"",IF(　　　　　　　　　　　　　　　))

ア. OR(C8>=1,C8<5),"NG",C7+C8　　**イ.** AND(C8>=1,C8<=5),C7+C8,"NG"　　**ウ.** AND(C8>=1,C8<=5),"OK",C7+C8

問2. シート名「宿泊料金計算書」のE9に設定する次の式の空欄(a)，(b)にあてはまる適切な組み合わせを選び，記号で答えなさい。

=IF(OR(E8="",E8="NG",C9=""),"",IF(IFERROR(　(a)　(C9,客室料金表!A4:A7,0),0)　(b)　,"OK","NG"))

ア. (a) VLOOKUP　　(b) =1　　**イ.** (a) MATCH　　(b) <1　　**ウ.** (a) MATCH　　(b) >=1

問3. シート名「宿泊料金計算書」のD14に設定する次の式の空欄(a)，(b)にあてはまる適切なものを選び，記号で答えなさい。ただし，この式をD18までコピーする。

=IF(C14="","",IF(INDEX((客室料金表!$A$4:$E$7,客室料金表!$A$11:$E$14),
　　MATCH($C$9,客室料金表!$A$4:$A$7,0),　　(a)　　,IF(WEEKDAY(C14,2)<5,1,2))
　－　(b)　(予約表!$A$4:$A$1002,C14,予約表!$B$4:$B$1002,$C$9)>0,"空室","満室"))

（注）　WEEKDAY関数の第2引数が 2 の場合，戻り値として，1（月曜日）～ 7（日曜日）を返す。

ア. 5　　　　　　　　　**イ.** 2　　　　　　　　**ウ.** MIN
エ. 1　　　　　　　　　**オ.** INDEX　　　　　**カ.** COUNTIFS

問4. シート名「宿泊料金計算書」のE21には次の式が設定されている。この式と同等の結果を表示する式の空欄をうめなさい。ただし，空欄には同じものが入る。

=IF(OR(E19="",E19="予約不可",C21=""),"",IFERROR(IF(AND(LEFT(C21,1)="M",MID(C21,3,1)="D",
　　VALUE(MID(C21,2,1))<=1,VALUE(RIGHT(C21,1))<=2,LEN(C21)=4),"OK","NG"),"NG"))

同等の結果を表示する式。
=IF(OR(E19="",E19="予約不可",C21=""),"",IFERROR(IF(AND(　　　　　　("M",C21)=1,　　　　　　
　　("D",C21)=3,VALUE(MID(C21,2,1))<=1,VALUE(RIGHT(C21,1))<=2,LEN(C21)=4),"OK","NG"),"NG"))

問5. シート名「宿泊料金計算書」が次のように表示されているとき，C29に表示される適切なものを選び，記号で答えなさい。
なお，2023年9月29日は金曜日である。

ア. 124,000
イ. 142,500
ウ. 144,000

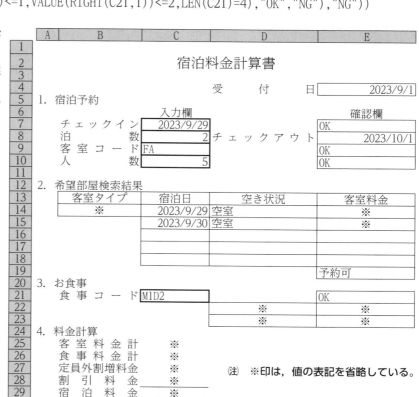

	A	B	C	D	E
1					
2			宿泊料金計算書		
3					
4			受　付　日		2023/9/1
5		1．宿泊予約			
6			入力欄		確認欄
7		チェックイン	2023/9/29		OK
8		泊　　数	2	チェックアウト	2023/10/1
9		客室コード	FA		OK
10		人　　数	5		OK
11					
12		2．希望部屋検索結果			
13		客室タイプ	宿泊日	空き状況	客室料金
14		※	2023/9/29	空室	※
15			2023/9/30	空室	※
16					
17					
18					
19					予約可
20		3．お食事			
21		食事コード	M1D2		OK
22				※	※
23				※	※
24		4．料金計算			
25		客室料金計	※		
26		食事料金計	※		
27		定員外割増料金	※	（注）※印は，値の表記を省略している。	
28		割引料金	※		
29		宿泊料金	※		

令和5年度（第70回）

制限時間：60分　解答 ➡ P.59

【1】　次の説明文に最も適した答えを解答群から選び，記号で答えなさい。

1．システム開発において，データの処理方法やプログラムの処理内容を設計する工程。要件定義に基づき，入出力画面や帳票などを設計した後の開発工程。

2．ネットワークで複数の機器を利用するために，LANケーブルを用いて各機器を接続するための集線装置。

3．ネットワークを介してファイルを転送するためのプロトコル。Webページの更新や，ファイルのダウンロードなどを行う際，用いられる。

4．TCP/IP通信において，送信されたデータがどのサービスやソフトウェアを使用するのかを識別するために割り振られた16ビットの値。

5．コンピュータシステムやネットワーク機器などが一定時間内に処理できる仕事量や情報量。コンピュータシステムの処理能力を表す評価指標の一つ。

```
┌─ 解答群 ─────────────────────────────────────┐
│  ア．ハブ              イ．POP            ウ．VoIP          │
│  エ．シンクライアント    オ．外部設計        カ．スループット    │
│  キ．DMZ              ク．内部設計        ケ．MACアドレス    │
│  コ．RAID            サ．ポート番号      シ．FTP           │
└─────────────────────────────────────────┘
```

【2】　次のA群の語句に最も関係の深い説明文をB群から選び，記号で答えなさい。

＜A群＞　1．信頼性　　　　　2．ウォータフォールモデル　　　3．フールプルーフ
　　　　　4．コミット　　　　5．クロスサイトスクリプティング

＜B群＞
ア．システムを評価する指標の一つで，システムの壊れにくさや障害の発生の少なさを評価したもの。

イ．データベースにおいて，分けることができない一連の処理を，一つにまとめた処理単位。

ウ．システムの開発を行う際，試作品を作成してユーザからの評価を取り入れ，改良しながら進めていく開発手法。

エ．人間が操作する以上，操作ミスは必ずあることと想定し，誤った操作をできないようにするなど対策をして，システム全体に致命的な障害が起こらないようにする設計思想。

オ．コンピュータシステムにアクセスするための必要な情報を，不正に入手するために，専門的な情報通信技術を使用せず，本人や周辺の人への接触などを通じて盗み取る手法の総称。

カ．システムを評価する指標の一つで，故意，過失または災害などによるデータの破損や不整合がなく，データの一貫性が保たれているかを評価したもの。

キ．データベースにおいて，分けることのできない複数の処理のすべてが成功し，データベースの状態を更新して処理を確定させ，正常終了すること。

ク．システムや機械に障害が発生した際，システムを常に安全な方向に動作させ，被害を最小限にする設計思想。

ケ．システムの開発を行う際，基本設計からテストまでの工程を上位から順に進め，原則として前の工程に戻らない開発手法。

コ．悪意のある第三者が，脆弱性のあるWebページ上の入力フォームや掲示板などにプログラムを組み込んで悪質なページに誘導し，マルウェアに感染させたり，個人情報を盗み出したりする攻撃手法。

【3】　次の説明文に最も適した答えをア，イ，ウの中から選び，記号で答えなさい。なお，5．については**数値**を答えなさい。

1．ネットワークに直接接続して使用する記憶装置。ファイルサーバと同様の機能を持ち，複数のコンピュータからの同時アクセスが可能。

　　　ア．NAT　　　　　　　　　　**イ**．NAS　　　　　　　　　　**ウ**．DNS

2．Webサイトを閲覧したブラウザ側の端末に，閲覧日時やアクセス回数，ユーザIDなどの情報が，ファイルとして一時的に保存されるしくみ。

　　　ア．Cookie　　　　　　　　　**イ**．MIME　　　　　　　　　　**ウ**．ASP

3．インターネット上で送受信するデータを暗号化する際に用いられ，公開鍵暗号方式を応用した暗号化による通信相手の認証や，共通鍵暗号方式による通信の暗号化などの機能を提供するプロトコル。

　　　ア．DHCP　　　　　　　　　　**イ**．SSL（TLS）　　　　　　　**ウ**．SMTP

4．次のような稼働状況のサーバの稼働率を選びなさい。ただし，小数第3位未満を四捨五入して，小数第3位まで答えなさい。

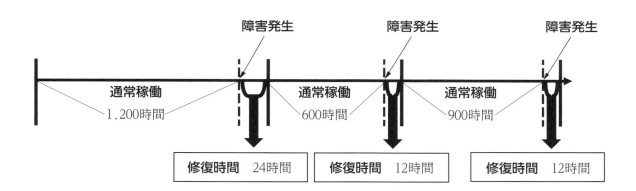

　　　ア．0.981　　　　　　　　　　**イ**．0.982　　　　　　　　　　**ウ**．0.983

5．ある作業を，6人で行うと42日で作業が完了する。この作業を7人で行うと完了までの日数は何日か。ただし，作業員の作業能力は全員同じとする。

【4】 次の各問いに答えなさい。

問1. 次の文章はある企業の上司と部下の会話である。空欄にあてはまる適切なグラフ名を選び，記号で答えなさい。

上司 ： 売れている商品と売れていない商品について知りたいのだが，資料の作成をお願いできますか。
部下 ： 少々お時間をください。

（　後　　　日　）

部下 ： お待たせしました。対象商品の売上データから売上金額を基準に降順に並べ替え，売上金額と累計比率を用いて□□□□□□を作成しました。このグラフによりますと，全12種類の商品のうち3種類の商品で売上全体の70％を占めているのがわかり，売上が厳しい商品は5種類です。
上司 ： わかった，上位3商品については売上高に大きな影響を与えるので，在庫管理を注視しよう。

ア．Zグラフ　　　　　　　　**イ**．散布図　　　　　　　　**ウ**．パレート図

問2. データベースにおいて，ある資源Zに対しトランザクションAが参照するために共有ロックを掛けている状態のとき，トランザクションBが同じ資源Zに対していえるものを選び，記号で答えなさい。

ア．共有ロック，専有ロックのいずれも掛けられない。
イ．共有ロックは掛けられないが，専有ロックは掛けられる。
ウ．共有ロック，専有ロックのいずれも掛けられる。
エ．共有ロックは掛けられるが，専有ロックは掛けられない。

問3. 企業の経営戦略に使用するSWOT分析の四つの要因について，空欄(a)～(c)にそれぞれあてはまる適切なものを選び，記号で答えなさい。

	内的要因	外的要因
好影響	(a)	(b)
悪影響	(c)	**解答不要**

ア．(a) 強み　　(b) 機会　　(c) 弱み
イ．(a) 機会　　(b) 強み　　(c) 脅威
ウ．(a) 機会　　(b) 脅威　　(c) 強み
エ．(a) 強み　　(b) 弱み　　(c) 脅威

問4．利用者からみたホスティングサービスとハウジングサービスの比較一覧表について，以下の表記をもとに ○ が入る場所として適切なものを選び，記号で答えなさい。

表記

利用者が準備をする必要がない　　　―

利用者が準備をする必要がある　　　○

	サーバ・通信機器	設置場所
ホスティングサービス	(a)	(b)
ハウジングサービス	(c)	(d)

ア． (a)と(b)　　　　　　　　　**イ．** (a)と(c)　　　　　　　　　**ウ．** (c)

問5．コンプライアンスを説明している次の文章のうち適切なものを選び，記号で答えなさい。

ア． 複数の企業がお互いの利益のために提携し活動すること。参加する企業の対等性を保ちながら，各社の資産や技術を相互に有効活用することで，利益獲得，開発コストの抑制等の効果が期待される。

イ． 企業が経営活動において，法律や規則，社会規範などを遵守し，業務を遂行すること。これに違反した企業は，消費者などの利害関係者から信用を失い，経営を揺るがす事態ともなりうる。

ウ． 企業が顧客と良好な関係を築くため，顧客情報を一元管理してサービスの向上や販売促進に活用するシステムのこと。部門間で顧客情報を共有することができ，顧客ごとに最適なアフターケアやサービスなどを行うことができる。

第70回検定

【5】　あるクリーニング店では，利用に関する情報を次のようなリレーショナル型データベースを利用し，管理している。次の各問いに答えなさい。

処理の流れ

① 会員表は，新規会員の登録申し込みを受け付けた際，会員データを入力する。なお，入会時には退会に 0 を入力し，会員から退会の申し出があった際，1 に更新する。

② 受注表は，クリーニングの申し込みを受け付けた際，受注番号に連番が付与され作成される。

③ 受注明細表は，クリーニングの申し込みを受け付けた際，品名コードおよびOPコードごとに作成される。なお，その際，納品および受取に 0 が入力される。

④ 工場でクリーニングが終了し，店舗に納品された際，受注明細表の納品を 1 に更新し，会員に物品を引き渡した際，受注明細表の受取を 1 に更新する。

会員表

会員コード	会員名	郵便番号	住所	電話番号	退会
M0001	田中○○	×××-××××	○○県○○市○○××-×	×××-××-××××	0
M0002	加藤○○	×××-××××	○○県○○市○○××	×××-××-××××	0
M0003	中村○○	×××-××××	○○県○○市○○×-×-×	×××-×××-××××	0
〜	〜	〜	〜	〜	〜
M0031	高野○○	×××-××××	○○県○○市○○×-×-×	×××-×××-××××	1
〜	〜	〜	〜	〜	〜
M0116	小林○○○	×××-××××	○○県○○市○○×-×-×	×××-××-××××	0
M0117	高橋○○	×××-××××	○○県○○市○○××-×	×××-××-××××	0
M0118	伊藤○○○	×××-××××	○○県○○市○○××-×	×××-××-××××	0
〜	〜	〜	〜	〜	〜

受注表

受注番号	受注日	会員コード
1	2023/10/06	M0001
〜	〜	〜
972	2023/12/20	M0004
973	2023/12/20	M0118
974	2023/12/20	M0044
〜	〜	〜
1421	2024/01/20	M0102

受注明細表

受注番号	品名コード	OPコード	数量	納品	受取
1	YS01	C01	2	1	1
1	YS01	C02	1	1	1
〜	〜	〜	〜	〜	〜
972	WP01	C02	1	1	0
973	YS01	C02	2	1	1
973	ZP01	C06	2	1	1
974	ZP01	C01	1	1	1
〜	〜	〜	〜	〜	〜
1421	BR01	C03	2	0	0
1421	SK01	C04	3	0	0
〜	〜	〜	〜	〜	〜

品名表

品名コード	品名	基本料金	仕上日数
BR01	ブラウス	380	5
DS01	デザインシャツ	380	7
SK01	スカート	330	5
〜	〜	〜	〜
WP01	ワンピース	720	5
YS01	ワイシャツ	126	5
ZP01	ズボン・パンツ	330	5

オプション表

OPコード	オプション名	追加料金	追加日数
C01	なし	0	0
C02	特急	150	-2
C03	シミ抜き	200	2
C04	折り目加工	150	2
C05	特急・シミ	350	0
C06	特急・折り目	300	0
C07	シミ・折り目	350	4

問1．受注表の会員コードは，会員表において主キーになっている。このような列の名称として，適切なものを選び，記号で答えなさい。

　　ア．エンティティ　　　　　　**イ**．複合キー　　　　　　**ウ**．外部キー

問2．受注番号 972 かつ，品名コード WP01 かつ，OPコード C02 の物品を会員に引き渡したので，受取を 1 に更新する。次のSQL文の空欄(a)～(c)にあてはまる適切なものを選び，記号で答えなさい。

UPDATE 　(a)　 SET 　(b)　 WHERE 　(c)　
AND 　**解答不要**　 AND 　**解答不要**　

ア．受取 = 1　　　　　　　イ．受注番号 = 972　　　　　　ウ．受注明細表

問3．受注番号 973 のすべての物品が仕上がる日を求める。なお，仕上がり日は，受注日に仕上日数と追加日数を加えて求める。次のSQL文の実行結果として適切なものを選び，記号で答えなさい。

SELECT　MAX(受注日 + 仕上日数 + 追加日数)　AS　仕上がり日
FROM　受注表 A，受注明細表 B，品名表 C，オプション表 D
WHERE　A.受注番号 = B.受注番号
　AND　B.品名コード = C.品名コード
　AND　B.OPコード = D.OPコード
　AND　B.受注番号 = 973

仕上がり日
※

㊟ ※印は，表記を省略している。

ア．2023/12/23　　　　　　イ．2023/12/25　　　　　　ウ．2023/12/27

問4．受注番号 1421 の代金を集計する。なお，代金は，基本料金に追加料金を加え，数量を掛けて求める。次のSQL文の空欄をうめなさい。

SELECT　C.受注番号，会員名，SUM((基本料金 + 追加料金) * 数量)　AS　代金
FROM　会員表 A，受注表 B，受注明細表 C，品名表 D，オプション表 E
WHERE　A.会員コード = B.会員コード
　AND　B.受注番号 = C.受注番号
　AND　C.品名コード = D.品名コード
　AND　C.OPコード = E.OPコード
GROUP BY　C.受注番号，会員名
　　　　　 C.受注番号 = 1421

受注番号	会員名	代金
1421	杉山○○	2600

問5．販売促進の一環として，2か月間注文がない会員に，利用案内のはがきを送付することにした。2023年11月21日から2024年1月20日まで，クリーニングの申し込みがない会員の会員コードと会員名，郵便番号，住所を抽出する。次のSQL文の空欄にあてはまる適切なものを選び，記号で答えなさい。

会員コード	会員名	郵便番号	住所
MO003	中村○○	×××-××××	○○県○○市○○×-×-×
MO088	佐野○	×××-××××	○○県○○市○○××-×

SELECT　会員コード，会員名，郵便番号，住所
FROM　会員表 A
WHERE　退会 = 0
　AND　_____ (SELECT　会員コード
　　　　　　　　　FROM　受注表 B
　　　　　　　　　WHERE　A.会員コード = B.会員コード
　　　　　　　　　　AND　受注日 BETWEEN '2023/11/21' AND '2024/01/20')

ア．NOT EXISTS　　　　　　イ．会員名 NOT IN　　　　　　ウ．EXISTS

【6】　次の各問いに答えなさい。

問1．次の表は，あるアトラクションの予想待ち時間評価表である。「評価」は，当該日付の「予想待ち時間（分）」と「実際待ち時間（分）」の差が±10%以内の場合 良好 を，±30%以内の場合 適正 を表示し，それ以外の場合 要改善 を表示する。E4に設定する次の式の空欄をうめなさい。なお，空欄には同じものが入る。

	A	B	C	D	E
1					
2	予想待ち時間評価表				
3	日付	曜日	予想待ち時間(分)	実際待ち時間(分)	評価
4	4月28日	土	60	82	要改善
5	4月29日	日	90	112	適正
6	4月30日	月	90	101	適正
7	5月1日	火	60	77	適正
8	5月2日	水	60	83	要改善
9	5月3日	木	60	67	適正
10	5月4日	金	120	118	良好
11	5月5日	土	100	106	良好
12	5月6日	日	80	65	適正

=IF(　　　　　　(C4-D4)<=C4*0.1,"良好",IF(　　　　　　(C4-D4)<=C4*0.3,"適正","要改善"))

問2．次の表は，ある配送会社の配送料金一覧表と料金表である。「料金」はJ3の「発地」，J4の「着地」，J5の「サイズ」をもとに，配送料金一覧表を参照して求める。J6に設定する次の式の空欄にあてはまる適切なものを選び，記号で答えなさい。なお，空欄には同じものが入る。また，「発地」，「着地」はA～Dのみを入力し，「サイズ」は240未満とする。

	A	B	C	D	E	F	G	H	I	J
1										
2		配送料金一覧表							料金表	
3			サイズ(未満)	着地					発地	D
4				A	B	C	D		着地	C
5		A	60	940	1,190	1,460	1,610		サイズ	158
6			120	1,530	1,790	2,050	2,200		料金	2,190
7			180	2,190	2,450	2,710	2,860			
8			240	3,060	3,870	4,130	4,830			
9		B	60	1,190	940	1,060	1,190			
10			120	1,790	1,530	1,650	1,790			
11			180	2,450	2,190	2,310	2,450			
12	発地		240	3,870	3,060	3,730	3,870			
13		C	60	1,460	1,060	940	940			
14			120	2,050	1,650	1,530	1,530			
15			180	2,710	2,310	2,190	2,190			
16			240	4,130	3,730	3,060	3,060			
17		D	60	1,610	1,190	940	940			
18			120	2,200	1,790	1,530	1,530			
19			180	2,860	2,450	2,190	2,190			
20			240	4,830	3,870	3,060	3,060			

=INDEX((D5:G8,D9:G12,D13:G16,D17:G20),
　　　　　　(J5/C5)+1,MATCH(J4,D4:G4,0),　　　　　　(MATCH(J3,B5:B20,0)/4)+1)

ア． CEILING　　　　　　　　**イ．** MOD　　　　　　　　**ウ．** INT

問3．次の表は，ある自動販売機のホットコーヒー販売数一覧表と予測表である。「予測販売数」は，「平均気温」と「販売数」をもとに，予測数を求める。F4に設定する次の式の空欄にあてはまる適切なものを選び，記号で答えなさい。ただし，「平均気温」と「販売数」には相関関係が認められるものとする。

	A	B	C	D	E	F
1						
2	ホットコーヒー販売数一覧表				予測表	
3	日付	平均気温	販売数		予想気温	10.0
4	2020/10/1	19.0	25		予測販売数	55
5	2020/10/2	21.9	20			
6	2020/10/3	22.1	15			
7	2020/10/4	23.5	10			
8	2020/10/5	23.9	10			
9	2020/10/6	22.8	15			
10	2020/10/7	21.3	19			
〜	〜	〜	〜			
854	2023/1/29	3.4	77			
855	2023/1/30	4.2	70			
856	2023/1/31	4.6	73			

=ROUNDDOWN(FORECAST(F3,　　　　　　,**解答不要**),0)

ア． B4:B856　　　　　　　　**イ．** C4:C856　　　　　　　　**ウ．** B4:C856

問4．次の表は，ある会社の扶養人数調査表と集計結果を表示するための条件表である。I9には次の式が設定されている。I9に表示される適切な値を答えなさい。

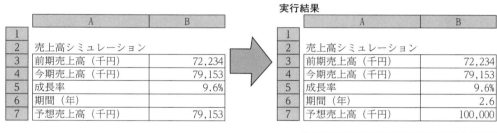

扶養人数調査表

社員番号	社員名	職種	部	課	扶養人数
20110	安達　○○	総合	技術部	開発課	0
20111	石居　○○	一般	管理本部	総務課	1
20102	上野　○○	総合	営業部	営業3課	2
20109	江田　○○	総合	管理本部	総務課	1
20108	大垣　○○	総合	技術部	開発課	3
20112	川俣　○○	一般	営業部	営業1課	2
20101	木村　○○	総合	営業部	営業1課	4
20113	久保田　○○	一般	営業部	営業2課	3
20115	権藤　○○	一般	営業部	営業2課	0
20104	小林　○○	総合	技術部	設計課	2
20105	坂本　○○	総合	管理本部	人事課	0
20107	篠塚　○○	総合	営業部	営業2課	1
20114	須藤　○○	一般	営業部	営業3課	1
20103	世良　○○○	総合	営業部	営業1課	3
20106	園田　○	総合	技術部	運用保守課	1

条件表

職種	部	課	扶養人数
一般			>=1
		人事課	>=1
		総務課	>=1

集計結果　　※

（注）※印は，値の表記を省略している。

I9：=DCOUNT(A3:F18,F3,H3:K6)

問5．次の表は，ある企業の売上高シミュレーションである。次の条件にしたがって計画を立てるため，表計算ソフトウェアのデータ分析機能により「予想売上高（千円）」が 100,000 となる「期間（年）」を求めたい。パラメータ設定の空欄(a)，(b)にあてはまる適切なものを選び，記号で答えなさい。

	A	B
2	売上高シミュレーション	
3	前期売上高（千円）	72,234
4	今期売上高（千円）	79,153
5	成長率	9.6%
6	期間（年）	
7	予想売上高（千円）	79,153

実行結果

	A	B
2	売上高シミュレーション	
3	前期売上高（千円）	72,234
4	今期売上高（千円）	79,153
5	成長率	9.6%
6	期間（年）	2.6
7	予想売上高（千円）	100,000

パラメータ設定

数式入力セル：(a)
目標値：100000
変化させるセル：(b)

実行　　閉じる

条件

・市場調査から，今後3年（単位）で同様の成長が見込まれることとする。
・B5には 次の式を入力する。
　=(B4-B3)/B3
・B7には 次の式を入力する。
　=B4*(1+B5)^B6

ア． \$B\$4　　　　　　**イ．** \$B\$5　　　　　　**ウ．** \$B\$6　　　　　　**エ．** \$B\$7

第70回検定

【7】 次の表は，あるオーダーメイド家具製作店のオーダーラック注文計算書である。作成条件および作成手順にしたがって，各問いに答えなさい。

シート名「計算書」

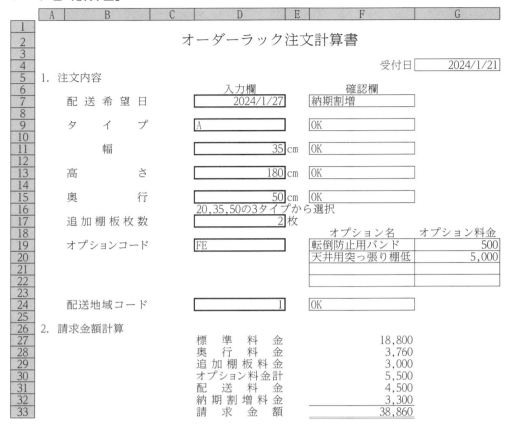

オーダーラック注文計算書

受付日 2024/1/21

1. 注文内容

	入力欄	確認欄
配送希望日	2024/1/27	納期割増
タ　イ　プ	A	OK
幅	35 cm	OK
高　　　さ	180 cm	OK
奥　　　行	50 cm	OK

20,35,50の3タイプから選択

追加棚板枚数 2 枚

		オプション名	オプション料金
オプションコード	FE	転倒防止用バンド	500
		天井用突っ張り棚低	5,000

配送地域コード 1 OK

2. 請求金額計算

標　準　料　金	18,800
奥　行　料　金	3,760
追 加 棚 板 料 金	3,000
オプション料金計	5,500
配　送　料　金	4,500
納 期 割 増 料 金	3,300
請　求　金　額	38,860

シート名「標準料金表」

標準料金表

タイプ	幅(cm)～	高さ(cm)							追加棚板
		50	70	90	120	150	180	200	
A	25	9,800	12,800	12,500	14,800	17,800	18,800	20,200	1,500
A	40	11,300	12,800	13,500	15,800	18,800	20,800	22,300	2,000
A	55	12,000	13,800	14,500	16,800	20,800	21,800	23,800	3,000
A	70	12,800	14,800	15,500	17,800	23,800	23,800	25,800	4,000
B	25	12,500	13,400	14,500	16,300	20,600	21,000	23,400	2,000
B	40	13,500	14,400	15,500	17,300	24,500	25,000	26,700	3,500
B	55	14,500	15,400	16,900	20,300	26,300	28,000	31,500	2,500
B	70	15,500	16,400	17,600	21,300	27,300	31,000	34,300	5,500
B	90	16,500	17,400	18,500	23,800	30,300	34,800	37,600	6,500
B	100	17,500	18,400	19,500	24,800	31,800	35,800	39,200	7,000
B	120	18,500	19,400	21,500	26,800	33,800	36,800	42,700	8,000
C	110	25,000	27,000	29,000					
C	120	30,000	31,000	32,000					

シート名「オプション表」

オプション表

オプションコード	オプション名	オプション料金
D	天井用突っ張り棚高	7,500
E	天井用突っ張り棚低	5,000
F	転倒防止用バンド	500
G	ピッチ加工	300

シート名「配送料金表」

配送料金表

配送地域コード	地域名	配送料金
1	北海道	4,500
2	東北	3,000
3	関東甲信越	1,500
4	東海・北陸	2,000
5	近畿	2,500
6	中国・四国	3,000
7	九州・沖縄	4,500

作成条件

1．シート名「計算書」の入力欄に適切なデータを順に入力すると，請求金額を求めることができる。なお，入力欄は，太罫線で囲われており，確認欄は，関数や数式が設定されたセルである。
2．入力欄に入力された値が適切でない場合や，コードが参照する表にない場合，確認欄に NG を表示し，入力欄が未入力の場合，確認欄に何も表示しない。また，確認欄が NG の場合，それ以降の項目は表示しない。
3．「オプションコード」の入力については「オプション表」を参照して，「オプション名」と「オプション料金」を表示する。未入力の場合は「オプション名」，「オプション料金」に何も表示しない。
4．「タイプ」は材質や板厚の違いで，Aタイプ，Bタイプ，Cタイプの3種類がある。「幅」はタイプ別に入力できる値に指定があり，1cm単位で入力する。Aタイプは幅25cm～70cmまでが製作可能，Bタイプは幅25cm～120cmまで製作可能，Cタイプは幅110cm～120cmが製作可能である。
5．「高さ」はAタイプとBタイプは，50cm，70cm，90cm，120cm，150cm，180cm，200cmがあり，Cタイプは50cm，70cm，90cmがある。「追加棚板枚数」は追加する棚板がある場合，入力する。
6．「奥行」は20cm，35cm，50cmの3種類がある。「奥行料金」は，35cmの場合，0とし，20cmの場合，「標準料金」に-0.2を掛けた値とし，50cmの場合，「標準料金」に0.2を掛けた値とする。
7．「オプションコード」は4種類あり，必要なオプションを4つまで指定できる。ただし，入力の順序は問わない。なお，4文字を超えて入力された場合や存在しないオプションコードが入力された場合，何も表示しない。
8．「配送希望日」が「受付日」の翌日から起算して3日以内の場合は注文できない。4日以上7日以内の場合，「納期割増料金」を請求する。「納期割増料金」は，「標準料金」に「奥行料金」を加えた値に0.15を掛けた値を100円単位で切り捨てて求める。

作成手順

1．シート名「計算書」は，次のように作成されている。
(1) G4は，本日の日付を自動表示するための関数が設定されている。
(2) D7は，「配送希望日」を入力する。また，F7は，「配送希望日」が「受付日」の翌日から起算して4日以上7日以内である場合，納期割増 を表示し，8日以上である場合，OK を表示し，それ以外の場合，NG を表示する。
(3) D9は，「タイプ」を入力する。また，F9は，「タイプ」が A，B，C の場合，OK を表示し，それ以外の場合，NG を表示する。
(4) D11は，作成条件4にしたがって入力する。また，F11は，作成条件を満たしている場合，OK を表示し，それ以外の場合，NG を表示する。
(5) D13は，作成条件5にしたがって入力する。また，F13は，作成条件を満たしている場合，OK を表示し，それ以外の場合，NG を表示する。
(6) D15は，作成条件6にしたがって入力する。また，F15は，作成条件を満たしている場合，OK を表示し，それ以外の場合，NG を表示する。
(7) D17は，追加購入する棚板の枚数を入力する。
(8) D19は，作成条件7にしたがって入力する。F19～F22はD19に入力されたオプションコードから，行番号を利用して抽出したオプションコードをもとに，シート名「オプション表」を参照し，「オプション名」を表示する。
(9) G19～G22は，D19に入力された「オプションコード」をもとに，作成手順(8)と同様にシート名「オプション表」を参照し，「オプション料金」を表示する。
(10) D24は，「配送地域コード」を入力する。またF24は，入力された「配送地域コード」が，シート名「配送料金表」の「配送地域コード」にある場合，OK を表示し，それ以外の場合，NG を表示する。
(11) F27は，D9に入力された「タイプ」，D11に入力された「幅」，D13に入力された「高さ」をもとにシート名「標準料金表」を参照し，「標準料金」を表示する。
(12) F28は，D15に入力された「奥行」をもとに，作成条件6にしたがって，「奥行料金」を計算して求める。
(13) F29は，D17に入力された「追加棚板枚数」に，D9に入力された「タイプ」，D11に入力された「幅」をもとにシート名「標準料金表」を参照して求めた「追加棚板」を掛けて，「追加棚板料金」を求める。
(14) F30は，G19～G22の合計を求める。
(15) F31は，D24をもとに，シート名「配送料金表」を参照し，「配送料金」を表示する。
(16) F32は，作成条件8にしたがって，「納期割増料金」を求める。
(17) F33は，F27～F32の合計を求める。

第70回検定

「問題を読みやすくするために，
このページは空白にしてあります。」

問1．シート名「計算書」のF7に設定する次の式の空欄にあてはまる適切なものを選び，記号で答えなさい。

=IF(AND(⬚,D7<=G4+7),"納期割増",IF(D7>=G4+8,"OK","NG"))

　　ア．D7-4<=G4　　　　　　　　**イ**．D7<G4+4　　　　　　　　**ウ**．D7>=G4+4

問2．シート名「計算書」のF19に設定する次の式の空欄(a)，(b)にあてはまる適切な組み合わせを選び，記号で答えなさい。ただし，この式をF22までコピーする。

=IF(AND(LEN($D$19)<=4, (a) ($D$19)>= (b) (A1)),IFERROR(VLOOKUP(MID($D$19, (b) (A1),1),
オプション表!$A$4:$C$7,2,FALSE),""),"")

　　ア．(a) ROW　　(b) LEN　　　**イ**．(a) LEN　　(b) ROW　　　**ウ**．(a) ROW　　(b) COLUMN

問3．シート名「計算書」のF27に設定する次の式の空欄をうめなさい。

=IFERROR(VLOOKUP(D11,OFFSET(標準料金表!A5,MATCH(D9,標準料金表!A5:A17,0)-1,1,
⬚(標準料金表!A5:A17,D9),MATCH(D13,標準料金表!C4:I4,0)+1),
MATCH(D13,標準料金表!C4:I4,0)+1,TRUE),"")

問4．シート名「計算書」のF32に設定する次の式として適切なものを選び，記号で答えなさい。

　　ア．=IF(F7="納期割増",FLOOR(SUM(F27:F28)*0.15,100),0)
　　イ．=IF(F7="納期割増",FLOOR(SUM(F27:F28),100)*0.15,0)
　　ウ．=IF(F7="納期割増",ROUNDDOWN(SUM(F27:F28)*0.15/100,-2),0)

問5．シート名「計算書」が次のように表示されているとき，F33に表示される適切なデータを答えなさい。

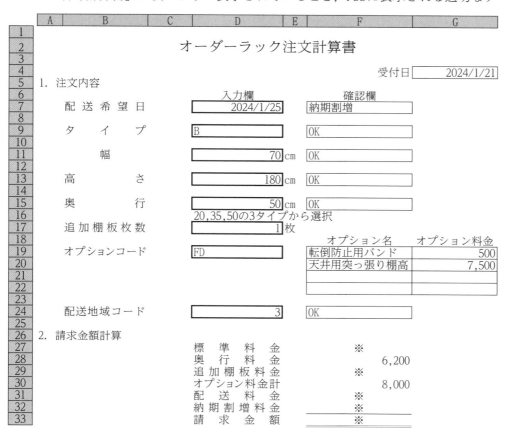

　　㊟　※印は，値の表記を省略している。

第1回　模擬問題　解答用紙

【1】

1	2	3	4	5

【2】

1	2	3	4	5

【3】

1	2	3	4	5
				%

小計	

【4】

問1	問2	問3	問4	問5

【5】

問1	問2	問3	問4	問5

小計	

【6】

問1	問2	問3	問4	問5

【7】

問1	問2	問3	問4	問5

小計	

年	組	番号	名　　前

得 点 合 計

第2回　模擬問題　解答用紙

【1】

1	2	3	4	5

【2】

1	2	3	4	5

【3】

1	2	3	4	5
				MB

小計	

【4】

問1	問2	問3	問4	問5

【5】

問1	問2	問3	問4	問5

小計	

【6】

問1	問2	問3	問4	問5

【7】

問1	問2	問3	問4	問5
				F17
				F19

小計	

年	組	番号	名　前

得　点　合　計

第3回　模擬問題　解答用紙

【1】

1	2	3	4	5

【2】

1	2	3	4	5

【3】

1	2	3	4	5
				日

小計	

【4】

問1	問2	問3	問4	問5

【5】

問1	問2	問3	問4	問5
		(a)		
		(b)		
		(c)		

小計	

【6】

問1	問2	問3	問4	問5

【7】

問1	問2		問3	問4	問5
	(a)	(b)			

小計	

年	組	番号	名　前

得 点 合 計

第4回　模擬問題　解答用紙

【1】

1	2	3	4	5

【2】

1	2	3	4	5

【3】

1	2	3	4	5
				秒

小計	

【4】

問1	問2	問3	問4	問5

【5】

問1	問2	問3	問4	問5

小計	

【6】

問1	問2	問3	問4		
				(1)	(2)
			(a)		
			(b)		

【7】

問1		問2	問3	問4	問5
(a)	(b)				

小計	

年	組	番 号	名　　前

得 点 合 計

第5回　模擬問題　解答用紙

【1】

1	2	3	4	5

【2】

1	2	3	4	5

【3】

1	2	3	4	5
				%

小計	

【4】

問1	問2	問3	問4 (1)	問4 (2)	問5
	日				

【5】

問1	問2 (1)	問2 (2)	問3	問4 (a)	問4 (b)	問4 (c)
	(a)					
	(b)					

小計	

【6】

問1	問2	問3	問4	問5

【7】

問1	問2 (a)	問2 (b)	問3	問4 (a)	問4 (b)	問5

小計	

年	組	番号	名　前

得　点　合　計

第6回　模擬問題　解答用紙

【1】

1	2	3	4	5

【2】

1	2	3	4	5

【3】

1	2	3	4	5
				人

小計

【4】

問1	問2	問3	問4	問5

【5】

問1	問2	問3 (a)	問3 (b)	問4	問5

小計

【6】

問1	問2	問3	問4	問5

【7】

問1		問2			問3	問4	問5
		(1)	(2)	(3)			
(a)							
(b)		(4)	(5)				

小計

年	組	番号	名　　前

得　点　合　計

第7回　模擬問題　解答用紙

【1】

1	2	3	4	5

【2】

1	2	3	4	5

【3】

1	2	3	4	5
				日

小計	

【4】

問1	問2	問3	問4 (1)	問4 (2)	問5

【5】

問1	問2	問3 (1)	問3 (2)	問4

小計	

【6】

問1	問2	問3	問4	問5

【7】

問1	問2 (a)	問2 (b)	問2 (c)	問3	問4 (a)	問4 (b)	問5

小計	

年	組	番号	名　　前

得　点　合　計

第8回　模擬問題　解答用紙

【1】

1	2	3	4	5

【2】

1	2	3	4	5

【3】

1	2	3	4	5

小計	

【4】

問1	問2	問3	問4 (1)	問4 (2)	問5

【5】

問1	問2	問3	問4 (1)	問4 (2)
		(a)		
		(b)		

小計	

【6】

問1 (a)	問1 (b)	問1 (c)	問2	問3	問4	問5

【7】

問1	問2	問3 (a)	問3 (b)	問3 (c)	問4 (a)	問4 (b)	問5
(a)							
(b)							

小計	

年	組	番号	名　　前

得 点 合 計

第9回　模擬問題　解答用紙

【1】

1	2	3	4	5

【2】

1	2	3	4	5

【3】

1	2	3	4	5

小計	

【4】

問1	問2	問3	問4	問5
	日			

【5】

問1 (a)	問1 (b)	問2	問3	問4	問5

小計	

【6】

問1	問2	問3	問4	問5

【7】

問1	問2	問3	問4	問5

小計	

年	組	番号	名　　前

得　点　合　計

第10回　模擬問題　解答用紙

【1】

1	2	3	4	5

【2】

1	2	3	4	5

【3】

1	2	3	4	5
				人

小計	

【4】

問1	問2	問3	問4	問5

【5】

問1	問2	問3	問4	問5

小計	

【6】

問1			問2	問3	問4	問5
(a)	(b)	(c)		(a)		
				(b)		

【7】

問1	問2	問3	問4	問5
(a)				
(b)				

小計	

年	組	番号	名　　前

得　点　合　計

第11回　模擬問題　解答用紙

【1】

1	2	3	4	5

【2】

1	2	3	4	5

【3】

1	2	3	4	5
				%

小計 ☐

【4】

問1	問2	問3		問4		問5
		製品X	製品Y	(1)	(2)	

【5】

問1	問2	問3	問4	問5
		(a)		
		(b)		

小計 ☐

【6】

問1	問2	問3		問4	問5
		(a)	(b)		

【7】

問1	問2	問3	問4		問5
			(a)	(b)	
(a)					
(b)					

小計 ☐

年	組	番号	名　　前

得　点　合　計

第12回　模擬問題　解答用紙

[1]

1	2	3	4	5

[2]

1	2	3	4	5

[3]

1	2	3	4	5
				枚

小計	

[4]

問1	問2	問3	問4 (1)	問4 (2)	問5

[5]

問1	問2	問3 (a)	問3 (b)	問4 (a)	問4 (b)	問5

小計	

[6]

問1	問2	問3	問4 (a)	問4 (b)	問5

[7]

問1	問2	問3 (a)	問3 (b)	問3 (c)	問4 (a)	問4 (b)	問5

小計	

年	組	番号	名　　前

得 点 合 計

主催　公益財団法人 全国商業高等学校協会

令和5年度（第69回）情報処理検定試験ビジネス情報部門　第1級

解 答 用 紙

【1】

1	2	3	4	5

【2】

1	2	3	4	5

【3】

1	2	3	4	5
				dpi

小計	

【4】

問1	問2	問3	問4 名称	問4 図	問5

【5】

問1	問2	問3	問4	問5 (a)	問5 (b)	問5 (c)
	(a)					
	(b)					

小計	

【6】

問1	問2	問3	問4	問5
	(a)		(a)	
	(b)		(b)	

【7】

問1	問2	問3 (a)	問3 (b)	問4	問5

小計	

試 験 場 校 名	受 験 番 号

得 点 合 計	

主催　公益財団法人 全国商業高等学校協会

令和5年度（第70回）情報処理検定試験ビジネス情報部門　第1級

解 答 用 紙

【1】

1	2	3	4	5

【2】

1	2	3	4	5

【3】

1	2	3	4	5
				日

小計

【4】

問1	問2	問3	問4	問5

【5】

問1	問2 (a)	(b)	(c)	問3	問4	問5

小計

【6】

問1	問2	問3	問4	問5 (a)	(b)

【7】

問1	問2	問3	問4	問5

小計

試 験 場 校 名	受 験 番 号

得 点 合 計

情報処理検定試験
模擬問題集
2024

1級
ビジネス情報編

解　答

とうほう

ハードウェア・ソフトウェアに関する知識

練習問題1－1（P.4）

【1】 (1) 外部設計　　(2) 要件定義　　(3) プログラム設計　　(4) 結合テスト

(5) ブラックボックステスト　　(6) システムテスト　　(7) ウォータフォールモデル

(8) スパイラルモデル

練習問題1－2（P.8）

【1】 (1) 信頼性　　(2) ○　　(3) 保守性　　(4) レスポンスタイム

(5) フォールトアボイダンス　　(6) ○　　(7) ○　　(8) NAS

【2】 (1) 0.95　　　380÷（380＋20）＝0.95

(2) 326枚　　3,000×2,000×3B×80％＝14,400,000B＝0.0144GB

4.7GB÷0.0144GB＝326.388…

よって，326枚

通信ネットワークに関する知識

練習問題2－1（P.14）

【1】 (1) CIDR　　(2) ○　　(3) VPN

練習問題2－2（P.15）

【1】 (1) Cookie　　(2) シンクライアント　　(3) VoIP　　(4) MIME

情報モラルとセキュリティに関する知識

練習問題3（P.18）

【1】 (1) オ　　(2) イ　　(3) カ　　(4) エ　　(5) ア　　(6) ウ

【2】 (1) ソーシャルエンジニアリング　　(2) クロスサイトスクリプティング　　(3) ○

(4) インシデント　　(5) SQLインジェクション　　(6) ○

ビジネス情報の関連知識

練習問題4－1 (P.23)

【1】 (1) ウ (2) イ (3) ウ (4) ア (5) イ

練習問題4－2 (P.24)

【1】 イ

練習問題4－3 (P.27)

【1】 (1) カ (2) ア (3) ク (4) イ (5) ケ
　　 (6) オ (7) キ (8) エ (9) コ (10) ウ

【2】 (1) SaaS (2) PaaS (3) IaaS (4) ASP

表計算ソフトウェアの活用

練習問題5 (P.32)

【1】 (1) CEILING (2) $B6 (3) C$5 (4) 10 [別解] (1) ROUNDUP (4) －1

【2】 (1) FLOOR (2) B4 (3) CEILING (4) A4

【3】 (1) SUBSTITUTE (2) "老人" (3) "シニア"

【4】 (1) ウ (2) ケ (3) カ (4) サ (5) キ (6) コ (7) ク

データベースソフトウェアの活用

練習問題6 (P.44)

【1】 (1) ①SELECT 居住者名 FROM 居住者一覧 WHERE 年齢 ＞＝ 50 AND 年齢 ＜ 65
　　　　 ②SELECT 居住者名 FROM 居住者一覧 WHERE 年齢 BETWEEN 50 AND 64 （順不同）

　　 (2) SELECT 会員名, 電話番号 FROM 会員名簿 WHERE 会員名 LIKE '_木%'

　　 (3) SELECT AVG(英語) FROM 成績表

　　 (4) SELECT COUNT(*) FROM 成績表 WHERE 情報処理 ＜ 30

　　 (5) SELECT 部署, AVG(年齢) AS 平均 FROM 社員表 GROUP BY 部署

　　 (6) SELECT ＊ FROM 社員表 ORDER BY 入社年 DESC

　　 (7) SELECT 社員番号, 社員名 FROM 社員表
　　　　　　 WHERE 社員番号 IN (SELECT 社員番号 FROM 受講表)

　　 (8) SELECT DISTINCT 住所1 FROM 顧客表

　　 (9) SELECT DISTINCT 住所1, 住所2 FROM 顧客表

　　 (10) INSERT INTO 旅行受付簿(受付番号, 行き先) VALUES (1077, 'シンガポール')
　　　　　　 ※(受付番号,行き先)は，省略可能

　　 (11) DELETE FROM 旅行受付簿 WHERE 受付番号 ＝ 2003

　　 (12) UPDATE 旅行受付簿 SET 行き先 ＝ 'バリ島' WHERE 受付番号 ＝ '0024'

（1）ハードウェア・ソフトウェアに関する知識

■1．システムの開発と運用

1　ウォータフォールモデル　　2　プロトタイピングモデル　　3　スパイラルモデル　　4　要件定義　　5　外部設計
6　内部設計　　7　プログラム設計　　8　プログラミング　　9　テスト　　10　単体テスト　　11　結合テスト
12　システムテスト　　13　運用・保守　　14　ブラックボックステスト　　15　ホワイトボックステスト

■2．性能・障害管理

16　RASIS　　17　信頼性　　18　可用性　　19　保守性　　20　完全性　　21　安全性　　22　稼働率　　23　平均故障間隔
（MTBF）　　24　平均修復時間（MTTR）　　25　スループット　　26　レスポンスタイム　　27　ターンアラウンドタイム
28　フォールトトレラント　　29　フォールトアボイダンス　　30　フェールセーフ　　31　フェールソフト
32　フールプルーフ　　33　NAS　　34　RAID　　35　ミラーリング　　36　ストライピング

（2）通信ネットワークに関する知識

■1．ネットワークの構成

37　OSI参照モデル　　38　アプリケーション層　　39　プレゼンテーション層　　40　セッション層　　41　トランスポート層
42　ネットワーク層　　43　データリンク層　　44　物理層　　45　ハブ　　46　ルータ　　47　パケットフィルタリング
48　ゲートウェイ　　49　プロトコル　　50　TCP/IP　　51　HTTP　　52　FTP　　53　POP　　54　IMAP　　55　SMTP
56　DHCP　　57　MACアドレス　　58　IPアドレス　　59　IPv4　　60　IPv6　　61　CIDR　　62　プライベートIPアドレス
63　グローバルIPアドレス　　64　サブネットマスク　　65　ネットワークアドレス　　66　ブロードキャストアドレス
67　ホストアドレス　　68　ポート番号　　69　NAT　　70　DMZ　　71　DNS　　72　VPN

■2．ネットワークの活用

73　シンクライアント　　74　Cookie　　75　MIME　　76　VoIP

（3）情報モラルとセキュリティに関する知識

77　共通鍵暗号方式　　78　公開鍵暗号方式　　79　電子署名　　80　デジタル署名　　81　認証局（CA）　　82　SSL（TLS）
83　HTTPS　　84　ログファイル　　85　システムログ　　86　アクセスログ　　87　インシデント　　88　リスクマネジメント
89　リスクアセスメント　　90　クロスサイトスクリプティング　　91　ソーシャルエンジニアリング　　92　SQLインジェクション

（4）ビジネス情報の関連知識

■1．情報の収集・分析・整理

93　ブレーンストーミング　　94　KJ法　　95　決定表（デシジョンテーブル）　　96　DFD　　97　パート図（PERT）（アロー
ダイアグラム）　　98　クリティカルパス　　99　ABC分析　　100　パレート図　　101　Zグラフ　　102　回帰分析
103　散布図　　104　正の相関　　105　負の相関　　106　回帰直線（近似曲線）　　107　線形計画法　　108　ヒストグラム
109　特性要因図　　110　ファンチャート　　111　SWOT分析　　112　内的要因（強み・弱み）　　113　外的要因（機会・脅威）
114　PPM分析　　115　金のなる木　　116　花形　　117　問題児　　118　負け犬

■2．経営計画と管理

119　コンプライアンス　　120　セキュリティポリシー　　121　ERP（経営資源計画）　　122　CRM（顧客関係管理）
123　BPR（業務プロセス再設計）　　124　コアコンピタンス　　125　アウトソーシング　　126　アライアンス
127　ハウジングサービス　　128　ホスティングサービス　　129　ASP　　130　SaaS　　131　PaaS　　132　IaaS

（5）データベースソフトウェアに関する知識

■1．DBMS

133　排他制御　　134　共有ロック　　135　専有ロック　　136　デッドロック　　137　トランザクション　　138　コミット
139　ジャーナルファイル　　140　チェックポイント　　141　ロールバック　　142　ロールフォワード

■2．データベースの設計

143　概念設計　　144　論理設計　　145　物理設計　　146　非正規形　　147　第1正規化　　148　第2正規化
149　第3正規化　　150　E−R図　　151　エンティティ（実体）　　152　アトリビュート（属性）
153　リレーションシップ（関係）　　154　整合性制約（参照整合性）

分析チェック問題　解答 (P.52)

①50円　②▭ データの源泉と吸収　◯ プロセス　━━ データストア　➡ データフロー　③18日　④5，2
⑤累計比率　⑥（あ）増加傾向　（い）停滞傾向　⑦（あ）正の相関　（い）102万円　⑧商品A：45　商品B：30
⑨（あ）11　（い）7　⑩（あ）特性（結果）　（い）要因（原因）　⑪商品Dは売上が落ちているので，商品の入れ替えなど
を検討するべきである。　⑫S（強み）：(3)と(8)　W（弱み）：(1)と(5)　O（機会）：(2)と(4)　T（脅威）：(6)と(7)
⑬（あ）花形　（い）問題児　（う）金のなる木　（え）負け犬

関数チェック問題　解答 (P.55)

①DSUM　②DAVERAGE　③DMAX　④DMIN　⑤DCOUNT　⑥DCOUNTA
⑦SUMIFS　⑧AVERAGEIFS　⑨COUNTIFS　⑩MEDIAN　⑪MODE　⑫FORECAST　⑬CEILING　⑭FLOOR
⑮ABS　⑯RANDBETWEEN　⑰ROW　⑱COLUMN　⑲OFFSET　⑳SUBSTITUTE　㉑IFERROR

SQLチェック問題　解答 (P.57)

①(a)INSERT INTO　(b)VALUES　②(a)UPDATE　(b)SET　③(a)DELETE　(b)WHERE　④DISTINCT
⑤LIKE '東京都％'　⑥(a)ORDER BY　(b)DESC　⑦GROUP BY　⑧(a)GROUP BY　(b)HAVING　⑨BETWEEN
⑩IN　⑪NOT IN　⑫EXISTS　⑬NOT EXISTS　⑭(a)会員表　(b)入会表

【1】

1	2	3	4	5
キ	エ	オ	カ	ア

【2】

1	2	3	4	5
ア	キ	ク	ウ	ケ

【3】

1	2	3	4	5
イ	ウ	イ	ウ	80　　%

各2点 15問　小計　30

【4】

問1	問2	問3	問4	問5
ア	イ	ア	イ	ア

【5】

問1	問2	問3	問4	問5
ア	イ	LIKE	IN	ウ

各3点 10問　小計　30

【6】

問1	問2	問3	問4	問5
MONTH(A4)+1	イ	3	>=170	イ

【7】

問1	問2	問3	問4	問5
ウ	ア	イ	F9/2	50,400

※　記述問題の大文字，小文字，コンマの有無は問わない。

各4点 10問　小計　40

得　点　合　計
100

— 6 —

【1】

イ．スパイラルモデル：システムをいくつかの機能単位に分割して，機能ごとに要件定義，プログラミング，テストなどの開発工程を繰り返しながら開発を進める開発モデル。

ウ．ミラーリング：RAID1 が備える機能であり，複数のハードディスク装置に同じデータを記憶することでシステムの信頼性を向上させる技術。

ク．MIME：電子メールで様々な文字コードのデータや画像ファイル，音声ファイルなどを送受信するための規格。

ケ．RAID：複数のハードディスクを仮想的な1つのハードディスク装置として扱う技術。

コ．ロールフォワード：ハードディスクに障害が発生した場合など，バックアップファイルと更新後ジャーナルファイルなどを利用して，できるだけ障害が発生する直前の状態までデータを復旧させること。

サ．インシデント：システムの稼働が停止する突発的な事故や事象のこと。

シ．リスクアセスメント：組織などが抱えるリスクを特定した後，影響の度合いやリスクが実際に発生する可能性などを評価する活動。

【2】

イ．認証局　　エ．ブラックボックステスト　　オ．ゲートウェイ　　カ．POP　　コ．VoIP

【3】

1．ア．ホストアドレス：IPアドレスにおいて，ネットワークに接続された個々のコンピュータを識別するための部分。ネットワーク内で同じホストアドレスを設定することはできない。

　　ウ．ブロードキャストアドレス：ネットワークに接続された全てのコンピュータにデータを一斉送信するためのアドレス。

2．ア．信頼性：システムの故障のしにくさを表す性質。MTBF で表すことができる。

　　イ．可用性：システムが故障せず，継続的に稼働する性質。稼働率で表すことができる。

3．ア．コンプライアンス：法令遵守ともいい，企業活動において，法律や社会規範を守り，公正な企業経営を行うことで利害関係者からの信頼を得ようとする考え方。

　　ウ．アライアンス：業務提携のことで，企業同士がお互いに苦手としていたり，不足していたりする能力を補い合い，一部の業務で協力すること。

4．並列システムの稼働率の計算は，1－（1－A）×（1－B）で求められる。

　　計算式：1－（1－0.8）×（1－0.9）＝0.98

5．計算式：通信速度×転送時間×伝送効率＝通信容量

　　　　　　2Gbps×180秒×x＝36GB　　よって，x＝80％

【4】

問1．イ．プロセス　　ウ．データの源泉と吸収

問2．市場成長率と市場占有率の関係から PPM 分析は次の図のように表される。

高 ↑ 市場成長率 ↓ 低	花形	問題児
	金のなる木	負け犬
	高 ← 市場占有率 → 低	

問3．Zグラフは，移動合計に着目することでデータの傾向を分析することができる。移動合計が右下がりのため，減少傾向にあることが分かる。

問4．ヒストグラムは，一定範囲のデータの件数を棒グラフで表示するため，グラフから最高点や最低点などの具体的な数値を読み取ることはできない。

問5．イ．SQL インジェクション　　ウ．ソーシャルエンジニアリング

【5】

問1．Ｅ－Ｒ図のリレーションシップは，主キーを1，外部キーを多として表す。

問2．グループ化するためには，GROUP BY 句を利用する。また，並べ替えをするためには，ORDER BY 句を利用する。DESC は降順を表す。

問3．特定の文字列が含まれるレコードを抽出するには，LIKE 句を利用する。

問4．副問合せで2024年9月中に販売された楽曲番号を抽出し，主問合せでその楽曲番号と一致する楽曲を2024年9月中に購入した会員の会員番号，氏名などを抽出しているため，IN 句を利用する。

問5．歌手表は，事務所名に重複があり，事務所表などの表に分けることができる。よって，第2正規形までしか正規化されていない。

【6】

問1．請求日の翌月が支払期限の月になるので，請求日の月に1を加える。

問2．OFFSET 関数の第3引数で F5 を指定し，平均を求める質問のフィールドを選ぶ。第4引数は F8 を指定して，平均を求める高さを指定する。

問3．合計得点の順位が3位以内もしくは，調整合計得点の順位が3位以内もしくは，8点以上をつけた審査員の人数が4人以上の場合に○を表示する。

	A	B	C	D	E	F	G	H	I	J	K
1											
2	管楽器音楽コンクール予選審査表										
3	No	氏名	審査員						合計得点	調整合計得点	決勝出場
4			A	B	C	D	E	F			
5	1	井川　小百合	8	9	7	8	5	6	43	29	○
6	2	垣内　浩太	8	8	5	6	7	8	40	27	
7	3	山口　紗耶香	10	9	8	9	6	8	50	34	○
8	4	吉川　弥生	5	7	7	7	7	6	39	27	
9	5	吉田　早苗	8	8	8	9	8	6	47	32	○
10	6	石井　あゆみ	8	7	5	6	7	8	39	26	

問4．条件のうち，部活動と性別は設定されているので，身長が170cm 以上を設定する。

問5．最も多かった得点（最頻値）を求めるには，MODE 関数を利用する。

　　ア．MEDIAN 関数：数値に含まれるデータの中央値（メジアン）を求める。

　　ウ．MOD 関数：数値÷除数の余りを求める。

【7】

問1．VLOOKUP 関数の第1引数は検索値を指定する。検索値は検索範囲の最も左の列と同じ属性を示す必要があるため，曜日コードを表す数値（1〜7）を指定する。よって，利用日（C7）の曜日を数値で返す WEEKDAY 関数を利用する。なお WEEKDAY 関数の第2引数を省略した場合，戻り値は1（日曜日）〜7（土曜日）となる。

問2．入力した会場コードが会場表に存在しない場合を，COUNTIFS関数を利用して求めている。COUNTIFS関数は，検索範囲の中で検索条件に一致するセルの個数を求める関数なので，個数が「0」の場合は，検索値である会場コードが存在しないことになる。IF 関数では，指定された条件（論理式）の結果が TRUE の場合は，真の場合の値を返すので，真の値には「エラー」を設定する。

問3．VLOOKUP 関数の第3引数は列番号を指定する。宴会室料金なら4列目，会議室料金なら5列目のデータを抽出したいので，C12 の目的コードに3を加えた数を列番号とする。なお，目的コードの内容は作成条件（6）に示されている。

問4．会場使用料金は2時間ごとの料金なので，F9 の利用時間を2で割り2時間単位の単位時間にする。利用時間は1.5単位時間だが，切り上げて利用時間は2単位時間になる。よって ROUNDUP 関数を利用し，桁数に0を指定している。

問5．

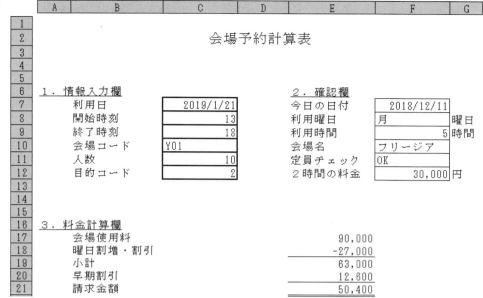

	A	B	C	D	E	F	G
1							
2			会場予約計算表				
3							
4							
5							
6		1．情報入力欄			2．確認欄		
7		利用日	2019/1/21		今日の日付	2018/12/11	
8		開始時刻	13		利用曜日	月	曜日
9		終了時刻	18		利用時間	5	時間
10		会場コード	Y01		会場名	フリージア	
11		人数	10		定員チェック	OK	
12		目的コード	2		2時間の料金	30,000	円
13							
14							
15							
16		3．料金計算欄					
17		会場使用料			90,000		
18		曜日割増・割引			-27,000		
19		小計			63,000		
20		早期割引			12,600		
21		請求金額			50,400		

【1】

1	2	3	4	5
イ	シ	ア	オ	ケ

【2】

1	2	3	4	5
カ	イ	コ	オ	キ

【3】

1	2	3	4	5
ア	イ	ウ	イ	450　MB

各2点
15問　｜小計｜ 30

【4】

問1	問2	問3	問4	問5
ア	イ	ウ	ア	イ

【5】

問1	問2	問3	問4	問5
ウ	累計貸出冊数+1	ア	ウ	EXISTS

各3点
10問　｜小計｜ 30

【6】

問1	問2	問3	問4	問5
イ	MATCH	$D$4:$D$65	ア	ア

D$4:D$65 も可。

【7】

問1	問2	問3	問4	問5	
NG	ア	C10	C8	F17	554,400
				F19	2

※　記述問題の大文字，小文字，コンマの有無は問わない。
※　複数解答問題は，問ごとにすべてができて正答とする。

各4点
10問　｜小計｜ 40

得　点　合　計
100

解説

【1】

ウ．サブネットマスク：IPアドレスをネットワークアドレス部とホストアドレス部に区切るための数値。サブネットマスクの値を2進数に変換したとき，ネットワークアドレス部を表す部分はすべて1であり，ホストアドレス部を表す部分はすべて0になる。

エ．保守性：システムに障害が発生した際に復旧のしやすさを表す評価指標。MTTRで表すことができる。

カ．可用性：システムが継続的に稼働する性質を表す評価指標。稼働率で表すことができる。

キ．フォールトトレラント：障害が発生することを前提として考え，障害発生時に主要な機能が失われないようにシステムを設計すること。

ク．フォールトアボイダンス：システムに障害が発生しないよう，システムの信頼性を高めたり，定期点検や予防保守などの対策を行ったりすることや障害対策についての考え方。

コ．ゲートウェイ：プロトコルが異なるネットワーク同士でも通信が行えるようにする通信機器やソフトウェア。

サ．リスクアセスメント：企業や組織が抱える脅威（リスク）がもたらす被害の深刻さや影響範囲などを分析し，リスクを評価する活動。

【2】

ア．MIME　　ウ．HTTP　　エ．ターンアラウンドタイム　　ク．システムテスト　　ケ．CRM

【3】

1．イ．RAID：複数のハードディスクを1台のハードディスクとして扱う技術であり，信頼性や処理速度の高速化などを図る。ディスクアレイともいう。

　　ウ．NAT：プライベートIPアドレスとグローバルIPアドレスを相互に変換し，LANなど範囲が限られたネットワークに接続されたコンピュータがインターネットにアクセスできるようにする技術。

2．ア．POP：メールサーバに保存されているデータを受信するためのプロトコル。

　　イ．DHCP：コンピュータをネットワークに接続する際に，IPアドレスなどを自動的に割り当てるプロトコル。

3．ア．SaaS：インターネット経由でソフトウェアの機能をサービスとして利用すること。

　　イ．IaaS：インターネット経由でサーバや通信回線などの機能をサービスとして利用すること。

4．稼働率は $\dfrac{\text{MTBF}}{\text{MTBF}+\text{MTTR}}$ で求めることができる。

　　計算式： $\dfrac{624}{624+16} = 0.975$

5．通信速度×転送時間×伝送効率＝データ容量　で求めることができる。

　　計算式：100Mbps×60秒×0.6（60％）＝3,600Mb　　3,600Mb＝450MB

【4】

問1．クリティカルパスは，PERT図において，最も長い作業時間を要する経路のこと。クリティカルパスの作業工程を重点的に管理して，全体の所要時間を最適化する。

　　ア．A－C－E－G　＝　1＋3＋5＋2　＝　11

　　イ．A－D－F　　　＝　1＋3＋4　　　＝　8

　　ウ．B－E－G　　　＝　2＋5＋2　　　＝　9

問2．IPアドレスとサブネットマスクを2進数に変換して，ネットワークアドレス部の値がコンピュータAのIPアドレスと同じIPアドレスを探す。

コンピュータ	IPアドレス	IPアドレス（2進数）
サブネットマスク	255.0.0.0	**11111111**.00000000.00000000.00000000
コンピュータA	192.1.0.10	**11000000**.00000001.00000000.00001010
選択肢 ア	255.0.0.1	11111111.00000000.00000000.00000001
選択肢 イ	192.5.2.7	**11000000**.00000101.00000010.00000111
選択肢 ウ	172.1.0.10	10101100.00000001.00000000.00001010

問3．ア．回帰直線が右上がりなので正の相関を示している。

　　　イ．売上年月日などに関する情報はなく，売上高が毎年増加しているかわからない。

　　　ウ．回帰直線は右上がりなので正の相関を示しており，売り場面積が分かれば売上高の予測が立てられる。

問4．ABC分析は，パレート図を使い，商品ごとの在庫管理を適切に行うことに役立てる分析手法である。

　　　ア．A群の商品は，品切れを起こさないように重点的に在庫管理を行う商品群である。

　　　イ．商品を売上高の降順にならべて表示しているだけで，売上高の減少を示しているわけではない。

　　　ウ．商品の数を増やせば利益が大きくなるかどうか判断することはできない。

問5．ア．CRM　　ウ．ERP

【5】

問1．会員は，同じ日に同じ図書を借りることはできないが，違う日に同じ図書を借りることができる。会員番号と図書番号，貸出日の組み合わせにより，一意にレコードを特定できる。

問2．値を変更するには，「UPDATE テーブル名 SET 変更内容 WHERE 条件」を利用する。

問3．値を明確に定義するためには，IN 句を利用する。また，データを降順に並べ替えるには，ORDER BY フィールド名 DESC を利用する。

問4．2021年9月中というのは，2021年9月1日～2021年9月30日までと同じ意味である。この期間を正しく指定しているのは，「フィールド名 BETWEEN 値1 AND 値2」を使った選択肢ウである。

問5．副問合せでは＊が指定されており，抽出条件に合ったレコードを求めている。副問合せで求めたビュー表に対してさらに SQL 文を実行するには，EXISTS 句を利用する。

【6】

問1．F列の会員種別がAになっているレコードをみると，経過日数が365以上であり，かつ販売額累計が500000以上なので，AND関数となる。Bをみると，経過日数が365以上もしくは，販売額累計が500000以上なので，OR関数となる。

問2．H列の順位の中から，C14の順位のセル位置を求める。範囲の中で，検索値と一致するセル位置を表す数値を求めるには，MATCH関数を利用する。

問3．SUMIFS関数は，複数の条件に一致するデータを合計する。「SUMIFS（合計対象範囲，条件範囲1，条件1，条件範囲2，条件2）」なので，空欄には，合計する対象である来店客数を設定する。G6までコピーするため，絶対参照とする。

問4．データベース範囲の中の指定したフィールドで，条件に一致するデータの合計を求める。データベース範囲の先頭の行には各列の見出しも含める。フィールドは，関数で求める列を指定する。条件範囲は見出しも含める。

　　　イ．データベース範囲に見出しの行も含める。

　　　ウ．データベース範囲は必要のない列は含まなくてもよいが，コピーするので条件範囲の複合参照に誤りがある。

問5．各製品は1つ以上生産するので，「$B$10:$C$10 >= 1」とする。各材料の使用量合計が上限を超えないようにするので，「$D$11:$D$12 <= $D$4:$D$5」とする。

【7】

問1．VLOOKUP関数で，検索値と完全に一致する値を検索するには，第4引数にFALSEまたは0を指定する。完全一致による検索で，検索値と一致する値がないときはエラーコード（#N/A!）が返るので，その場合はIFERROR関数を使用して「NG」と表示する（作成条件2参照）。なお近似一致による検索は，検索列の値が昇順または降順に整列していなければ使用できない。

問2．INDEX関数の列番号はホテルグレード－2で求められる。また領域番号は旅行日数－3で求められる。よってアが適切である。

問3．作成条件7より，保険は上位タイプが下位タイプを包含しているので，例えば契約タイプが4なら1日あたりの料金は530＋110＋100＋80＝820である。これを実現するためにOFFSET関数の第4引数にC10を指定し，保険の契約タイプに応じた合計範囲とする。

問4．VLOOKUP関数でF16に基づく部屋数を算出しているので，そこにC8の一人部屋希望数を加える。

問5.

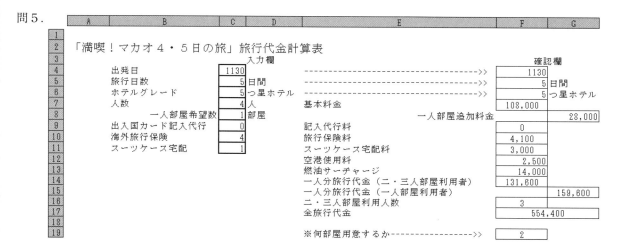

	A	B	C	D	E	F	G
1							
2	「満喫！マカオ4・5日の旅」旅行代金計算表						
3			入力欄			確認欄	
4		出発日	1130	------------------------------------>>		1130	
5		旅行日数	5	日間 ------------------------------------>>		5	日間
6		ホテルグレード	5	つ星ホテル ------------------------------------>>		5	つ星ホテル
7		人数	4	人	基本料金	108,000	
8		一人部屋希望数	1	部屋	一人部屋追加料金		28,000
9		出入国カード記入代行	0		記入代行料	0	
10		海外旅行保険	4		旅行保険料	4,100	
11		スーツケース宅配	1		スーツケース宅配料	3,000	
12					空港使用料	2,500	
13					燃油サーチャージ	14,000	
14					一人分旅行代金（二・三人部屋利用者）	131,600	
15					一人分旅行代金（一人部屋利用者）		159,600
16					二・三人部屋利用人数	3	
17					全旅行代金	554,400	
18							
19					※何部屋用意するか-------------------->>	2	

【1】

1	2	3	4	5
コ	エ	サ	ア	ケ

【2】

1	2	3	4	5
キ	コ	ケ	イ	ア

【3】

1	2	3	4	5
ア	イ	ア	ウ	10　日

各2点 15問｜小計 **30**

【4】

問1	問2	問3	問4	問5
イ	ウ	イ	エ	ウ

【5】

問1	問2	問3		問4	問5
ウ	イ	(a) INSERT	イ	ウ
		(b) INTO		
		(c) VALUES		

各3点 10問｜小計 **30**

【6】

問1	問2	問3	問4	問5
イ	B4+1	6.5	ウ	ウ

【7】

問1	問2 (a)	問2 (b)	問3	問4	問5
ウ	エ	イ	ウ	E9/100<10	12,090

E9<1000 も可。ただし、
E9<1,000は不可。

※ 記述問題の大文字，小文字，コンマの有無は問わない。
※ 複数解答問題は，問ごとにすべてができて正答とする。

各4点 10問｜小計 **40**

得点合計 **100**

— 14 —

【1】

イ．ウォータフォールモデル：要件定義から運用保守までの開発工程を原則として後戻りせず，順番に実施していく開発モデル。計画立案や進捗管理が行いやすく大規模開発に向いている。

ウ．プロトタイピングモデル：開発の初期段階で顧客に試作品を提示することで，顧客が求める機能や性能を明確にしてから開発を進める開発モデル。顧客満足度の向上が見込まれる。比較的小規模な開発に向いている。

オ．RAID：複数のハードディスクを1台のハードディスクのように管理する技術。信頼性や処理速度の向上などを図ることができる。

カ．SQLインジェクション：検索欄などがあるWebサイトなどの脆弱性を利用し，問い合わせ内容にデータベースを操作する言語であるSQL文を仕込むことで，データを改ざんしたり，不正に取得したりする攻撃。

キ．ロールバック：トランザクション処理の実行中にエラーが発生したときなどに，バックアップファイルや更新前ジャーナルファイルなどを利用して，処理開始前の状態に戻す処理のこと。

ク．運用・保守：開発したシステムを顧客が実際に利用する環境で運用を開始し，不具合が発生した際には必要に応じて修正すること。

シ．クロスサイトスクリプティング：攻撃者がWebページに罠を仕掛け，利用者がページ内のリンクをクリックしたときに，不正なプログラムがWebサーバに送り込まれることにより情報漏洩などの被害をもたらす攻撃。

【2】

ウ．BPR　エ．システムログ　オ．ホスティングサービス　カ．内部設計　ク．アウトソーシング

【3】

1．イ．ホスティングサービス：通信事業者が運用するサーバの機能を利用することができるサービス。

ウ．アウトソーシング：事業の一部や全部を外部企業に委託すること。

2．ア．NAS：ネットワークに直接接続して利用するファイルサーバ。

ウ．Cookie：Webサーバが一時的にブラウザにデータを残すしくみ。電子商取引において，ブラウザを閉じてもカートに入れた商品情報を再び表示できるのは，Cookieが利用されているためである。

3．イ．DNS：ドメイン名とIPアドレスを相互に変換するしくみ。

ウ．FTP：TCP/IPを利用したネットワークにおいて，ファイルを送受信するためのプロトコル。

4．計算式

変換前の記憶容量：$600 \times 1,000 \times 3$ B $= 1,800,000$ B $= 1.8$ MB

変換後の記憶容量：$300 \times 500 \times 1$ B $= 150,000$ B $= 0.15$ MB

$0.15 \div 1.8 = \frac{1}{12}$

5．Aさんが1日にこなせる仕事量を1人日と考えると，Bさんが1日にこなせる仕事量はAさんの2倍なので2人日である。Aさん，Bさんが2人で作業をすると1日で3人日の仕事ができる。よって，30人日の仕事を終えるまでは10日かかる。

計算式：Aさん＝1人日，Bさん＝2人日　　　仕事量 ÷ 1日あたりの進捗数 ＝ 30人日 ÷ 3人日 ＝ 10日

【4】

問1．ア．回帰分析　ウ．ABC分析

問2．dは特性で，事象や結果を設定する。aは特性に影響を与える要因である。

問3．ア．縦棒グラフと折れ線グラフで表された複合グラフがパレート図であり，売上分析などに利用されている。

ウ．折れ線グラフは構成比率を表しているため，折れ線グラフの終わりは必ず100％になる。

問4．市場成長率と市場占有率の関係からPPM分析は次の図のように表される。

高↑市場成長率↓低	花形	問題児
	金のなる木	負け犬
	高←市場占有率→低	

問5．ア．PaaS　イ．SaaS

【5】

問1．1つの企業が同じ日に同じ商品を注文することはないので，企業番号，商品番号，受注日までわかればレコードを一意に特定することができる。よって，この3つのフィールドが主キーである。

問2．データを昇順に並べ替えるには，ORDER BY フィールド名 ASC（省略可能）を利用する。「GROUP BY フィールド名 HAVING」は特定のフィールドを基準にグループ化して，HAVING句に一致するレコードのみを抽出する。

問3．テーブルに新たにレコードを追加するには，「INSERT INTO テーブル名 VALUES 値」を利用する。

問4．「NOT EXISTS」を利用して5月中に注文がなかったレコードを抽出する。IN句を利用するには，IN句の前に抽出条件として指定するフィールド名が必要であり，副問合せで抽出するデータもレコードを表す＊ではなく，具体的なフィールド名を指定する。

問5．ア．イ．ともに参照整合性に反する。商品表に新商品を先に登録しなければ，受注表や発注表に新商品に関するレコードを追加することはできない。

【6】

問1．SUMIFS 関数は，複数の条件に一致するデータを合計する関数である。関数式は，「SUMIFS（合計対象範囲，条件範囲1，条件1，条件範囲2，条件2…）」を設定する。

問2．年月の翌月の1日前が，年月の月末日になる。

問3．C16（平均）：6.2　　C17（最頻値）：7　　C18（中央値）：6.5

問4．FORECAST 関数は，既知の x と既知の y とのデータの相関関係から，x に対する値を予測して求める関数である。関数式は，「FORECAST（x，既知の y，既知の x）」を設定する。

問5．マクロ言語で記述されたプログラムを動作させるのは，マクロ機能である。

	A	B	C
1			
2	情報処理小テスト		
3	番号	氏名	得点
4	1	浅田　吾郎	4
5	2	井上　賢治	7
6	3	遠藤　浩二	8
7	4	小林　俊章	5
8	5	坂口　英吾	6
9	6	坪田　正二	7
10	7	石田　愛子	8
11	8	岡本　早苗	6
12	9	加藤　佐和子	4
13	10	佐藤　栄美子	3
14	11	立花　桜	9
15	12	渡辺　彩加	7
16		平均	6.2
17		最頻値	7
18		中央値	6.5

【7】

問1．WEEKDAY 関数は曜日を数値で表すため，E5 のように表示するには，どこかを参照して表示する必要がある。WEEKDAY 関数の第2引数が2なので，戻り値は1（月曜日）〜7（日曜日）である。この1〜7の数値を INDEX 関数の第3引数である列番号に指定すれば，料金表の B3：H3 を参照して曜日を表示することができる。

問2．作成条件（6）に，「C15の右端から4文字を抽出して，数値データに変換」とあるので，RIGHT 関数と VALUE 関数を利用する。RIGHT 関数は，指定した文字列の右端から，指定した文字数を抽出する関数。VALUE 関数は，文字列を数値に変換する関数。

問3．クマ人間を観るために9時15分に受付した場合は9時45分の上映を観られるが，9時50分に受付した場合は13時10分の上映回になってしまう。同じ9時台の受付でも受付時間<＝上映時間であれば9時台が観られるが，それ以外の場合は観られないので次の上映回の時間になる。これを IF 関数を利用して分岐させるには，VLOOKUP 関数の第3引数を変化させる。VLOOKUP 関数の第3引数である列番号は，8時台なら3列目，9時台なら4列目，10時台なら5列目……を抽出するので，受付時間の時から5を減じた数を利用する。抽出された上映時間が受付時間以後であれば（IF 関数の論理式が真であれば），その上映時間を表示する。抽出した上映時間が受付時間より前であれば（IF 関数の論理式が偽であれば），次の上映回の時間を表示するので，受付時間の時から4を減じた数を利用する。

問4．作成条件（11）にある「E9の「上映開始」が10時前までの場合」は，E9の百の位が10よりも小さいということなので，E9が1000未満と考えることができる。

問5．

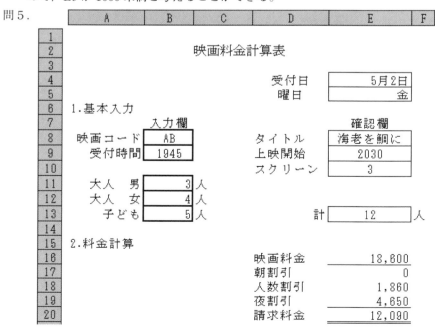

	A	B	C	D	E	F
1						
2		映画料金計算表				
3						
4				受付日	5月2日	
5				曜日	金	
6		1.基本入力				
7			入力欄		確認欄	
8		映画コード	AB	タイトル	海老を鯛に	
9		受付時間	1945	上映開始	2030	
10				スクリーン	3	
11		大人　男	3 人			
12		大人　女	4 人			
13		子ども	5 人	計	12 人	
14						
15		2.料金計算				
16				映画料金	18,600	
17				朝割引	0	
18				人数割引	1,860	
19				夜割引	4,650	
20				請求料金	12,090	

第4回　模擬問題　解答

【1】

1	2	3	4	5
キ	オ	ク	エ	サ

【2】

1	2	3	4	5
カ	エ	イ	キ	オ

【3】

1	2	3	4	5
ア	イ	ア	イ	30　秒

各2点 15問　小計　**30**

【4】

問1	問2	問3	問4	問5
ウ	エ	イ	ア	ウ

【5】

問1	問2	問3	問4	問5
ウ	DISTINCT	ア	ウ	イ

各3点 10問　小計　**30**

【6】

問1	問2	問3	問4		
				(1)	(2)
FORECAST	ア	ウ	(a)	1000	LARGE($B$4:$B$8,2)
			(b)	9999	
			「,」ありは不可。		SMALL($B$4:$B$8,4) も可。

【7】

問1		問2	問3	問4	問5
(a)	(b)				
イ	ウ	MONTH(C5)-5	ア	OFFSET	102,500

※　記述問題の大文字，小文字，コンマの有無は問わない。
※　【6】問4(1)は，(a)(b)ともにできて正答とする。
※　【7】問1は，(a)(b)ともにできて正答とする。

各4点 10問　小計　**40**

得　点　合　計
100

解説

【1】

ア．フォールトアボイダンス：システム障害が発生しないように装置の信頼性を高めたり，冗長的なシステム構成にするといった対応を取る障害対策。

イ．IaaS：サーバや通信回線といったハードウェアに関する機能をインターネット経由で提供するサービス。

ウ．フェールソフト：システムに障害が発生してもシステム全体が停止しないよう，性能を落としてでも稼働する装置のみで運転を継続する障害対策。

カ．共有ロック：誰かがデータ資源にアクセスしているとき，他の人はデータを参照することはできるが，変更することはできないロック。

ケ．HTTP：HTML ファイルを暗号化せずにインターネットでやり取りするプロトコル。

コ．システムログ：システムが稼働中に発生した出来事（エラーやログイン，再起動など）を時系列に記録したファイル。

シ．PaaS：システムの開発環境や実行環境をインターネット経由で提供するサービス。

【2】

ア．CRM　　ウ．ネットワークアドレス　　ク．共通鍵暗号方式　　ケ．レスポンスタイム　　コ．ブラックボックステスト

【3】

1．イ．DMZ：インターネットなどの外部ネットワークと LAN などの内部ネットワークの間にファイアウォールを設置して作られるセキュリティ上安全なネットワーク領域。非武装地帯ともいう。

　　ウ．NAS：ネットワークに直接接続して利用するファイルサーバ。

2．ア．MIME：ASCII コード以外の文字列や画像ファイル，音声ファイルなどを電子メールで送受信するための技術。

　　ウ．Cookie：Web サーバがブラウザに一時的にデータを保存するしくみ。

3．イ．システムテスト：全てのモジュールを結合してシステム全体が正常に稼働するかを確認する最終テスト。

　　ウ．単体テスト：モジュールが適切に動作するかを確認するテスト。システムの内部構造にまで着目して行うホワイトボックステストの手法でテストを実施する。

4．計算式

　　ア．0.8×0.9=0.72

　　イ．1−(1−0.8)×(1−0.9)=0.98

　　ウ．{1−(1−0.8)×(1−0.9)}×0.8=0.784

5．計算式

　　100Mbps = 12.5MBps　　12.5MBps×x 秒×0.8=300MB　　x = 30 秒

【4】

問1．SWOT 分析において，機会と脅威が外的要因，強みと弱みが内的要因に分類される。

問2．ア．6 + 5 + 5 + 7 = 23

　　　イ．6 + 5 + 6 + 7 = 24

　　　ウ．9 + 3 + 5 + 7 = 24

　　　エ．9 + 3 + 6 + 7 = 25

問3．フルコントロールは，読み込みや書き込みの他，削除や実行などあらゆる権限が許可されているアクセス権である。読み取りは，読み込みだけが許可されているアクセス権である。書き込みは，読み込みと書き込みが許可されているアクセス権である。

問4．グループBは，G・Aである。

商品名	売上高（万円）	構成比率	累積比率
F	144	23%	23%
C	118	19%	42%
E	88	14%	56%
I	84	14%	70%
G	64	10%	80%
A	46	7%	88%
H	38	6%	94%
D	25	4%	98%
B	13	2%	100%
合計	620		

問5．ア．ソーシャルエンジニアリング　　イ．クロスサイトスクリプティング

【5】

問1．①同日中に同じタイトルの演劇を行うことはない。という処理条件から，上演予定表は，上演予定日と演劇番号が主キーである。また，④会員は，同じ観覧希望日に複数の演劇を予約することができる。という処理条件から，予約表は会員番号と観覧希望日，演劇番号が主キーである。

問2．データを重複なく抽出するにはDISTINCT句を利用する。

問3．テーブルからレコードを削除するには，「DELETE FROM」を利用する。

問4．データを並べ替えるには，ORDER BY句を利用する。ASCは昇順，DESCは降順を表し，複数のフィールドを並べ替え基準に設定することができる。

問5．4月以降に予約した客を副問合せで抽出し，NOTで反転させて4月以降に予約していない会員番号を抽出している。副問合せの抽出結果が会員番号であり，値を明確に定義していることからNOT INを利用する。

【6】

問1．既知のxと既知のyとのデータの相関関係から，xに対する値を予測して求めるには，FORECAST関数を利用する。

問2．「支払時間」は「勤務時間」を15分単位で切り捨てたものになっているので，アが適切である。

問3．複数の条件に一致するデータを平均するには，AVERAGEIFS関数を利用する。関数式は，「AVERAGEIFS（平均対象範囲，条件範囲1，条件1，条件範囲2，条件2…）」である。

問4．（1）1,000以上10,000未満の乱数なので，「1000」と「9999」を指定する。

（2）指定した範囲の大きい順の値を求めるには，LARGE関数を利用する。8行目までコピーをするため，絶対参照にする。

【7】

問1．空欄(a)…以下のすべての条件を満たしたときにOKを表示するので，ANDを使用する。

　　　①体験コードが二つ選択されていること（C11が2桁であること）

　　　②体験コードの二つが異なっていること（空欄(b)）

　　　③体験コードの一つめが6未満であること

　　　④体験コードの二つめが6未満であること

　　　空欄(b)…二つのコードが同じものであった場合（例：33），左端から1文字を抽出した文字を空白に置き換えたときに2文字とも空白に置き換えられ，元の文字数との差は2になる。二つのコードが異なる場合（例：14），左端から1文字を抽出した文字を空白に置き換えても右端の1文字は残るので，元の文字数との差は1になる。元の文字数との差が2未満であれば，異なる2文字がコードとして入力されていたとみなすことができる。

問2．HLOOKUP関数の第3引数は行番号を指定する。7月は2行目，8月は3行目，9月は4行目であるから，C5の月より5を減じて行番号とする。

問3．MATCH関数の返り値をINDEX関数の列番号に利用している問題である。アはINDEX関数の範囲がB4:E8であるのに，MATCH関数の範囲をA3:E3としており，正しく列番号に利用できない。

問4．OFFSET関数を利用して体験コードに応じたセルを参照し，SUM関数によって合計する。

問5．

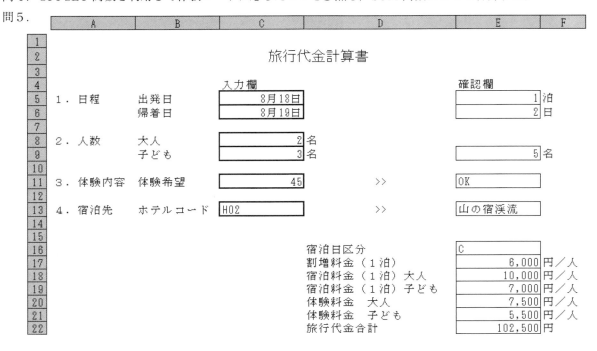

― 20 ―

【1】

1	2	3	4	5
イ	コ	エ	ア	オ

【2】

1	2	3	4	5
ウ	オ	コ	エ	ク

【3】

1	2	3	4	5
ア	ア	イ	イ	80　%

各2点 15問　小計　**30**

【4】

問1	問2	問3	問4 (1)	問4 (2)	問5
ウ	1 日	ウ	イ	ウ	ア

【5】

問1	問2 (1)	問2 (2)	問3	問4 (a)	問4 (b)	問4 (c)
エ	(a) 販売日 / (b) 商品名	SUM(数量＊単価) < 5000	ア	イ	ウ	エ

各3点 10問　小計　**30**

【6】

問1	問2	問3	問4	問5
3	ア	LEFT($A10,1)	イ	イ

【7】

問1	問2 (a)	問2 (b)	問3	問4 (a)	問4 (b)	問5
イ	分	時	ア	イ	ウ	42,525

※　記述問題の大文字，小文字，コンマの有無は問わない。
※　複数解答問題は，問ごとにすべてができて正答とする。
※　【5】問2⑴⑵は，それぞれで正答とする。

各4点 10問　小計　**40**

得　点　合　計　**100**

【1】

ウ．フェールセーフ：システムに障害が発生したときに，利用者の安全を確保するようにシステムを停止する障害設計。

カ．安全性：RASIS が表す評価指標の一つで，システムが外部からの不正操作や破壊行為に対してどのくらい耐性があるかを表す評価指標。

キ．フールプルーフ：利用者が誤操作をしても利用者の安全を確保し，システムに重大な影響を与えないようにする障害設計。

ク．信頼性：RASIS が表す評価指標の一つで，システムの故障のしにくさを表す評価指標。MTBF によって計測できる。

ケ．POP：メールサーバから電子メールを受信するために利用するプロトコル。

サ．NAT：プライベート IP アドレスとグローバル IP アドレスを相互に変換する技術。

シ．ゲートウェイ：プロトコルが異なるネットワーク同士を接続し，通信が可能になるハードウェアやソフトウェア。

【2】

ア．プライベート IP アドレス　　イ．VPN　　カ．HTTPS　　キ．共通鍵暗号方式　　ケ．リスクマネジメント

【3】

1．イ．外部設計：画面設計や帳票設計など，ユーザが利用する機能に関する設計を行う開発工程。

　　ウ．内部設計：サブシステムや機能をプログラミングの単位に分割し，必要とされる処理手順やデータ構造などを詳細に開発者側が設計すること。

2．イ．MIME：ASCII コード以外の文字列や画像，音声，動画などのマルチメディアデータをメールで送受信するための技術。

　　ウ．VoIP：インターネット上で音声データをリアルタイムに送受信することで IP 電話を実現するための技術。

3．ア．ネットワークアドレス：ネットワーク自体を表す IP アドレス。ホストアドレス部が全て 0 になる。

　　ウ．ホストアドレス：ネットワークに接続されている個々のコンピュータを識別するための IP アドレス。

4．並列システムが直列に接続されていると考える。

　　計算式

　　　$\{1-(1-0.8)\times(1-0.9)\}\times\{1-(1-0.8)\times(1-0.9)\}=0.98\times0.98\fallingdotseq0.96$

5．計算式

　　　1Gbps = 125MBps

　　　通信速度×転送時間×伝送効率 = データ容量

　　　125MBps×50 秒×x=5000MB

　　　x=0.8　よって，80%

【4】

問1．ア．排他制御：専有ロックや共有ロックを適切に設定して，デッドロックが発生しないようにすること。

　　　イ．コミット：トランザクションのすべての処理が正常に終了し，処理結果を確定させてデータベースを更新すること。

問2．作業Gが短縮される前のクリティカルパスは，A→B→D→F→G で所要日数が 24 日である。一方，作業Gが3日短縮されるとクリティカルパスは，A→B→D→F→H に変わり，所要日数は23日になる。24日－23日＝1日となる。

問3．IPアドレスとサブネットマスクの値を2進数に変換し，値を比較して同一ネットワークに設定できるIPアドレスか判断する。

　　　ア．コンピュータAとネットワークアドレス部の値が異なるので同じネットワークに接続できない。

　　　イ．コンピュータAとネットワークアドレス部の値は同じだが，ホストアドレス部の値がすべて0なのでネットワークアドレスであり，個々のコンピュータに設定できない。

　　　ウ．コンピュータAとネットワークアドレス部の値が同じであり，ホストアドレス部も設定できる。

　　　エ．コンピュータAとネットワークアドレス部の値は同じだが，ホストアドレス部の値がすべて1なのでブロードキャストアドレスであり，個々のコンピュータに設定できない。

コンピュータ	IPアドレス	IPアドレス（2進数）
サブネットマスク	255.255.192.0	11111111.11111111.11000000.00000000
コンピュータA	172.16.192.127	10101100.00010000.11000000.01111111
選択肢　ア	172.16.191.192	10101100.00010000.10111111.11000000
選択肢　イ	172.16.192.0	10101100.00010000.11000000.00000000
選択肢　ウ	172.16.192.192	10101100.00010000.11000000.11000000
選択肢　エ	172.16.255.255	10101100.00010000.11111111.11111111

問4．ア．ABC分析：縦棒グラフと折れ線グラフの複合グラフであるパレート図で表す。図は，イである。

　　　イ．回帰分析：2つのデータの関係性の強さを示す散布図で表す。図は，アである。

問5．イ．PaaS　　ウ．IaaS

【5】

問1．「2019年7月の1か月間における顧客名ごとの売上金額」を抽出するためには，売上表から「販売日」と「数量」，商品表から「単価」，顧客表から「顧客名」が必要である。

問2．（1）(a)…BETWEENで使用するフィールド名を指定する。

　　　　　　(b)…グループ化するフィールド名を指定する。

　　　（2）条件にあったグループだけを抽出するには，「HAVING 条件」を利用する。

問3．副問合せでは「売上表から，販売日が2019年1月1日より前である顧客コード」を抽出する。主問合せではその結果を利用して顧客表からレコードを抽出するため，最終的に抽出されるのは「2019年より前に少なくとも一度は買い物をしたことのある顧客の情報」である。

問4．2019年8月1日にUPDATE文を実行すると，幕ノ内弁当の単価は600円に変更される。これにともない，本来は2,750円であるはずの7月1日の売上高が3,000円になってしまう。ヒレカツ弁当の単価は変更されないので，5,500円のままである。よって(a)はエが正しい。

【6】

問1．「時間」が8以上10以下で「団結力」～「態度」の最低が70以上であるか，「時間」が10以下で「団結力」～「態度」の平均が80以上の場合に 決勝 を表示する。この場合は，B校，F校，G校が該当する。

	A	B	C	D	E	F
1						
2			研究発表大会予選集計表			
3	学校名	時間	団結力	内容	態度	結果
4	A校	10	60	90	75	
5	B校	7	80	75	95	決勝
6	C校	8	50	70	50	
7	D校	15	80	85	80	
8	E校	6	45	50	60	
9	F校	9	80	80	70	決勝
10	G校	8	70	70	75	決勝

問2．数値の絶対値を求めるには，ABS関数を利用する。時刻はシリアル値を使っていないので，TIME関数は不要である。

問3．A列を固定させたいので，A列を絶対参照にした複合参照を設定する。

問４．複数の条件に一致するデータの平均を求めるには，AVERAGEIFS 関数を利用する。関数式は，「AVERAGEIFS（平均対象範囲，条件範囲１，条件１，条件範囲２，条件２…）」である。
　　　ア．DAVERAGE 関数：データベース範囲の中の指定したフィールドで，条件に一致するデータの合計を求める。
　　　ウ．G3 はコピーしても行番号を固定するので G\$3 となる。F4 はコピーしても列番号を固定するので \$F4 となる。
問５．ゴールシークを用いると，「500 x － 300 x － 120,000 ＝ 0」を満たす x を求めることができる。「数式入力セル」が「目標値」になる「変化させるセル」の値を求める機能である。よって「数式入力セル」には「\$B\$9」，「目標値」は「0」，「変化させるセル」は「\$B\$5」を指定する。

【7】
問１．式がエラーの場合はエラーの場合の値を返し，そうでない場合は式の結果を返すには，IFERROR 関数を利用する。関数式は，「IFERROR（式，エラーの場合の値）」である。
問２．「分」または「時」の手前にある数字を LEFT 関数で抽出したいので，「分」または「時」の位置を SEARCH 関数で求める。戻り値から１を減じた数の分だけ LEFT 関数で抽出すればよい。
問３．指定した倍数に最も近い値に数値を切り上げるには，CEILING 関数を利用する。ウは，D7 が D12 の倍数のときにずれが生じる。
問４．(a)INDEX 関数の第２引数は行番号を指定するので，MATCH 関数で求めた該当する人数のセル位置を利用する。MATCH 関数の第３引数が１のときは，検査値以下の最大の値が検索されるので，人数が５人以上の場合は５人の割引率が適用される（作成条件（11）参照）。
　　　(b)INDEX 関数の第３引数は列番号を指定するので，MATCH 関数で求めた該当する会員ランクのセル位置を利用する。MATCH 関数の第３引数が０のときは，検査値に一致する値が検索される。
問５．5670× 2 × 5 人×（ 1 － 25%）

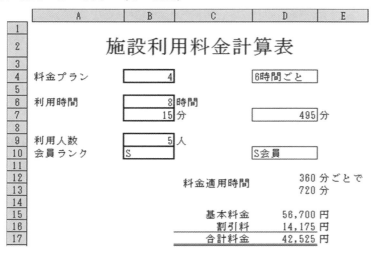

【1】

	1	2	3	4	5
	ウ	キ	イ	ア	シ

【2】

	1	2	3	4	5
	カ	ウ	エ	ク	コ

【3】

	1	2	3	4	5
	イ	ウ	イ	ア	5　人

各2点　15問　小計　30

【4】

問1	問2	問3	問4	問5
ア	ウ	ウ	ア	イ

【5】

問1	問2	問3 (a)	問3 (b)	問4	問5
ア	ウ	イ	カ	％セット	SUM(単価*数量)

各3点　10問　小計　30

【6】

問1	問2	問3	問4	問5
COUNTIFS	43	イ	イ	ウ

【7】

問1 (a)	問1 (b)	問2 (1)	問2 (2)	問2 (3)	問3	問4	問5
INDEX	MATCH	イ	ア	イ	ウ	ウ	980

問2 (4)	問2 (5)
イ	イ

※　記述問題の大文字，小文字，コンマの有無は問わない。
※　複数解答問題は，問ごとにすべてができて正答とする。

各4点　10問　小計　40

得　点　合　計　100

【1】

エ．SMTP：メールを送信したり，メールサーバ間でデータを転送したりするためのプロトコル。

オ．POP：メールサーバから電子メールを受信するためのプロトコル。データをダウンロードするため，メールサーバに
　　データは残らない。

カ．ターンアラウンドタイム：処理を命令してからすべての結果が得られるまでの時間のこと。

ク．NAS：ネットワークに直接接続して利用するファイルサーバ。

ケ．チェックポイント：データベースへの変更をディスクに書き込む処理を行った時点のこと。

コ．スループット：コンピュータが単位時間あたりに処理できる仕事量のこと。

サ．RASIS：システムの5つの評価指標の頭文字をとったもので，信頼性，可用性，保守性，完全性，安全性を意味する。

【2】

ア．DHCP　　イ．VoIP　　オ．フォールトトレラント　　キ．可用性　　ケ．パケットフィルタリング

【3】

1．ア．リスクマネジメント：組織が抱えるリスクを適切に管理し，損失の回避や低減を図る一連の活動のこと。リスク特
　　　定，リスク分析，リスク評価などがある。

　　ウ．インシデント：システムが停止する突発的な事故や不具合のこと。システムの再開を最優先に考え，根本原因の特
　　　定や再発防止は後で講じる。

2．ア．クロスサイトスクリプティング：攻撃者がWebページに罠を仕掛け，利用者がページ内のリンクをクリックした
　　　ときに，不正なプログラムがWebサーバに送り込まれることにより，情報漏洩などの被害をもたらす攻撃。

　　イ．ソーシャルエンジニアリング：廃棄物から機密情報を不正に取得したり，正当な人物になりすまして電話で機密情
　　　報を聞き出そうとしたりするなど，人の心理的な隙や油断を狙って機密情報を取得する攻撃手法。

3．ア．要件定義：顧客がシステムに求める機能や性能を調査し，決定する開発工程。

　　ウ．内部設計：入力データに対する処理方法を検討するなど，顧客の目に触れない部分の設計を行う開発工程。

4．計算式：通信速度×転送時間×伝送効率＝データ容量

　　　80Mbps ＝ 10MBps，4.8GB ＝ 4,800MB　よって，

　　　10MBps×X 秒×0.8 ＝ 4,800MB　　X ＝ 600 秒 ＝ 10 分

5．6人で3か月作業して50%の進捗状況なので，作業全体の工数は36人月である。残りの工数は18人月，現在の作業員
　　が2か月働くと12人月作業が進むが，6人分の作業が足りない。追加要員は初期メンバーの60%の作業効率であり，x
　　人で2か月働くと0.6x × 2 ≧ 6となる。よって，x ＝ 5，追加要員は5人と計算できる。

【4】

問1．イ．ブレーンストーミング：「批判禁止」「自由奔放」「質より量」「便乗歓迎」の4つのルールにより，活発な議論で
　　　新たなアイデアを考案する話し合いの手法。

　　　ウ．DFD：Data Flow Diagram のことで，システムにおけるデータの流れを図式化したもの。データの源泉と吸収，
　　　データフロー，プロセス，データストアの4つの記号で表現される。

問2．アは強み，イは弱み，ウは機会，エは脅威を表している。また，SWOT分析の4つの領域は，次の表のとおりであ
　　る。

	内的要因	外的要因
好影響	強み	機会
悪影響	弱み	脅威

問3．Zグラフで注目すべきは移動合計である。移動合計が右下がりなので減少傾向を表している。なお，移動合計が右上がりならば増加傾向，横ばいならば停滞傾向を意味する。

問4．処理条件より，決定表の空欄を埋めると次の通りとなる。

条件部	18歳以上	Y	N	Y	Y	Y	N	N	N
	18歳未満	N	Y	N	N	N	Y	Y	Y
	障害者手帳の提示	N	N	Y	Y	Y	Y	Y	N
	入園開始時刻が17時以降	N	N	N	N	Y	Y	N	Y
動作部	入園料金：5,000円	X	－	X	X	X	－	－	－
	入園料金：2,500円	－	X	－	－	－	X	X	X
	入園料金：10%割引	－	－	－	X	X	－	X	X
	入園料金：20%割引	－	－	X	－	－	X	－	－

問5．ア．BPR　　ウ．CRM

【5】

問1．顧客表と販売表は顧客コードで参照関係にある。商品表と販売表は商品コードで参照関係にある。よって，販売表が2つの表との参照関係になるので，販売表が(b)となる。

問2．主キーはすべてのレコードを区別できる項目である。販売日だけが主キーでは，同一の販売日に複数の販売があった場合には不十分である。販売日と顧客コードを主キーとすると，同一の販売日に同一の顧客に複数の商品を販売した場合には不十分となる。よって，販売日と顧客コードと商品コードを主キーとすると，すべてのレコードを区別できる。なお，同一日に同一の顧客に同一の商品を複数回販売する可能性がないとはいえないが，処理の流れ①でないものとしている。

問3．レコードを追加するには，「INSERT INTO テーブル名　VALUES　（値）」を利用する。

問4．指定した文字列を含む文字列を抽出するには，「LIKE '文字パターン'」を利用する。文字パターンには，0文字以上の任意の文字列を表す%と，任意の1文字を表す＿がある。セットが語尾に含まれる商品名なので，セットの前に%を指定する。

問5．顧客ごとの売上金額の合計は，顧客ごとに単価×数量で売上金額を求めてSUMで合計する。その後，HAVINGで売上金額の合計が100000以上という抽出条件を指定する。

【6】

問1．検索範囲の中で複数の検索条件に一致するセルの個数を求めるには，COUNTIFS関数を利用する。

問2．MEDIAN関数は，数値に含まれるデータの中央値（メジアン）を求める。

問3．複数の条件に一致するデータの平均を求める，AVERAGEIFS関数を利用する。関数式は，「AVERAGEIFS（平均対象範囲，条件範囲1，条件1，条件範囲2，条件2…）」である。

問4．その列の上から数えた行番号を求めるために，範囲のセルの行番号を返すROW関数を利用する。表は3行目から始まっているので，その分の2を引く。

問5．DCOUNT関数は，データベース範囲の中の指定したフィールドで，条件に一致するセルの個数を求める関数である。データベース関数では，リストの先頭の行には各列の見出しが入力されている必要がある。条件には，条件を記述した範囲を見出しを含めて指定する。

【7】

問1．MATCH 関数の返り値を INDEX 関数の行番号と列番号に利用している問題である。

問2．作成条件5より，条件①と条件②は AND 条件であり，条件②を構成する3つの条件は OR 条件であることがわかるので，(1)に AND，(2)に OR が入る。(3)～(5)は，時刻の範囲を限定するために AND を使用する。

問3．アは，F12 に 70%をかけたものを 10 円単位で切り上げているので適切である。イは，F12 に 30%をかけたものを 10 円単位で切り捨て，F12 から引いているので適切である。ウは，F12 に 30%をかけたものの 1 の位を切り上げ，F12 から引いているので不適切である。ウは割引料を切り上げているので，計算の最終で誤差が生まれてしまう。

問4．COLUMN 関数と ROW 関数で参照する位置を求める。

C14（3列14行）は B13（2列13行）を参照する。

D14（4列14行）は B12（2列12行）を参照する。

列が 3,4,5 と増えると，行が 13,12,11 と減っていく。よって，「15-列番号」で求めた数を OFFSET 関数の第2引数で利用する。

E14（5列14行）は B11（2列11行）を参照する。

E13（5列13行）は C11（3列11行）を参照する。

行が 14,13,12 と減ると，列が 2,3,4 と増えていく。よって，「15-行番号」で求めた数を OFFSET 関数の第3引数で利用する。

問5．

高速道路通行料金計算表

	入力欄		確認欄	料金表	
車種No	3	車種名	中型車	普通車	2,300
入場IC	都南			軽・二輪	1,800
出場IC	亀川上	基本料金	2,750	中型車	2,750
				大型車	3,750
入場時刻	840				
出場時刻	930	通勤割引の判定	あり		
走行距離	75 km				
		50%オフ	1,400		
身障者割引の有無	1	30%オフ	980		

【1】

	1	2	3	4	5
	シ	ク	コ	エ	ケ

【2】

	1	2	3	4	5
	ウ	ク	ケ	カ	ア

【3】

	1	2	3	4	5
	イ	ア	ウ	ウ	199　日

各2点 15問　小計 **30**

【4】

	問1	問2	問3	問4 (1)	問4 (2)	問5
	イ	ウ	ア	ウ	ウ	イ

【5】

	問1	問2	問3 (1)	問3 (2)	問4
	ウ	イ	ウ	イ	NOT IN

各3点 10問　小計 **30**

【6】

	問1	問2	問3	問4	問5
	ア	ア	2	SUBSTITUTE	イ

【7】

	問1	問2 (a)	問2 (b)	問2 (c)	問3	問4 (a)	問4 (b)	問5
	イ	エ	ア	イ	イ	FLOOR	ABS	131,500

各4点 10問　小計 **40**

※　記述問題の大文字，小文字，コンマの有無は問わない。
※　複数解答問題は，問ごとにすべてができて正答とする。
※　【5】問3(1)(2)は，それぞれで正答とする。

得 点 合 計
100

解説

【1】

ア．ハブ：LANなどのネットワークを構築する際，コンピュータ同士をLANケーブルで接続するための集線装置。

イ．ストライピング：RAID0が持つ機能で，データを複数のハードディスク装置に分割して保存することで，読み込みや書き込みの処理速度を向上させる技術。

ウ．プロトタイピングモデル：システム開発の初期段階で試作品を顧客に提示することで要件定義を明確に行い，試作品を発展させてシステムを開発していく開発モデル。

オ．VPN：インターネットなどの公衆回線で暗号化技術を利用することであたかも専用回線を利用するように安全性を確保した通信を行う技術。

カ．ウォータフォールモデル：要件定義から運用・保守までの一連の開発工程を順番に行い，原則として開発工程を後戻りしない開発モデル。

キ．ルータ：同じプロトコルを利用したネットワーク同士を相互に接続するための通信機器。経路選択機能を持ち，ネットワークを流れるデータを適切にやり取りする。

サ．ポート番号：TCP/IPにおいて，コンピュータ内で通信を行う複数のソフトウェアを識別するための番号。

【2】

イ．フェールソフト　　エ．公開鍵暗号方式　　オ．SMTP　　キ．プログラム設計　　コ．完全性

【3】

1．ア．概念設計：E－R図などを作成して，データベース化する対象を分析し，データベースを構築するために必要な情報を設計すること。

　　ウ．物理設計：データベースを構築するためのハードウェアやソフトウェア，必要とされる性能などを設計すること。

2．イ．外部設計：システム開発において，利用者の目線で画面設計や帳票などの印刷物の書式などを定義する開発工程。

　　ウ．内部設計：システム開発において，開発者の目線でシステムやソフトウェア同士を連携させる方法や取り扱うデータ，ファイルなどの形式を設計する。

3．ア．IPアドレス：コンピュータをネットワークに接続するために割り当てる固有の番号のこと。

　　イ．MACアドレス：コンピュータが製造されるときに割り当てられる固有の番号。メーカー番号（24ビット）と製品番号（24ビット）の48ビットで構成される。

4．3,200px × 1,800px × 3B × 0.5 × 1,000枚 × 4日 ＝ 34.56GB

　32GBでは保存しきれないため，64GBが正解となる。

5．平均故障間隔（MTBF）と平均修復時間（MTTR）より，稼働率 ＝ $\dfrac{\text{MTBF}}{\text{MTBF+MTTR}}$ で計算できる。

　$0.995 = \dfrac{\text{X}}{\text{X+24}}$　　X ＝ 4,776時間　　　4776÷24 ＝ 199日

【4】

問1．ア．KJ法　　ウ．決定表（デシジョンテーブル）

問2．要因(a)の要因は，品質や機能，デザインといった製品に関する内容である。要因(b)の要因は，販売員や広告など販売促進に関する内容である。要因(c)の要因は，販売網やインターネット通販など販売経路に関する内容である。

問3．DFD（Data Flow Diagram）は，次の4つの記号でデータの流れを図式化する。

データの源泉と吸収	プロセス	データストア	データフロー
▭	◯	＝＝＝＝	⟶

問4．散布図や近似曲線は右上がりの形を示しており，角度はほぼ45度に近いことが分かる。これは，相関係数が1に近い値を示し，2つのデータには強い相関があることを示している。同様に近似曲線の傾きから，$y=0.8912x + 11.37$ が近似曲線の式として適切である。

問5．ア．BPR　ウ．アウトソーシング

【5】

問1．主キーとは，そのレコードを特定するために必要となる最小限の列の組み合わせである。
　　ア……重複するデータが存在する可能性があるので不適切である（同一もしくは別の顧客が同じ日に注文する場合がある）。
　　イ……重複するデータが存在する可能性があるので不適切である（ある顧客が同じ日に複数の商品を注文する場合がある）。
　　ウ……「同じ日に同じ顧客から同じ商品の受注をすることはない」ことから，注文日と顧客コードと商品コードが重複するレコードは存在する可能性がないため，適切である。

問2．ア……受注明細表の商品コードが商品表の商品コードの外部キーであるため，削除できない（削除した場合，受注明細表のS11が商品表を参照できなくなり，商品名と単価がわからなくなる）。
　　イ……顧客表の住所はどの表ともリレーションしていないため，実行できる。
　　ウ……受注明細表の商品コードが商品表の商品コードの外部キーであるため，挿入できない（商品表に商品コード「S61」が存在しないため，商品名と単価を参照できない）。

問3．（1）各句が実行される順番を評価順といい，FROM句，WHERE句，GROUP BY句，HAVING句，SELECT句，ORDER BY句の順に実行される。
　　（2）グループ化したテーブルを絞り込みたい場合はHAVING句を利用する。

問4．商品コードと商品名を抽出するには商品表を検索すればよいが，商品表には受注日データが含まれていないため，商品表だけでは2018年7月7日からの1週間に注文されていない商品を抽出できない。そこで副問合せを利用し，受注明細表から受注日が2018年7月7日から2018年7月13日である商品の商品コードを抽出する。このとき抽出された商品コードは「注文された」商品であるから，その逆を求めるためにNOT INを利用する。

【6】

問1．FLOOR関数は，指定した倍数に最も近い値に数値を切り捨てる。CEILING関数は，指定した倍数に最も近い値に数値を切り上げる。ROUNDDOWN関数は，指定した数値を指定した桁数で切り捨てる。ROUNDUP関数は，指定した数値を指定した桁数で切り上げる。退社時間は切り捨てが条件なので，アが正しい。

問2．G8までコピーするため，A列の商品コードは列を固定した複合参照に，3行目の割引率は行を固定した複合参照にする。

問3．F4の合計が200以上の場合に，C4が30未満の場合はC3を表示し，D4が30未満の場合はD3を表示し，E4が30未満の場合E3を表示し，それ以外は何も表示しない。表示されるのは，H4にB群，H7にA群の2つである。

	A	B	C	D	E	F	G	H
1								
2	国家試験成績表							
3	受験番号	氏名	A群	B群	C群	合計	合否	備考
4	1	田村　祐樹	85	29	87	201		B群
5	2	斉藤　真澄	35	90	80	205	合格	
6	3	横山　達也	45	45	90	180		
7	4	菅原　悠子	25	90	92	207		A群
8	5	三原　正美	70	75	63	208	合格	
9	6	久保　康志	30	98	88	216	合格	

問4．文字列の中から指定した文字列を検索し，置換文字列に置き換えるには，SUBSTITUTE関数を利用する。

問5．スコアに数値が入力されている個数を求めるので，DCOUNT関数を利用する。データベース関数では，リストの先頭の行には各列の見出しが入力されている必要がある。条件には条件を記述した範囲を設定する。DCOUNTA関数は，空白以外のセルの個数を求める関数である。

【7】

問1．オプションの個数が0の場合は購入日の7日後，1～2の場合は8日後，3～4の場合は9日後，5の場合は10日後となる（作成条件(2)②参照）。いずれも最低7日はかかるのでC8に7を加え，さらにオプションの個数によって追加で0～3を加える。追加する日数は，オプションの個数を2で割った数を1の倍数で切り上げた数である。

オプションの個数	0	1	2	3	4	5
オプションの個数を2で割った数	0	0.5	1	1.5	2	2.5
追加する日数	0	1	1	2	2	3

問2．(a)INDEX関数の第1引数は配列であるので，見出しを含めずに指定する。

　　(b)INDEX関数の第2引数は行番号を指定するので，MATCH関数で求めた該当するグレードのセル位置を利用する。該当するグレードのセル位置を返すには，C15を検査値にしてオプション表のA4：A6を検査範囲とする。

　　(c)INDEX関数の第3引数は列番号を指定するので，MATCH関数で求めた該当するオプション名のセル位置を利用する。該当するオプション名のセル位置を返すには，C14を検査値にしてオプション表のB3：E3を検査範囲とする。

問3．スーツ料金表のA列「商品番号」とB列「商品名」は，それぞれ2行ごとに結合されているため，スペシャル会員の場合は，商品番号がある位置をMATCH関数で求めた値に1を足して参照する位置を決定する。

問4．会員の身長と性別の基準値との差の絶対値を求めるために(b)にABS関数を設定する。基準値と身長の差に最も近い10の倍数に切り捨てるため，(a)にFLOOR関数を設定する。10cmごとに1,000円の追加料金を加算するため，10で割って端数を切り捨て，その後1000を掛けて求める。

問5．117,000＋（5,000＋1,500＋5,000＋2,000）＋1,000＝131,500

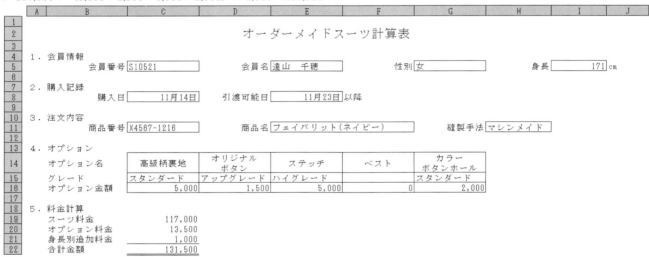

第8回　模擬問題　解答

【1】

1	2	3	4	5
カ	サ	ケ	キ	ク

【2】

1	2	3	4	5
ア	エ	ケ	コ	カ

【3】

1	2	3	4	5
イ	ア	ア	イ	0.95

各2点　15問　小計 **30**

【4】

問1	問2	問3	問4 (1)	問4 (2)	問5
イ	ウ	エ	ウ	ア	イ

【5】

問1	問2	問3		問4 (1)	問4 (2)
ア，イ	NOT EXISTS	(a) DISTINCT (b) 'BASE%'		エ	イ

各3点　10問　小計 **30**

【6】

問1 (a)	問1 (b)	問1 (c)	問2	問3	問4	問5
ア	エ	ウ	274	イ	ウ	イ

【7】

問1	問2	問3 (a)	問3 (b)	問3 (c)	問4 (a)	問4 (b)	問5
(a) VLOOKUP (b) MATCH	−1	"*"	0.03	0	ウ	ア	2,094

(a)""　(b)0　(c)0.03 も可。

※　記述問題の大文字，小文字，コンマの有無は問わない。
※　複数解答問題は，問ごとにすべてができて正答とする。
※　【5】問4(1)(2)は，それぞれで正答とする。

各4点　10問　小計 **40**

得点合計 **100**

解説

【1】

ア．ミラーリング：RAID1 が持つ機能であり，複数のハードディスク装置に同じデータを書き込むことで信頼性を高める技術。一方，保存できるデータ容量は実質的にハードディスク装置の全記憶容量の半分になる。

イ．ポート番号：コンピュータで動作している複数のソフトウェアが通信を行う際，通信相手となるソフトウェアを識別するための番号。

ウ．ネットワークアドレス：IP アドレスにおいて，ネットワーク自体を示す IP アドレス。ホストアドレス部の値を 2 進数に変換したときに全て 0 になる。

エ．結合テスト：複数のモジュール同士を結合して，正しく動作することを確認するテスト。

オ．ゲートウェイ：異なるプロトコルを利用するネットワーク同士を接続し，通信を行うための通信機器やソフトウェア。

コ．SQL インジェクション：Web サイトの検索欄などにデータベースを操作する言語である SQL 文を含んだ文字列を入力して送信することで，データベースの内容を不正に表示させたり，改ざんしたりする攻撃。

シ．スループット：コンピュータが単位時間あたりにこなすことができる仕事量のこと。

【2】

イ．OSI 参照モデル　　ウ．ルータ　　オ．外部設計　　キ．POP　　ク．トランザクション

【3】

1．ア．KJ 法：カードに意見を書き出し，グループ化し，意見を集約していく分析手法。

　　ウ．PPM 分析：事業や製品などを市場成長率，市場占有率を軸とする 4 つの領域に分けて整理することで，市場における立ち位置や今後の事業戦略の立案に役立てる分析手法。「花形」「問題児」「金のなる木」「負け犬」の 4 つの領域がある。

2．イ．プロトタイピングモデル：システム開発の初期段階で試作品を顧客に提示することで要件定義を明確に行い，試作品を発展させてシステムを開発していく開発モデル。

　　ウ．スパイラルモデル：システムを機能単位に分割し，要件定義，プログラミング，テストなどの開発工程を繰り返し行いながら，主要な機能から順番に機能を実現していく開発モデル。

3．イ．論理設計：概念設計に基づき，データベースについて主キーの設定やテーブルの正規化などを検討する作業。

　　ウ．物理設計：データベースを構築する際の機能要件や性能要件などを明確にし，ハードウェアやソフトウェアなどを選定してデータベースを構築する作業。

4．縦 8.75cm ＝ 3.5 インチ，横 12.5cm ＝ 5 インチ，400dpi とは 1 インチあたりに 400 ドットの点が存在することを意味するため，1 枚の画像の記憶容量は次のように計算できる。

　　3.5 インチ×400 ドット×5 インチ×400×3 バイト＝8.4MB

　　1GB ＝ 1,000MB なので，1000MB ÷ 8.4MB ＝ 119 枚となる。

5．装置 A が並列に接続されたシステムと装置 B が並列に接続されたシステムが直列に接続されていることを意味している。並列システム，直列システムの稼働率を求める計算式より，次のように計算できる。

　　$\{1－(1－0.9)×(1－0.9)\}×\{1－(1－0.8)×(1－0.8)\} ＝ 0.99×0.96 ＝ 0.9504 ≒ 0.95$

【4】

問1．ABC 分析を行い，構成比率と構成比率累計を示した表は次の通りである。

商品名	商品A	商品B	商品C	商品D	商品E	商品F	商品G	商品H	商品I	合計
売上高	180	140	120	100	80	70	50	40	20	800
構成比率	22.5%	17.5%	15.0%	12.5%	10.0%	8.75%	6.25%	5.0%	2.5%	100.0%
構成比率累計	22.5%	40.0%	55.0%	67.5%	77.5%	86.25%	92.5%	97.5%	100.0%	－

商品 F の構成比率累計は，86.25％なので，グループ B に属する。

問2．IPアドレスとサブネットマスクを2進数に変換して，値を比較する。

　　ア．ホストアドレス部の値がすべて0なのでネットワークアドレスであり，コンピュータに設定できない。

　　イ．ホストアドレス部の値がすべて1なのでブロードキャストアドレスであり，コンピュータに設定できない。

　　ウ．ネットワークアドレス部の値がコンピュータAと同じであり，ホストアドレス部もコンピュータに設定できる値である。

　　エ．ネットワークアドレス部の値がコンピュータAと異なるため，違うネットワークに属するIPアドレスである。

コンピュータ	IPアドレス	IPアドレス（2進数）	説明
サブネットマスク	255.255.255. 0	11111111.11111111.11111111.00000000	上位24ビットがネットワークアドレス部，下位8ビットがホストアドレス部。
コンピュータA	172. 16. 13.128	10101100.00010000.00001101.10000000	上位24ビットが同じなら，同じネットワークに属する。
ア	172. 16. 13. 0	10101100.00010000.00001101.**00000000**	ネットワークアドレス
イ	172. 16. 13.255	10101100.00010000.00001101.**11111111**	ブロードキャストアドレス
ウ	172. 16. 13. 1	10101100.00010000.00001101.00000001	ネットワークアドレス部が同じで，ホストアドレス部も設定可能。
エ	172. 16. 3. 1	10101100.00010000.**00000011**.00000001	ネットワークアドレス部が異なる。

問3．市場成長率と市場占有率の関係からPPM分析は次の図のように表される。

高↑市場成長率↓低	花形	問題児
	金のなる木	負け犬
	高←市場占有率→低	

問4．ア．散布図は，2つのデータに相関関係があるかを分析するのに利用される。図は，イである。

　　イ．ヒストグラムは，一定区間に属するデータ件数を縦棒グラフのように表し，出現頻度の高低やばらつきを視覚的に表す。図は，ウである。

　　ウ．ファンチャートは，ある時点のデータを基準として，複数の項目の変動を基準値に対する割合で表すことで，初期値や条件が異なる値を比較しやすくする。図は，アである。

問5．ア．ＣＲＭ　　ウ．ＤＦＤ

【5】

問1．整合性制約に違反するエラーである。アは存在しない会員コードを挿入しようとしており，イは物品コードを存在しないものに変更しようとしている。

問2．一度もレンタルを利用したことのない会員，つまり貸出表にデータがない会員コードを抽出するには，NOT EXISTSを利用する。

問3．抽出結果から重複データを排除するには，DISTINCTを利用する。基本セットの物品コードは BASE5，BASE10，BASE48 であるから，ワイルドカードは%を利用する。

問4．（1）正規化前の貸出表では，一度に複数の物品を貸し出した場合に，貸出コードと会員コードと貸出日の重複が発生する。正規化によってその3つのフィールドを分離すれば，会員コードと貸出日は貸出コードだけに関数従属することになり，余計な重複が発生しない。

　　　（2）E－R図を完成させると次のようになる。

【6】

問1．既知の x と既知の y とのデータの相関関係から，x に対する値を予測して求めるには，FORECAST 関数を利用する。

問2．条件範囲は同じ行で設定したものは AND 条件，違う行で設定したものは OR 条件になる。よって，「1ゲーム≧150 OR 2ゲーム≧150」の条件にあった合計の最小値を求める。

	A	B	C	D	E	F	G	H	I
1									
2	ボウリングスコア表								
3	氏名	1ゲーム	2ゲーム	合計		条件表			
4	秋田 ○○	104	81	185		氏名	1ゲーム	2ゲーム	合計
5	山形 ○○	132	96	228			>=150		
6	福島 ○○	182	185	367				>=150	
7	富山 ○○	187	136	323					
8	千葉 ○○	170	184	354		結果表			
9	岡山 ○○	105	169	274		集計結果	274		
10	長野 ○○	169	151	320					
11	山口 ○○	139	107	246					
12	高知 ○○	74	104	178					
13	長崎 ○○	152	128	280					

問3．入会期間が長い客は，会員データの上位レコードの値を参照すればよい。そのために OFFSET 関数の第4引数でF3を指定し，合計を求める高さを決定する。イは合計範囲が C3:C5 となってしまうので正しくない。

問4．注文数は，10個単位で切り上げているので，CEILING 関数を利用する。CEILING 関数は，指定した倍数に最も近い値に数値を切り上げる関数である。過不足数は，ABS 関数を利用して数値を絶対値にする。

　ア．FLOOR 関数：指定した倍数に最も近い値に数値を切り捨てる。

　イ．ROUNDUP 関数：指定した数値を，指定した桁数で切り上げる。求める位が10の場合は指定する桁数は−2となる。

問5．レンタル時間が2時間以内なら0円，2時間を超える場合は，レンタル時間から2時間を引いた時間について，30分ごとに100円である。時間は30分単位で切り上げる。C5のレンタル時間は4時間10分なので，2時間30分について，30分ごとに100円となり，料金は500円である。

	A	B	C
1			
2	レンタサイクル料金計算表		
3	貸出時間	返却時間	料金
4	8時45分	11時20分	200
5	13時25分	17時35分	500
6	16時50分	18時10分	0

【7】

問1．料金計算表の D13 は B13 の「商品コード」をもとに「商品名」を表示する。この式をコピーして「単価」「合わせ買いコード」も表示するため，VLOOKUP 関数の第3引数の列番号は列により変えなければならないので MATCH 関数を利用する。また，B列の「商品コード」が空白であるときは VLOOKUP 関数がエラー値を返すため，IFERROR 関数を用いて何も表示しないようにする。

⑴　B13 の「商品コード」をもとに商品表から「商品名」を表示する。商品表の「商品コード」は列方向に並んでいるため，VLOOKUP 関数を利用する。

⑵　VLOOKUP 関数の第3引数は列番号を指定する。D13 は「商品名」を，E13 は「単価」を，F13 は「合わせ買いコード」をそれぞれ表示するので，MATCH 関数を用いて D12 に一致するものを商品表の3行目から探索し，その戻り値を列番号とする。

問２．同一の「合わせ買いコード」が２以上ある場合に，合わせ買い値引が発生する。「合わせ買いコード」と「種類数」をもとに値引率表から値引率を求めるため，INDEX関数を利用する。INDEX関数の第２引数の行番号は，「合わせ買いコード」をもとにMATCH関数を用いて求める。INDEX関数の第３引数の列番号は，COUNTIFS関数を用いて求めた同一の「合わせ買いコード」の数から１を減じたものとなる。

   IF（COUNTIFS（F13：F22,"a"）>=2, ……F列に合わせ買いコード「a」が２以上あるならば

        INDEX（値引率表!C5：E8, ……値引率表のC5：E8を検索範囲とする

            MATCH（"a",値引率表!B5：B8,0）, ……「a」の値引率が何行目にあたるか

            COUNTIFS（F13：F22,"a"）−1）……F列にある「a」の個数−１が列番号にあたる

  ,0） ……F列に合わせ買いコード「a」が２以上ないならば値引率は０

  +IF（COUNTIFS（F13：F22,"b"）>=2, ……以降同様にして求めた値引率を加算する

    （省略）

   ＊G26） ……「a」から「d」までの値引率を合計し，G26に掛けて小数以下を切り捨てる

問３．ゴールド会員値引は，顧客表のD列をVLOOKUP関数で参照し，"＊"が入力されていた場合は３％をG26に掛けて求め，円未満を切り捨てる。そうでなければ０を掛ける。

問４．INT（G30/100） ……100円につき１ポイントであるから請求金額を100で割る。

   ＊ ……平日なら１倍，土日なら３倍する

   IF（MOD（WEEKDAY（C6,1），6）=1 ……C6が土日であるかどうか判定する。WEEKDAY関数の第２引数が「１」の場合，土曜日は「７」，日曜日は「１」が戻り値となる。これを６で割った剰余はどちらも「１」である。MOD関数を利用して求めた剰余が「１」であるときは，販売日が土曜日または日曜日であるといえる。（a）がイだった（２で割った）場合，土曜日，日曜日だけではなく，火曜日，木曜日も剰余が「１」となり，作成手順（12）のとおりにならないため，６で割るのが適当である。

	日	月	火	水	木	金	土
WEEKDAY関数の戻り値	1	2	3	4	5	6	7
６で割った剰余	1	2	3	4	5	0	1

問５．

	A	B	C	D	E	F	G
1							
2				グッズ販売　料金計算表			
3							
4		１．基本情報					
5							
6		販売日	2018/12/10		顧客コード	1005	
7					顧客名	中嶋　〇〇	様
8					ポイント残高	512	ポイント
9							
10		２．売上明細					
11							
12		商品コード	数量	商品名	単価	合わせ買いコード	金額
13	1	S04	3	文具セット	300	a	900
14	2	S13	1	シール	100	a	100
15	3	S01	2	マグカップ	500	d	1,000
16	4	S02	3	タンブラー	250	d	750
17	5	S12	1	折り紙	100	a	100
18	6						
19	7						
20	8						
21	9						
22	10						
23							
24							
25		３．料金計算					
26						合計金額	2,850
27						合わせ買い値引	171
28						ゴールド会員値引	85
29						ポイント値引	500
30						請求金額	2,094
31						獲得ポイント	20

【1】

	1	2	3	4	5
	ケ	サ	エ	コ	オ

【2】

	1	2	3	4	5
	ウ	コ	イ	キ	オ

【3】

	1	2	3	4	5
	ア	ウ	ア	イ	0.99

各2点 15問　小計　**30**

【4】

問1	問2	問3	問4	問5
イ	19　日	イ	ウ	イ

【5】

問1 (a)	問1 (b)	問2	問3	問4	問5
ア	オ	%劇場版%	ウ	NOT IN	ウ

各3点 10問　小計　**30**

【6】

問1	問2	問3	問4	問5
3	SUBSTITUTE	ア	イ	イ

【7】

問1	問2	問3	問4	問5
イ	2	G5:H10	F11-1	32,271

※　記述問題の大文字，小文字，コンマの有無は問わない。
※　複数解答問題は，問ごとにすべてができて正答とする。

各4点 10問　小計　**40**

得　点　合　計　**100**

解説

【1】

ア．プロトタイピングモデル：システム開発の初期段階で試作品を顧客に提示することで，要件定義を明確に行い，試作品を発展させてシステムを開発していく開発モデル。

イ．HTTPS：Web サーバとブラウザの間で HTML ファイルをやり取りする HTTP に通信を暗号化する技術である SSL/TLS を付加したもの。インターネット上での暗号通信などに利用される。

ウ．ホワイトボックステスト：入力データに対する出力結果に着目するのみならず，処理の過程が適切に行われているかをプログラムの中身まで着目して確認するテスト。

カ．システムテスト：全てのモジュールを結合してシステム全体が正常に稼働するかを確認する最終テスト。

キ．スパイラルモデル：システムを機能単位に分割し，要件定義，プログラミング，テストなどの開発工程を繰り返し行いながら，主要な機能から順番に実現していく開発モデル。

ク．結合テスト：モジュール同士が正しく連携して処理結果をやり取りできるかを確認するテスト。

シ．プライベート IP アドレス：LAN などの比較的狭い範囲のネットワークに接続するコンピュータに割り当てられる IP アドレス。同じ LAN 内で同じプライベート IP アドレスを設定することはできないが，異なる LAN で同じ IP アドレスを設定することはできる。

【2】

ア．コンプライアンス　　エ．可用性　　カ．DMZ　　ク．ハウジングサービス　　ケ．MIME

【3】

1．イ．リスクアセスメント：企業や組織が抱える脅威（リスク）がもたらす被害の深刻さや影響範囲などを分析し，リスクを評価する活動。

　　ウ．インシデント：システムの運用を一時的に中断してしまうような突発的な事故や障害のこと。

2．ア．ホストアドレス：IP アドレスにおいて，ネットワークに接続された個々のコンピュータを識別するための部分。ネットワーク内で同じホストアドレスを設定することはできない。

　　イ．ネットワークアドレス：IP アドレスにおいて，ネットワーク自体を示す IP アドレス。ホストアドレス部の値を 2 進数に変換したときに全て 0 になる。

3．イ．デジタル署名：公開鍵暗号方式の性質を利用して，通信相手が想定している本人であることを確認するためのしくみ。送信者は自身の秘密鍵でデータを暗号化し，受信者は送信者の公開鍵で復号することで通信相手の真正性を確認する。

　　ウ．SSL/TLS：インターネットなど TCP/IP を利用したネットワークにおいて，暗号通信を行うためのプロトコル。SSL（Secure Sockets Layer）の機能を更新し，バージョンアップしたのが TLS だが，SSL の名称が広く定着しているため，SSL/TLS と併記されている。

4．3.6GB = 3,600MB　3 分 = 180 秒　通信速度×転送時間×伝送効率＝データ容量より

　　$X \times 180$ 秒 $\times 0.8 = 3,600$MB　　　$X = 25$MBps　　　Bps を bps に変換するので　25MBps×8 = 200Mbps

5　平均故障間隔（MTBF）と平均修復時間（MTTR）より，$\frac{\text{MTBF}}{\text{MTBF+MTTR}}$ ＝ 稼働率で計算できる。

　　$\frac{298}{298+2}$ = 0.9933…… ≒ 0.99

【4】

問1．ア．新規市場なので市場成長率は高く，市場シェアを争っているので市場占有率が低いため「問題児」を表している。

　　　　イ．市場はさらに拡大しているので市場成長率は高く，市場での競争に勝ち残ったので市場占有率が高いため，「花形」を表している。

　　　　ウ．市場の拡大が落ち着いているので市場成長率は低く，市場での競争に勝ち残ったので市場占有率が高いため，「金のなる木」を表している。

　　　　エ．事業の成長が見込めないので市場成長率は低く，市場での競争に敗れたので市場占有率が低いため，「負け犬」を表している。

問2．クリティカルパスは，A → C → E → F → Gとなり，最短所要日数は 4 + 4 + 5 + 3 + 3 = 19 日である。

問3．(a)は特性（結果），(b)は，(a)の要因，(c)は(b)の要因である。各選択肢で(a)～(c)の関係性に整合性が取れているかを判断する。

　　　　ア．従業員が成長したのは，顧客満足度が向上したからであり，顧客満足度が向上したのは，売上高が増加したからである，という説明は整合性が取れていない。

　　　　イ．売上高が増加したのは，製品の品質が向上したからであり，製品の品質が向上したのは，原材料を適切に管理したからである，という説明は整合性が取れている。

　　　　ウ．業務プロセスを改善できたのは，従業員が成長したからであり，従業員が成長したのは，売上高が増加したからである，という説明は整合性が取れていない。

問4．Zグラフは移動合計に着目する。移動合計が右上がりであれば「増加傾向」，横ばいであれば「停滞傾向」，右下がりであれば「減少傾向」と判断する。

　　ア．売上高累計は必ず右上がりになるので，売上高が増加傾向であるという根拠にはならない。

　　イ．売上高は，各月の売上高を表しており，停滞傾向かどうかを判断する根拠にはならない。

　　ウ．移動合計は右下がりになっており，売上高が減少傾向にあることを示しているので正しい。

問5．ア．コアコンピタンス　　ウ．アライアンス

【5】

問1．値を変更するには，「UPDATE テーブル名　SET　変更内容　WHERE　条件」を利用する。

問2．指定した文字列を含む文字列を抽出するには，「LIKE '文字パターン'」を利用する。文字パターンには，0文字以上の任意の文字列を表す％と，任意の1文字を表す＿がある。劇場版が含まれる作品名なので，％で囲む。

問3．データをグループ化するには，「GROUP BY フィールド名」を利用する。条件にあったグループだけを抽出するには，「HAVING 条件」を利用する。グループ化して抽出するので，「GROUP BY フィールド名 HAVING 条件」となる。

問4．指定した値と一致するデータ以外のデータを抽出するには，「NOT IN」を利用する。

問5．ア．会員表の会員番号は，商品管理表の会員番号と貸出明細表の会員番号が外部キーとして参照しているので削除できない。

　　イ．商品管理表の管理番号は，貸出明細表の管理番号が外部キーとして参照しているので削除できない。

　　ウ．貸出明細表の貸出番号は，他の表が外部キーとして参照していないので削除できる。

【6】

問1．D4は，B列の「和風月名」の中に 月 の文字が見つからない（エラーである）場合は ○ を表示し，それ以外の場合は空欄とする。

　　E4は，B列の「和風月名」の中に つき と づき の文字が見つからない（エラーである）場合は ○ を表示し，それ以外の場合は空欄とする。

	A	B	C	D	E
1					
2	和風月名表				
3	月	和風月名	よみがな	分類1	分類2
4	1月	睦月	むつき		
5	2月	如月	きさらぎ		○
6	3月	弥生	やよい	○	○
7	4月	卯月	うづき		
8	5月	皐月	さつき		
9	6月	水無月	みなづき		
10	7月	文月	ふみづき		
11	8月	葉月	はづき		
12	9月	長月	ながつき		
13	10月	神無月	かんなづき		
14	11月	霜月	しもつき		
15	12月	師走	しわす	○	○

問2．文字列の中から指定した文字列を検索し，置換文字列に置き換えるには，SUBSTITUTE 関数を利用する。

問3．CEILING 関数：指定した倍数に最も近い値に数値を切り上げる。FLOOR 関数：指定した倍数に最も近い値に数値を切り捨てる。

　　イ．桁数に1が指定されているので，小数第1位まで求められている。

問4．条件は見出し行も含めて範囲指定する。条件を同じ行に複数列の指定をするとAND条件になる。条件を同じ列に複数行の指定をするとOR条件になる。

問5．ソルバーの実行結果から，それぞれの生産数はαブレンドが 82，βブレンドが 100 であることが分かっている。これに焙煎時間，抽出時間をそれぞれかけたものが次の表である。

	αブレンド	βブレンド	合計	作業可能時間
生産数	82	100	182	
焙煎時間	3,280	3,500	6,780	6,800
抽出時間	1,230	1,000	2,230	5,000

　　このことから，ア，ウの戦略をとっても，焙煎時間の合計がボトルネックとなり，売上高は増加しないことがわかるので，イが正しい。

【7】

問1．範囲の中で，検索値と一致するセル位置を表す数値を求めるには，MATCH関数を利用する。

　　ア．VLOOKUP関数：範囲の左端列から，検索値と一致する値を検索し，その行の左から数えた列番目のデータを表示する。

　　ウ．SEARCH関数：対象の中から，指定した文字列を検索し，最初に表れる位置を求める。

問2．作成条件2．(6) より，VLOOKUP関数で求めた1か月の料金を2倍する。

問3．作成条件 (7) にある，上水道従量料金を求める式の「その段階の各段階までの累計金額」が空欄になっている。INDEX関数の第1引数は配列であるので，従量料金表のG5：H10を指定する。

問4．INDEX関数の第2引数は行番号を指定する。配列が下水道料金表のF5（段階2）から始まっているので，水道料金計算表のF11にある，段階を示す数値とは1つずれることになる。よってF11から1を減じた数を行番号とする。

問5．

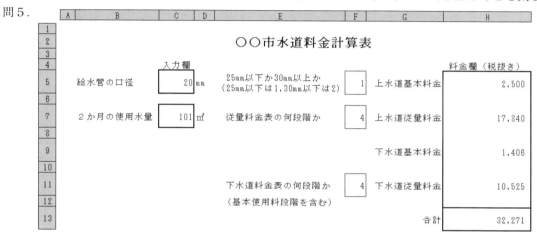

【1】

	1	2	3	4	5
	カ	ウ	シ	サ	キ

【2】

	1	2	3	4	5
	キ	オ	ウ	イ	コ

【3】

	1	2	3	4	5
	ア	ウ	ウ	ア	5　人

各2点 15問　小計 **30**

【4】

	問1	問2	問3	問4	問5
	イ	ア	ウ	エ	イ

【5】

	問1	問2	問3	問4	問5
	イ	HAVING COUNT(*)>=3	ア	ウ	イ

HAVING 販売台数 >=3 も可。

各3点 10問　小計 **30**

【6】

問1 (a)	問1 (b)	問1 (c)	問2	問3 (a)	問3 (b)	問4	問5
ウ	ア	イ	ア	VLOOKUP	MODE	イ	ウ

【7】

問1 (a)	問1 (b)	問2	問3	問4	問5
DAY(C4)<=20	DAY(C4)>=3	ウ	ROW()-6	ROUNDUP	28,800

※　記述問題の大文字，小文字，コンマの有無は問わない。
※　複数解答問題は，問ごとにすべてができて正答とする。

各4点 10問　小計 **40**

得　点　合　計　**100**

解説

【1】
ア．POP：メールサーバから電子メールを受信するためのプロトコル。データをダウンロードするため，メールサーバにデータは残らない。

イ．認証局：公開鍵暗号方式で利用される秘密鍵と公開鍵の持ち主の正当性を第三者の立場から保証する機関。認証局が発行するデジタル証明書を公開鍵に付加することで暗号通信の信頼性を確保する。

エ．スループット：コンピュータが単位時間あたりに処理することができる仕事量のこと。

オ．SMTP：メールを送信したり，メールサーバ間でデータを転送したりするためのプロトコル。

ク．RAID：複数のハードディスク装置を1台のハードディスク装置として統合して扱う技術。信頼性の向上や処理速度の向上などを図ることができる。

ケ．NAS：ネットワークに直接接続して利用するファイルサーバ。個々のコンピュータの記憶装置を増設することなく保存できるデータ容量を増やしたり，ファイルを共有したりすることができる。

コ．グローバルIPアドレス：インターネットに接続する通信機器に割り当てるIPアドレス。インターネット上での住所にあたり，世界で一意となるように設定する必要がある。

【2】
ア．DHCP　　エ．MIME　　カ．フェールソフト　　ク．MTTR　　ケ．SSL/TLS

【3】
1．イ．PaaS：インターネット経由でソフトウェアの開発環境や実行環境を提供するサービス。開発環境のインストール作業やアップデートなどを行うことなく，最新の開発環境をどの端末でも利用することができる。

　　ウ．IaaS：ソフトウェアなどを実行するためのハードウェア資源をインターネット経由で提供するサービス。サーバの構築やネットワークの設定などを行わずに，最適な運用環境を利用することができる。

2．ア．クロスサイトスクリプティング：攻撃者がWebページに罠を仕掛け，利用者がページ内のリンクをクリックしたときに，不正なプログラムがWebサーバに送り込まれることにより情報漏洩などの被害をもたらす攻撃。

　　イ．ソーシャルエンジニアリング：技術的な手法ではなく，人の心理的な油断や弱みに付け込んで機密情報を不正に取得する攻撃。関係者に成りすまして電話で情報を聞き出したり，パソコンの操作画面を盗み見たりする手法がある。

3．ア．エンティティ：E-R図において，データベース化する対象である実体のこと。

　　イ．リレーションシップ：E-R図において，エンティティとエンティティの間の関係性のこと。例えば，生徒と部活動というエンティティのリレーションシップの場合，生徒は1つの部活動にしか所属できないのであれば
　　「生徒表　多　対　1　部活動」という関係が成り立つ。

4．トラック番号によってセクタの数が異なるため，1シリンダあたりの記憶容量は，次のように計算できる。

　　トラック番号0〜699：1KB × 300セクタ × 700トラック ＝ 210,000KB ＝ 210MB

　　トラック番号700〜1,499：1KB × 250セクタ × 800トラック ＝ 200,000KB ＝ 200MB

　　トラック番号1,500〜2,999：1KB × 200セクタ × 1,500トラック ＝ 300,000KB ＝ 300MB

　　1シリンダあたりの記憶容量：210MB ＋ 200MB ＋ 300MB ＝ 710MB

　　磁気ディスク装置の記憶容量：710MB × 8シリンダ ＝ 5,680MB ＝ 5.68GB

5．10人で5か月働き，40人月の作業が完了したことから，1人当たりの作業効率は次のように計算できる。

　　10人 × X人月 × 5か月 ＝ 40人月　　　X ＝ 0.8人月

　　さらに5か月働くと，80人月分の作業が完了する。残り20人月分の作業が不足しており，5か月でこれを補わなければならない。追加人員も初期メンバーと同じ作業効率なので次のように計算できる。

　　X人 × 0.8人月 × 5か月 ＝ 20人月　　　X ＝ 5人

【4】
問1．SWOT分析は，内的要因と外的要因，好影響と悪影響によって次の4つの領域で表される。

	内的要因	外的要因
好影響	強み	機会
悪影響	弱み	脅威

問2．コンピュータ A とコンピュータ B の IP アドレスを 2 進数に変換して値を比較する。同じネットワークに属する IP アドレスは，ネットワークアドレス部の値が同じである。選択肢の中のサブネットマスクの値を検討し，適切な設定を導き出す。

コンピュータ	IPアドレス	IPアドレス（2進数）
コンピュータ A	192.24.0.15	11000000.00011000.00000000.00001111
コンピュータ B	192.31.0.15	11000000.00011111.00000000.00001111
サブネットマスク	255.248.0.0	11111111.11111000.00000000.00000000

問3．ABC 分析は，売れ行きが好調な商品と不調な商品を売上高累計比率をもとに分析するものである。売れ行きによって在庫切れを起こさないようにしたり，過剰に在庫を抱えたりしないように適切に管理する。

問4．アローダイアグラムにおけるクリティカルパスは，次のようになる。

B → D → E → G → I　　8 + 3 + 5 + 3 + 4 = 23 日

問5．ア．ハウジングサービス　　ウ．ASP

【5】

問1．E-R 図のエンティティとリレーションシップは次の図のように表す。なお，主キーなら1，外部キーなら多で表す。

問2．グループ化したレコードをさらに条件によって抽出するには，HAVING 句を利用する。条件は，「販売台数が 3 台以上」なので，HAVING COUNT(*) >= 3　となる。

　　なお，Microsoft Access では，HAVING 販売台数 >=3 と設定するとエラーが発生するが，オープンソースソフトウェアの MySQL なら正しく動作する。

問3．副問合せで抽出されたレコードに対して，さらに主問合せの SQL 文を実行するためには EXISTS 句を利用する。また，抽出したレコードを並べ替えるには ORDER BY 句を利用する。なお，ASC（省略可能）は昇順，DESC は降順で並べ替える。

問4．ア．種別が「軽自動車」であり，かつ種別が「軽オープンカー」というレコードは存在しない。

　　イ．WHERE 句の条件は AND 句が優先され，OR 句で一度区切られてしまうため，「引渡し日が 2022 年 11 月 1 日から 2022 年 11 月 30 日であり，種別が『軽自動車』のレコード，または種別が『軽オープンカー』のレコード」という抽出条件になるため誤りである。

　　ウ．IN 句は，抽出条件となる値を明確に定義する。

問5．受注表の主キーは受注番号であり，連番で管理されている。実行しようとした SQL 文は受注番号が R0001 であり，主キーが重複するためエラーとなる。

【6】

問1．うるう年は年号を 400 で割り切れる年か，年号を 4 で割り切れて 100 で割り切れない年である。

問2．複数の条件に一致するデータの合計を求めるので，SUMIFS 関数を利用する。関数式は，「SUMIFS（合計対象範囲，条件範囲1，条件1，条件範囲2，条件2…）」である。

問3．一番多かった色番号を求め，その番号をもとに色を表示している。数値に含まれるデータの最頻値（モード）を求めるには，MODE 関数を利用する。

問4．九九表の行は B5 から始まるので，乗算する数値は B5 の行番号を利用して1になるように4を引く。同様に，列は C4 から始めるので，乗算する数値は C4 の列番号を利用して1になるように2を引く。範囲のセルの行番号を返すには ROW 関数を利用し，列番号を返すには COLUMN 関数を利用する。

問5．マクロの作成のうち，マウスやキーボードの操作を自動的に記録する，記録マクロの作成方法の説明である。記録したマクロは，プログラムを呼び出して編集することもできる。

【7】

問1．(a)作成条件2．(1)より，C4が12月であり，かつ20日以前であるか判定したいので，DAY関数を利用してC4から日を抽出する。

　　(b)作成条件2．(1)より，C4が3月であり，かつ3日以後であるか判定したいので，DAY関数を利用してC4から日を抽出する。

問2．複数の条件がすべて真の場合に真となるので，AND関数を利用する。0.5〜5の範囲内なので，ウとなる。

問3．INDEX関数の第2引数は行番号を指定する。料金計算表のN7に入力した式をN11までコピーするので，ROW関数を利用して連番を生み出す。INDEX関数の第1引数の配列がG5：L9となっていることから，行番号は1,2,……5とすればよいので，ROW関数でN7の行番号を取得し，6を引いて求める。

問4．INDEX関数の第3引数は列番号を指定する。第1引数の配列がE5：F9となっていることから，列番号は1か2とすればよいことがわかる。1回券が1列目，11回券が2列目であるから，E9を10で割って切り上げれば列番号になる。

問5．

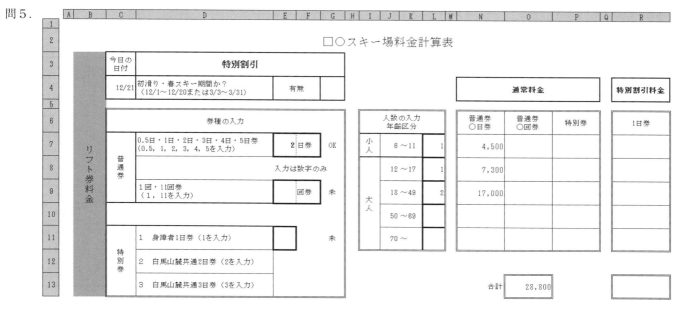

【1】

	1	2	3	4	5
	シ	ウ	オ	カ	ク

【2】

	1	2	3	4	5
	イ	カ	エ	オ	ケ

【3】

	1	2	3	4	5
	ウ	イ	ア	ウ	64　%

各2点
15問　　小計　30

【4】

	問1	問2	問3 製品X	問3 製品Y	問4 (1)	問4 (2)	問5
	イ	イ	40	30	イ	ア	ウ

【5】

	問1	問2	問3		問4	問5
	ア	イ	(a)	IN	イ	ウ
			(b)	GROUP BY		

各3点
10問　　小計　30

【6】

	問1	問2	問3 (a)	問3 (b)	問4	問5
	ア	SUBSTITUTE(B5,"商業高校"	$C5	D$4	ウ	ウ

【7】

	問1	問2	問3	問4 (a)	問4 (b)	問5
(a)	CEILING	エ	"G＊"	イ	カ	7,678
(b)	TIME					

※　記述問題の大文字，小文字，コンマの有無は問わない。
※　複数解答問題は，問ごとにすべてができて正答とする。

各4点
10問　　小計　40

得　点　合　計
100

解説

【1】

ア．インシデント：システムを運用中に発生する突発的な障害のこと。システムを再開させることを最優先に対処し，その後障害の根本原因を解決する。

イ．外部設計：システム開発において，画面設計や帳票設計など利用者が扱う部分に関する設計を行う開発工程。

エ．ルータ：同じプロトコルで通信を行うネットワークを接続し，経路選択機能によって適切にデータを中継する通信機器。

キ．公開鍵暗号方式：秘密鍵と公開鍵を利用して安全な通信を実現する暗号方式。公開鍵で暗号化されたデータは秘密鍵でしか復号できないため，不特定多数の人と暗号通信を行うのに適している。

ケ．ゲートウェイ：プロトコルが異なるネットワーク同士を接続するためのハードウェアやソフトウェア。

コ．DMZ：LAN などの内部ネットワークとインターネットなどの外部ネットワークの間にファイアウォールを設置することで，双方のネットワークからの脅威を排除し，安全性を確保した領域。

サ．内部設計：システム開発において，プログラム設計の前の工程であり，入力データに対する処理方法を検討するなど，顧客の目に触れない部分の設計を行う開発工程。

【2】

ア．フェールセーフ　　ウ．可用性　　キ．スパイラルモデル　　ク．IPv6　　コ．ホワイトボックステスト

【3】

1．ア．チェックポイント：データベースへの変更をディスクに書き込む処理を行った時点のこと。障害が発生した場合は，チェックポイント時点で記録したデータをもとに復元する。

　　イ．ロールフォワード：補助記憶装置に障害が発生した際など，バックアップファイルと更新後ジャーナルファイルなどをもとに，できるだけ障害発生直前の状態までデータを回復させること。

2．ア．Cookie：Web サーバが利用者のブラウザに指定したデータを保存するしくみ。ログイン情報や電子商取引におけるカートに入れた商品情報などが保存されることがある。

　　ウ．MIME：TCP/IP を利用したネットワークで，電子メールで画像や音声データといった ASCII コードの文字列以外のデータをやり取りするための規格。

3．イ．レスポンスタイム：コンピュータに対して，命令を与えてから処理結果の出力が開始されるまでの時間のこと。

　　ウ．ターンアラウンドタイム：コンピュータに対して命令を与えてからすべての処理結果が得られるまでの時間のこと。

4．稼働率が 0.7 の装置を並列に X 個接続したシステムの稼働率が 0.99 以上になるようにするには，次のように計算する。

$$1 - (1 - 0.7)^X \geq 0.99$$

装置の個数	計算式	稼働率
2個	$1 - (1 - 0.7)^2 \geq 0.99$	0.91
3個	$1 - (1 - 0.7)^3 \geq 0.99$	0.973
4個	$1 - (1 - 0.7)^4 \geq 0.99$	0.9919

5．計算式：通信速度 × 転送時間 × 伝送効率 ＝ データ容量

　　640Mbps ＝ 80MBps

　　80MBps × 10 秒 × X ＝512MB　　　X ＝ 0.64（64%）

【4】

問1．システム開発における開発環境，実行環境のアップデートが頻繁に行われることが問題となっている。PaaS を利用することで，開発者は自ら開発環境を用意したり整備したりすることなく，共通の開発環境でシステム開発に取り組むことができるため，問題が解決する。

　　ア．SaaS：インターネット経由でソフトウェアの機能を提供するサービス。インターネットに接続できる環境があれば，最新のソフトウェアをどの端末でも利用することができる。

　　ウ．IaaS：ソフトウェアなどを実行するためのハードウェア資源をインターネット経由で提供するサービス。サーバの構築やネットワークの設定などを行わずに，最適な運用環境を利用することができる。

問2．販売表は，同じ顧客番号が連続するレコードを1行ごとに分けているため，第1正規化までは完了している。一方，主キーとなる伝票番号，顧客番号，商品番号が決まれば他の項目が決まるように表を分割していないため，第2正規化までは完了していない。

　　ア．非正規形：1レコードの中に複数のデータが繰り返し存在している状態。

　　ウ．第2正規形：主キーとなる一部の項目だけで特定できるデータを表として分割した状態。

　　エ．第3正規形：主キー以外の項目によってデータを特定できるように表を分割した状態。

問3．製品Xの生産量をX，製品Yの生産量をYとして，材料A，Bを使用可能数の範囲内で使用したとき，次の連立方程式の解が最適な生産計画となる数量を表す。

材料Aの使用量：4X + 8Y ≦ 400

材料Bの使用量：9X + 6Y ≦ 540　　　X = 40，Y = 30

問4．ア．ファンチャートは，ある時点のデータを基準として，複数の項目の変動を基準値に対する割合で表すことで，初期値や条件が異なる値を比較しやすくするグラフ。グラフは，ウである。

ウ．ヒストグラムは，一定区間に属するデータ件数を縦棒グラフのように表し，出現頻度の高低やばらつきを視覚的に表すグラフ。グラフは，イである。

問5．ア．アライアンス　　イ．セキュリティポリシー

【5】

問1．E-R図のリレーションシップにおいて，「1」は主キー，「多」は外部キーを表している。外部キーで2つの表を参照しているのは，予約表である。

問2．データを降順に並べ替えるには，ORDER BY フィールド名 DESC を利用する。

問3．値を明確に定義するためには，IN 句を利用する。また，特定のフィールドを基準にグループ化するには，GROUP BY 句を利用する。

問4．特定の文字列が含まれるレコードを抽出するには，LIKE 句を利用する。検索値が SM で始まるものを抽出するので0文字以上の任意の複数文字を表すワイルドカード「%」を利用する。

問5．ア．正規化：データの重複を無くしたり，データの追加・更新・削除の操作をしても不整合が起きないようにテーブルを適切に分割すること。データベースの保守性や完全性を高める効果がある。

イ．デッドロック：複数のトランザクションが互いに専有しているデータの解放を待つことで身動きがとれない状態になってしまう現象。

ウ．排他制御：複数のトランザクションが同時に同じデータにアクセスすることによって不整合が発生しないよう，データの利用を制限したり，禁止したりすること。

【6】

問1．数値に含まれるデータの中央値（メジアン）を求めるには，MEDIAN 関数を利用する。

イ．MODE 関数は，数値に含まれるデータの最頻値（モード）を求める。

問2．SUBSTITUTE 関数は，文字列の中から指定した文字列を検索し，置換文字列に置き換える。「商高」に置き換わっているのは「商業高校」である。

問3．右方向にコピーして列番号を固定する場合は列番号に $ をつけ，下方向にコピーして行番号を固定する場合は行番号に $ をつける。C5は右方向にコピーして列番号を固定するので$C5となる。D4は下方向にコピーして行番号は固定するのでD$4となる。

問4．AVERAGEIFS 関数は，複数の条件に一致するデータを平均する関数である。関数式は，「AVERAGEIFS（平均対象範囲，条件範囲1，条件1，[条件範囲2，条件2]，…）」である。

問5．ア．は，ケーキの製造数を表す式である。イ．は，$B$4 が x，$B$5 が y である。

【7】

問1．CEILING 関数の第2引数である基準値に，時刻関数を入れることもできる。この問題の場合は「利用時間を30分単位で切り上げる」（作成手順（8）参照）ので，TIME 関数を使用する。

問2．割引前料金は次の式で求める。

割引前料金 = 人数×30分単位の利用時間×30分あたり単価

COUNTA(B7:B13)……人数を数える。

＊IF(D9=2,1,F10/"00:30:00")……通常プランなら30分単位の利用時間を求めて掛け，フリータイムなら1を掛ける。

＊INDEX((料金表!C6:D7,料金表!C11:D12),……2つの領域を指定。

MATCH(利用料金計算表!D8,料金表!A6:A7,1),……行番号は入室時刻によって決定。

ROUND(WEEKDAY(利用料金計算表!F4,3)/7,0)+1,……列番号は曜日によって決定。月～木なら 0+1 で1列目を指定し，金～日なら 1+1 で2列目を指定する。戻り値は下表の通り。

曜日	月	火	水	木	金	土	日
WEEKDAY 関数の返り値	0	1	2	3	4	5	6
7で割り，小数第1位を四捨五入した結果	0	0	0	0	1	1	1

D9)……2つの領域のうち料金プランによってどちらを使用するか決定。

問3．会員ポイントの合計を求め，割引率表から割引率を求める問題である。G会員は1人につき3ポイントであるから，ワイルドカードを用いて，G会員の人数を数えればよい。

問4．請求金額を求める方法には2通りある。

式①：請求金額＝割引前料金×残価率
　　　残価率＝1－割引率
式②：請求金額＝割引前料金－割引料
　　　割引料＝割引前料金×割引率

それぞれ問題の数値を当てはめると次のようになる。

式①：4,199＝ (a) 　(5,120×(1－0.18),0)
式②：4,199＝5,120－ (b) 　(5,120＊0.18)

作成手順（11）に「割引料の円未満は切り捨てる」とあるので，(b)は INT 関数を利用する。ROUNDDOWN 関数の場合，第2引数の桁数が指定されていないため誤りである。割引料の円未満を切り捨てるということは，請求金額の円未満を切り上げるということなので，(a)は ROUNDUP 関数を利用する。

問5．

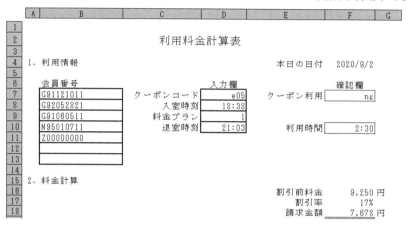

※曜日の判定について，8月29日は金曜日～日曜日のいずれかであるならば，4日後の9月2日は必ず火曜日～木曜日のいずれかであることがわかる。

▷P.190

【1】

1	2	3	4	5
カ	ウ	シ	イ	ア

【2】

1	2	3	4	5
キ	オ	コ	エ	ケ

【3】

1	2	3	4	5
イ	イ	ア	ウ	815　枚

	小計
各2点 15問	30

【4】

問1	問2	問3	問4 (1)	問4 (2)	問5
イ	ウ	イ	ア	ア	ア

【5】

問1	問2	問3		問4		問5
ウ	ア	(a) INSERT		(a) DELETE		ア
		(b) INTO		(b) EXISTS		

	小計
各3点 10問	30

【6】

問1	問2	問3	問4 (a)	問4 (b)	問5
イ	ア	ウ	$D11	E$10	102

【7】

問1	問2	問3 (a)	問3 (b)	問3 (c)	問4		問5
ROW( )	7	ウ	ア	イ	(a) FLOOR		96,200
					(b) 50		

ROW（A14）も可。

※　記述問題の大文字，小文字，コンマの有無は問わない。

※　複数解答問題は，問ごとにすべてができて正答とする。

	小計
各4点 10問	40

得 点 合 計
100

解説

【1】

エ．ストライピング：RAID0 が持つ機能で，データを複数のハードディスク装置に分割して書き込むことで読み込みや書き込みの速度を向上させる技術。

オ．ハブ：ネットワークを構築するためにコンピュータに接続した LAN ケーブルをまとめるための集線装置。

キ．保守性：コンピュータシステムの評価指標の一つで，システムの維持や管理のしやすさ，障害復旧のしやすさを表したもの。MTTR などの値で表す。

ク．ルータ：同じプロトコルで通信を行うネットワーク同士を接続する通信機器。パケットが持つ情報を読み取り，適切な経路を選択する機能が備わっている。

ケ．プログラミング：プログラム言語の規則に従い，プログラムを作成する開発工程。

コ．DHCP：ネットワークに接続されたコンピュータに対して IP アドレスを自動的に割り当てるプロトコル。

サ．完全性：コンピュータの評価指標の一つで，データの矛盾や破損などがなく，一貫性が保たれていることを表す性質。

【2】

ア．ネットワークアドレス　　イ．TCP/IP　　ウ．フォールトトレラント　　カ．MIME

ク．パケットフィルタリング

【3】

1．ア．DMZ：インターネットと LAN の間にファイアウォールを設定することでつくられる，双方のネットワークからのサイバー攻撃を防ぐ安全な領域。

ウ．VPN：インターネットなどの公衆回線において，暗号通信技術を使って安全にデータをやりとりすることであたかも専用回線のように利用する技術。

2．ア．排他制御：複数のトランザクションが同時に同じデータにアクセスすることによって不整合が発生しないよう，データの利用を制限したり，禁止したりすること。

ウ．コミット：トランザクションのすべての処理が正常に終了し，処理結果を確定させてデータベースを更新すること。

3．イ．IMAP：メールサーバにある電子メールのデータを管理するためのプロトコル。複数の端末から同じ電子メールにアクセスすることができる。

ウ．SMTP：メールを送信したり，メールサーバ間でデータを転送したりするためのプロトコル。

4．$\text{MTBF} = \dfrac{\text{稼働時間の合計}}{\text{稼働回数}}$，$\text{MTTR} = \dfrac{\text{修復時間の合計}}{\text{修復回数}}$

$$\text{MTBF} = \dfrac{(63\,日+62\,日+60\,日)\times 24\,時間}{3\,回} = 1,480\,時間 \qquad \text{MTTR} = \dfrac{24\,時間+20\,時間+16\,時間}{3\,回} = 20\,時間$$

稼働率

$$\dfrac{\text{MTBF}}{\text{MTBF+MTTR}} = \dfrac{1,480}{1,480+20} = 0.9866\ldots \fallingdotseq 0.987$$

5．1,600 ピクセル × 1,200 ピクセル × 3B × X 枚 ≦ 4.7GB

5.76MB × X 枚 ≦ 4,700MB　　X = 815.9722…　　816 枚は保存できないため，815 枚となる。

【4】

問1．ABC 分析を行った結果，A～C 群に属する商品は次の表の通りである。

商品名	商品 U	商品 W	商品 Z	商品 V	商品 X	商品 Y	合計
売上高	130	97	80	71	44	30	452
構成比率	28.8%	21.5%	17.7%	15.7%	9.7%	6.6%	100.0%
構成比率累計	28.8%	50.3%	68.0%	83.7%	93.4%	100.0%	－

問2．事業分析の結果は，内的要因と外的要因について説明しており，SWOT分析だということがわかる。

番号	事業分析の結果	分析結果
1	市場シェアを拡大する新商品を開発しようと，社員が社内外の研修に積極的に参加している。	強み
2	新規市場に参入しようと育てていた技術の研究が行き詰まっている。	弱み
3	外国為替の状況から，輸出が今後も伸びることが予想され，海外市場での市場シェア拡大が見込まれる。	機会
4	消費者の環境保全に関する意識が急速に高まり，既存製品の売り上げが低下しているため，省エネ機能や環境にやさしい商品開発に着手しなければならない。	脅威

問3．サブネットマスクの値を2進数に変換して算出する。

255.255.254.0 = 11111111.11111111.11111110.00000000

　　　　　　　　　ネットワークアドレス部　　　　　ホストアドレス部

ホストアドレス部は9桁であり，9桁の2進数で表せるのは 000000000 ～ 111111111（2^9）の512通りである。ただし，ホストアドレス部がすべて0のネットワークアドレスとすべて1のブロードキャストアドレスは，ホストに割り当てることができないため，512－2＝510台となる。

問4．イ．アローダイアグラムは，作業の流れと所要日数を図で表し，作業全体の最短所要日数や重点的に管理しなければならない作業経路（クリティカルパス）を求め，適切な作業管理に役立てるものである。PERT図とも呼ばれる。図はウである。

　　　　ウ．特性要因図は，特性（結果）に対する要因がどのようなものなのかを図解で表して整理・分析する手法である。魚の骨の形に似ていることから，フィッシュボーンチャートとも呼ばれる。図はイである。

問5．イ．BPR　　ウ．ERP

【5】

問1．処理条件③より，「同じ団体が同じ日に同じ施設を午前，午後ともに予約することができる」ため，予約日，施設番号，利用区分の3つのフィールドが主キーとなる。

問2．一定期日に該当するレコードを抽出するには，「フィールド名 BETWEEN 値1 AND 値2」を使う。イ，ウは，処理条件となる期日を正しく設定できていない。

問3．データを追加するには，INSERT INTO を利用する。予約取消表と予約表のフィールドが全て同じため，SELECT句によって予約表から抽出したレコードを INSERT INTO 句でそのまま予約取消表に追加することが可能である。

問4．データを削除するには DELETE 句を利用する。副問合せで条件に一致するレコードが抽出されており，そのレコードを予約表から削除するため EXISTS 句を利用する。

問5．データを降順に並べ替えるには ORDER BY フィールド名 DESC を利用する。

【6】

問1．D列の発注本数はB列の必要な本数をC列の1箱内の本数で切り上げた数値なので，CEILING 関数を利用する。

　　　ア．FLOOR 関数：指定した倍数に最も近い値に数値を切り捨てる。

　　　ウ．MOD 関数：数値を除数で割った余りを求める。

問2．既知のxと既知のyとのデータの相関関係から，xに対する値を予測して求めるには FORECAST 関数を利用する。関数式は，「FORECAST（x，既知のy，既知のx）」である。

　　　ウ．SUBSTITUTE 関数：文字列の中から指定した文字列を検索し，置換文字列に置き換える。

問3．RANDBETWEEN 関数は，最小値以上最大値以下の整数が返される。最小値が1，最大値が5なので，1～5の整数が発生し，それを2倍した数値が返される。よって，2，4，6，8，10の整数となる。

問4．コピーするので(a)は列を固定，(b)は行を固定の複合参照にする。

問5．条件範囲は同じ行で設定したものは AND 条件，違う行で設定したものは OR 条件になる。よって，「（コース名＝石川ゴルフクラブ AND OUT<50）OR（コース名＝石川ゴルフクラブ AND IN<50）」の条件にあった合計の最大値を求める。

【7】

問1．版数を1から順に2，3……と増やすためには，A14に入力した式がA18までコピーされることを利用して，行番号を返すROW関数を使用する。A14には1，A15には2……と増えていくので，行番号から13を減じた数を版数とする。

問2．

〔納品希望日が日曜日となる例（WEEKDAY(B6,2)の戻り値が7である例）〕

受注日：6月5日　納品希望日：6月10日

月	火	水	木	金	土	日
	5	6	7	8	9	10

〔早割となる例〕

受注日：6月5日　納品希望日：6月29日

受注日と納品希望日の差：24　間に含まれる日曜日の数：3

月	火	水	木	金	土	日
	5	6	7	8	9	10
11	12	13	14	15	16	17
18	19	20	21	22	23	24
25	26	27	28	29		

受注日と納品希望日の差を7で割って求めた整数部が，7日間ある完全な週の数，つまり間に含まれる日曜日の数となるので，［受注日と納品希望日の差］＞＝［20＋間に含まれる日曜日の数］であれば早割となるが，次のようなケースも想定される。

月	火	水	木	金	土	日
				5	6	7
8	9	10	11	12	13	14
15	16	17	18	19	20	21
22	23	24	25	26	27	28
29						

このような場合は，受注日と納品希望日の差を7で割って求めた整数部は3であり，間に含まれる日曜日の数と一致しないので，間に含まれる日曜日の数を4にする必要がある。受注日と納品希望日の差を7で割った余りは，1週に満たない部分の日数（3週間と3日間の3日の部分）である。それをWEEKDAY関数で求めた受注日の曜日を表す数値（この例では5）に加えて7以上になるならば，日曜日をまたいでいるとみなせるので，1を加える。

〔受付不可となる例〕

受注日：6月5日　納品希望日：6月10日

受注日と納品希望日の差：5　間に含まれる日曜日の数：1

月	火	水	木	金	土	日
				5	6	7
8	9	10				

受注日と納品希望日の差（ここでは5）から間に含まれる日曜日の数（ここでは1）を引いた結果が5未満であれば受付不可となる。間に含まれる日曜日の数は，前述のとおり完全な週の分あるので，「INT((B6-B4)/7)」で求めることができる。

ただし，この例のように，1週に満たない端数が日曜日をまたいでいる場合を想定する必要がある。最後のIF関数は，WEEKDAY関数で求めた受注日の曜日を表す数値（この例では5）に受注日と納品希望日の差を7で割った余りを加えて7以上になるならば，日曜日をまたいでいるとみなし，さらに1を引くという数式である。

問3．(a)INDEX 関数の第2引数は行番号を指定するので，MATCH 関数で求めた該当する注文数量のセル位置を利用する。

(b)INDEX 関数の第3引数は列番号を指定するので，MAX 関数で求めた版数の最大値を利用する。

(c)INDEX 関数の第4引数は領域番号を指定するので，商品コードの下2桁を利用する。

問4．値引き後の金額は50円単位で切り捨てるので，FLOOR(G12＊0.97,50)とする。

問5．

	A	B	C	D	E	F	G
1							
2				料金計算表			
3							
4	受注日	7月18日					
5							
6	納品希望日	8月10日		＝＝＝＝＞		受注確認	早割
7							
8	注文数量	32		＝＝＝＝＞		納品数量	33
9							
10	商品コード	P04		＝＝＝＝＞		単価	3,100
11							
12	プリント基本情報					基本料金	99,200
13	版数	位置コード	色コード	位置と色			
14	1	B1	PI	背面中央の桃		送料	0
15							
16						請求金額	96,200
17							
18							

【1】

1	2	3	4	5
コ	シ	エ	ウ	オ

【2】

1	2	3	4	5
イ	カ	ケ	ア	キ

【3】

1	2	3	4	5
ウ	イ	ア	イ	600　dpi

各2点　15問　／　小計　**30**

【4】

問1	問2	問3	問4 名称	問4 図	問5
イ	ア	ウ	ウ	ア	ウ

【5】

問1	問2	問3	問4	問5 (a)	問5 (b)	問5 (c)
ア	(a) INSERT / (b) INTO	イ	LIKE	イ	ア	ウ

各3点　10問　／　小計　**30**

【6】

問1	問2	問3	問4	問5
ウ	(a) $F4 / (b) G$3	ア	(a) ROW / (b) 4	イ

【7】

問1	問2	問3 (a)	問3 (b)	問4	問5
イ	ウ	ア	カ	SEARCH（別解 FIND）	ウ

※　複数解答問題は，問ごとにすべてができて正答とする。
※　記述問題の大文字，小文字は問わない。

各4点　10問　／　小計　**40**

得点合計　**100**

【1】

ア．チェックポイント：トランザクション処理が実行されてデータベースが更新されるタイミングのこと。

イ．共有ロック：データの書き込み権限を有するユーザがいる場合でも，他のユーザに読み取り権限のみを許可するロック。

カ．プロトタイピングモデル：初期段階で顧客に試作品を評価してもらい，要求事項を明らかにしたうえでシステム開発を行う開発モデル。

キ．ミラーリング：複数のハードディスクに同一の情報を書き込むことで信頼性を向上させる技術。実質的に記憶できるデータ容量は，全ハードディスクの記憶容量の半分となる。

ク．スループット：コンピュータが単位時間あたりに処理することができる仕事量のこと。

ケ．公開鍵暗号方式：暗号化と復号に異なる鍵を利用する暗号方式。送信者は公開鍵で暗号化し，受信者は秘密鍵で復号する。

サ．Cookie：ログイン情報や電子商取引の操作履歴など，Web サイトの利用者が入力した情報を一時的に Web ブラウザに保存するしくみ。ログイン情報の入力を省略したり，電子商取引で商品を保存した買い物かごの情報を表示したりすることができる。

【2】

ウ．IMAP　エ．可用性　オ．ロールフォワード　ク．フェールセーフ　コ．プライベート IP アドレス

【3】

1．ア．ソーシャルエンジニアリング：廃棄物をあさったり，関係者になりすまして電話で機密情報を聞き出したりするなど，人間の心理的な隙をついて機密情報を不正に取得すること。

　　イ．インシデント：システム運用中に突発的に発生する障害のこと。障害復旧を優先して行い，問題の根本原因究明は後から行う。

2．ア．PPM 分析：市場占有率と市場成長率を軸にしたポートフォリオにより，製品や事業などの市場での立ち位置や今後の戦略を分析する方法。

	高 ↑ 市場成長率 ↓ 低		
	花形	問題児
	金のなる木	負け犬
	高 ← 市場占有率 → 低	

　　ウ．KJ 法：カードや付箋に意見を書き出し，グループ化する作業を繰り返すことで意見を集約する分析手法。

3．イ．SaaS：インターネット経由でソフトウェアの機能を提供するサービスのこと。インターネットに接続された環境があればどの端末でもソフトウェアの機能を利用することができ，インストールやアップデートも不要となる。

　　ウ．ASP：アプリケーションサービスを提供する事業者のこと。

4．〔通信速度 × 転送時間 × 伝送効率 ＝ データ容量〕で求めることができる。

160Mbps × 48 秒 × x ＝ 480MB　x ＝ 0.5(50%)

(20MBps)

5．縦 10.0cm(4 インチ)，横 12.5cm(5 インチ)，24 ビットカラー(3B)の画像の記憶容量が 21.6MB なので，次のように求める。

4 インチ × x(dpi) × 5 インチ × x(dpi) × 3B ＝ 21,600,000B

x^2 ＝ 360,000(dpi)　　x ＝ 600dpi

【4】

問1．ア．パレート図　　ウ．線形計画法

問2．コンピュータに設定された IP アドレスのネットワークアドレス部の値が同じ場合，同一ネットワークのコンピュータである。

コンピュータ A	：192.168.8.1	＝ 11000000.10101000.00001000.00000001	(IP アドレス)
AND	：255.255.255.0	＝ 11111111.11111111.11111111.00000000	(サブネットマスク)
		11000000.10101000.00001000.00000000	(ネットワークアドレス)
選択肢　ア	：192.168.8.8	＝ 11000000.10101000.00001000.00001000	(IP アドレス)
AND	：255.255.255.0	＝ 11111111.11111111.11111111.00000000	(サブネットマスク)
		11000000.10101000.00001000.00000000	(ネットワークアドレス)
選択肢　イ	：192.168.12.124	＝ 11000000.10101000.00001100.01111100	(IP アドレス)
AND	：255.255.255.0	＝ 11111111.11111111.11111111.00000000	(サブネットマスク)
		11000000.10101000.00001100.00000000	(ネットワークアドレス)
選択肢　ウ	：192.168.7.2	＝ 11000000.10101000.00000111.00000010	(IP アドレス)
AND	：255.255.255.0	＝ 11111111.11111111.11111111.00000000	(サブネットマスク)
		11000000.10101000.00000111.00000000	(ネットワークアドレス)

問3．Web サイトで，自社の情報をインターネットに公開しているので，Web サーバはインターネットからアクセスできる DMZ に配置する必要がある。また，DNS サーバは，インターネット公開用としてのみ使用しており，社内ネットワークからアクセスする必要がないことから，DMZ に配置するのが適切である。

ア．DNS サーバを社内ネットワークに配置すると，社内ネットワークでマルウェア感染が広まったときに DNS サーバもマルウェアに感染するリスクがある。

イ．Web サーバを社内ネットワークに配置すると，インターネットから自社の Web サイトを閲覧できなくなる。

問4．ヒストグラムは，一定区間に属するデータ件数を縦棒グラフのように表し，出現頻度やデータのばらつきを視覚的に表すグラフ。図はイである。

散布図は，縦軸と横軸のデータの交点に点を配置して，2 つのデータの分布状況や相関関係を視覚的に表すグラフ。図はウである。

問5．アは BPR，イは ERP の説明である。

【5】

問1．E－R 図では，主キーは 1，外部キーは多と表記する。施設表の施設コードは主キーなので 1，施設利用表の施設コードは外部キーなので多となる。また，施設利用表の利用者コードは外部キーなので多，利用者表の利用者コードは主キーなので 1 となる。

問2．レコードを追加するには，「INSERT INTO テーブル名 VALUES (値)」を利用する。

問3．IN による副問合せで，「2023 年 7 月中に施設コード BA を利用した利用者コード」を施設利用表から抽出し，その利用者コードをもとに利用者名，住所，電話番号を利用者表から抽出する。

問4．文字列を指定してレコードを抽出するには，「LIKE」を利用する。「LIKE 'AR%'」は，AR から始まる文字列をすべて抽出する。

問5．SQL は，「GROUP BY」でグループ化してから，「HAVING」で条件に合うレコードを抽出し，「ORDER BY」で昇順（降順）に並べ替えるため，構文規則としても同様の順番で記述する。

【6】

問1．F5 には中央値を求めるため，MEDIAN が正しい。

問2．G4 に設定した式を I5 までコピーするため，行方向と列方向の両方にセルが動く。F4 は列方向を固定して $F4 とし，G3 は行方向を固定して G$3 とする。

問3．旧所属名と新所属名を見比べると，"課"が"部"に，"係"が"課"に変わっていることが分かるので，アが正しい。

問4．(ROW()-4)＊4 とすることで，0,4,8…と 4 刻みの数を作ることができる。そこに(COLUMN()-3)を足すことで，1,5,9…となり，それを VLOOKUP 関数の検索値にしている。

問5．「15 分単位で切り上げて求め」とあるので，イが正しい。

【7】

問1．「泊数」は1泊から5泊までであるため（作成条件3参照），その条件を指定しているイが正しい。

問2．C9に入力された客室コードが客室料金表にあるかどうか調べるには，MATCH関数を利用して，返り値が1以上であればよい。

問3．(a)は，INDEX関数の範囲に対する列番号を入力する。今回は客室数を使用するため5とする。(b)は予約済み件数を数えて客室数から引くために，COUNTIFS関数を使用して宿泊日に同じ客室タイプが何件予約されているかを予約表から算出する。

問4．C21の左から1文字目がMであるということを確かめるには，SEARCH関数を用いてその返り値が1であればよい。同様に3文字目がDであることを確かめるには，SEARCH関数の返り値が3であればよい。

問5．

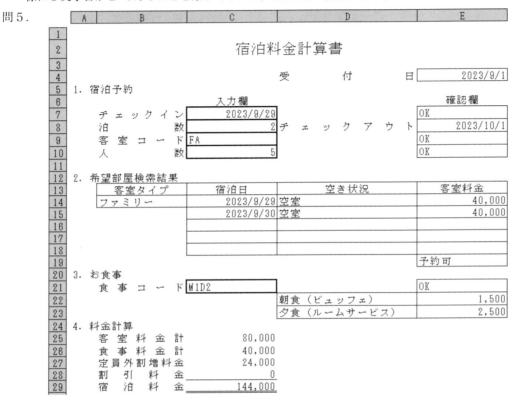

	A	B	C	D	E
1					
2		宿泊料金計算書			
3					
4			受　付　日		2023/9/1
5		1．宿泊予約			
6			入力欄		確認欄
7		チェックイン	2023/9/29	チェックアウト	OK
8		泊　　数	2		2023/10/1
9		客室コード	FA		OK
10		人　　数	5		OK
11					
12		2．希望部屋検索結果			
13		客室タイプ	宿泊日	空き状況	客室料金
14		ファミリー	2023/9/29	空室	40,000
15			2023/9/30	空室	40,000
16					
17					
18					
19					予約可
20		3．お食事			
21		食事コード	M1D2		OK
22				朝食（ビュッフェ）	1,500
23				夕食（ルームサービス）	2,500
24		4．料金計算			
25		客室料金計	80,000		
26		食事料金計	40,000		
27		定員外割増料金	24,000		
28		割引料金	0		
29		宿泊料金	144,000		

令和5年度（第70回）情報処理検定試験ビジネス情報部門　第1級

審 査 基 準

▷P.216

【1】

1	2	3	4	5
ク	ア	シ	サ	カ

【2】

1	2	3	4	5
ア	ケ	エ	キ	コ

【3】

1	2	3	4	5
イ	ア	イ	ウ	36　日

各2点
15問　小計 **30**

【4】

問1	問2	問3	問4	問5
ウ	エ	ア	ウ	イ

【5】

問1	問2 (a)	問2 (b)	問2 (c)	問3	問4	問5
ウ	ウ	ア	イ	イ	HAVING	ア

各3点
10問　小計 **30**

【6】

問1	問2	問3	問4	問5 (a)	問5 (b)
ABS	ウ	イ	5	エ	ウ

【7】

問1	問2	問3	問4	問5
ウ	イ	COUNTIFS	ア	57,700

※　複数解答問題は，問ごとにすべてができて正答とする。
※　記述問題の大文字，小文字，コンマの有無は問わない。

各4点
10問　小計 **40**

得 点 合 計
100

【1】

イ．POP：メールサーバから電子メールを受信するためのプロトコル。電子メールのデータをダウンロードして保存するので，オフラインでも電子メールを確認することができる。

ウ．VoIP：TCP/IP を利用したネットワークで音声データをパケットに変換してリアルタイムに送受信することで，IP 電話を実現するための技術。

エ．シンクライアント：アプリケーションやデータなどの管理はサーバで行い，クライアントの端末にはマウスやキーボード，ディスプレイなど必要最低限の機能のみを備えたシステム。

オ．外部設計：ユーザの意見をもとに，入出力画面や出力帳票などの設計を行う開発工程。

キ．DMZ：インターネットなどの外部ネットワークとLANなどの内部ネットワークの間にファイアウォールを設け，安全性が確保されたネットワーク上の領域。非武装地帯ともいう。

ケ．MAC アドレス：ネットワーク機器に製造時に割り当てられる 48 ビットの固有の識別子。24 ビットの製造者の識別番号と製品固有の識別番号で構成されている。

コ．RAID：複数のハードディスクをまとめて管理するための技術。ストライピングの機能で読み書き速度の高速化を図ったり，ミラーリングの機能で信頼性を高めたりする。

【2】

イ．トランザクション　　ウ．プロトタイピングモデル　　オ．ソーシャルエンジニアリング　　カ．完全性

ク．フェールセーフ

【3】

1．ア．NAT：プライベート IP アドレスとグローバル IP アドレスを1対1で相互に変換する技術。

ウ．DNS：ドメイン名と IP アドレスを相互に変換する技術。

2．イ．MIME：メールを利用してマルチメディアデータを送受信するためのしくみ。

ウ．ASP：アプリケーションサービスを提供する事業者のこと。

3．ア．DHCP：ネットワークに接続されたコンピュータに自動的に IP アドレスを割り振る技術。

ウ．SMTP：電子メールを送信したり，メールサーバ間で転送したりするためのプロトコル。

4．MTBF $= \frac{1200 + 600 + 900}{3} = 900$　　　MTTR $= \frac{24 + 12 + 12}{3} = 16$

稼働率 $= \frac{\text{MTBF}}{\text{MTBF+MTTR}} = \frac{900}{900+16} = 0.9825... ≒ 0.983$

5．作業量の計算：6人 × 42日 = 252人日

7人で作業した場合の作業日数：7人 × x日 = 252人日　　　x = 36日

【4】

問1．ア．Z グラフ：売上高，売上高累計，移動合計などのデータを折れ線グラフで表し，移動合計の推移をもとに「増加傾向」「停滞傾向」「減少傾向」など全体の傾向を分析するもの。

ウ．散布図：2つのデータ項目を縦軸と横軸に設定し，データを点として配置したグラフ。2つのデータの相関の有無や強さを分析する相関分析などで利用される。

問2．共有ロックをかけたファイルに対して，他のユーザが後から専有ロックをかけることはできない。一方，共有ロックをかけたファイルに他のユーザも共有ロックをかけることが可能である。

問3．SWOT 分析は，内的要因と外的要因，好影響と悪影響によって次の4つの領域で表される。

	内的要因	外的要因
好影響	強み	機会
悪影響	弱み	脅威

問4．ホスティングサービス：サービス提供者がサーバや通信機器，それらを設置する場所などを用意し，利用者がそれらの機能を利用するサービス形態。

　　　ハウジングサービス：サービス提供者が通信設備や電源設備，耐震性などが確保された設置場所を用意し，ユーザがサーバや通信機器を用意して自ら運用するサービス形態。

問5．ア．アライアンス　　ウ．CRM

【5】

問1．ア．エンティティ：データベースに登録する対象となる実態のこと。物品や会員などが実態にあたる。

　　　イ．複合キー：複数のフィールドで構成される主キーのこと。受注明細表における，受注番号，品名コード，OP コードが複合キーにあたる。

問2．レコードを更新するには，「UPDATE (テーブル名) SET (値) WHERE (条件)」を利用する。

問3．受注番号 973 に該当するレコードは2つある。仕上がり日は次のように計算するため，最も遅い仕上がり日は2023/12/25 である。

受注日	仕上日数	追加日数	仕上がり日
2023/12/20	品名コード YS01：5	OP コード C02：−2	2023/12/23
2023/12/20	品名コード ZP01：5	OP コード C06：0	2023/12/25

問4．グループ化したレコードをさらに条件によって抽出するには，HAVING 句を利用する。

問5．副問合せのSQLによって2023年11月21日から2024年1月20日までに注文があった会員コードを抽出する。そして，NOT EXISTS 句により副問合せで抽出されたレコードを会員表から除いたレコードを抽出する。

【6】

問1．C4 と D4 の差が正の数でも負の数でも正しく計算できるように，絶対値を求める ABS 関数を利用する。

問2．C 列のサイズが 60 の倍数であるため，J5 を 60 で割り 1 を加えたものが INDEX 関数の行番号に使用できる。なお，CEILING 関数（指定した基準値で切り上げる）も MOD 関数（余りを求める）も第2引数が必要である。

問3．FORECAST 関数の構文は ＝FORECAST(x, 既知の y, 既知の x) なので，第2引数には既知の y を指定する。第1引数に x として予想気温を指定しているので，第2引数には販売数の実データである C4:C856 を指定する。

問4．職種と課に入力されている3つの条件は3行に分かれているため，すべて OR 条件である。職種が「一般」または，課が「人事課」または「総務課」のレコードのうち，扶養人数が1以上であるレコードは，社員番号が 20111，20109，20112，20113，20114 の5件である。

問5．ゴールシークは「数式入力セル」を「目標値」にするために「変化させるセル」を指定するので，数式入力セルにはB7，変化させるセルには B6 を指定する。

【7】

問1．"納期割増"になるのは，配送希望日が受付日の翌日から起算して4日～7日の場合である。D7 が G4＋4 以上かつ D7 が G4＋7 以下の条件を指定しているウが正しい。

問2．D19 の文字数を数えるので，(a)は LEN 関数を使用する。F19 に入力した式を F22 までコピーするので，連続的に変化する値を(b)によって生み出したい。行番号を返す ROW 関数を利用すれば，返り値が 1，2，3，4 と変化する。COLUMN 関数は，列番号を返す関数である。

問3．VLOOKUP 関数の第2引数である範囲は，D9 のタイプに応じて変化するようにしたいので OFFSET 関数を利用して指定している。OFFSET 関数の構文は =OFFSET(参照, 行数, 列数, [高さ], [幅]) であり，今回の問題では第4引数の高さが空欄になっている。COUNTIFS 関数を使用することで，当該タイプが標準料金表で何行あるか数え，それを高さとすることができる。第1引数で行の開始位置をセル A5 と指定していることや，MATCH 関数の範囲などに注意したい。

問4．「標準料金に奥行料金を加えた値に 0.15 を掛け，100 円単位で切り捨て」（作成条件8）とあるので，アが正しい。イは 100 円単位で切り捨てた値に 0.15 を掛けているので誤り。ウは 0.15 を掛けた値をさらに 100 で割ってしまっているので誤り。

問5．